常州文博论丛

2021年（总第7辑）

常州博物馆 编

文物出版社

图书在版编目（CIP）数据

常州文博论丛. 2021：总第7辑 / 常州博物馆编.
-- 北京：文物出版社，2021.12
ISBN 978-7-5010-7296-5

Ⅰ. ①常… Ⅱ. ①常… Ⅲ. ①文物工作－常州－文集
②博物馆－工作－常州－文集 Ⅳ. ①K872.533.04-53
②G269.275.33-53

中国版本图书馆 CIP 数据核字(2021)第 233478 号

常州文博论丛

2021年（总第7辑）

常州博物馆 编

责任编辑：张小舟
责任印制：张道奇
书名题签：谢稚柳
封面设计：程星涛

出版发行：文物出版社
社　　址：北京市东城区东直门内北小街 2 号楼
邮　　编：100007
网　　址：http://www.wenwu.com
经　　销：新华书店
印　　刷：常州报业传媒印务有限公司
开　　本：889mm×1194mm　1/16
印　　张：10.5
版　　次：2021 年 12 月第 1 版
印　　次：2021 年 12 月第 1 次印刷
书　　号：ISBN 978-7-5010-7296-5
定　　价：68.00 元

目　录

非国有博物馆高质量发展的思考与对策

——以常州地区为例

◇ 林　健

内容提要：非国有博物馆作为我国博物馆体系中不可忽视的重要力量，近年来发展迅猛，特别是经济发达地区非国有博物馆的比例越来越大。因此，研究非国有博物馆发展中存在的问题、解决的办法，对实现博物馆高质量发展意义重大。本文以常州非国有博物馆为例，进行分析梳理，并提出了对策和建议。

关键词：常州　非国有博物馆　公共文化职能

近年来，常州市非国有博物馆快速发展，截至2020年全市非国有博物馆已有18家，在江苏省84家非国有博物馆中，占比达26.8%，对于保护优秀文化遗产、丰富博物馆门类，满足人民群众多样化的精神文化需求做出了积极的贡献。但与此同时非国有博物馆在功能发挥、规范化建设、专业人才培养和体制机制创新等方面仍需完善提升。2021年5月中宣部等9部委联合印发了《关于推进博物馆改革发展的指导意见》，对于推进我国博物馆事业特别是非国有博物馆的高质量发展具有重要意义。在历史的机遇面前，非国有博物馆如何迎接挑战，是一个非常值得研究与思考的问题。

一、常州市非国有博物馆发展特点

（一）数量增长较快

自1998年常州市戈小兴中外烟标烟具博物馆创建以来，全市至今已有18家非国有博物馆，在全市27家博物馆中，占比为66.7%，大幅超过全市国有博物馆的数量。而2019年底全国博物馆数量是5535家，其中非国有博物馆为1710家，非国有博物馆占博物馆总数比例为30.9%，而常州市非国有博物馆的数量远远高于全国的平均水平。常州市非国有博物馆的公共服务硬件设施较为完善，建筑面积在800平方米以上者达14家①，2018年共设有基本陈列42个②，馆均2.3个。

（二）类型丰富多样

常州市非国有博物馆特色鲜明，类型多样，远远超出了国有博物馆以综合类、历史类为主的局面，涉及艺术、综合、食品、医疗等比较短缺的门类。其中包括瀚霆古典艺术博物馆等8家艺术类博物馆、横山博物馆等5家综合类博物馆、戈小兴中外烟标烟具博物馆等2家烟酒食品类博物馆、新北区春江博物馆等1家历史类博物馆、牟家村博物馆等1家民俗类博物馆、孟河医派博物馆等1家医疗类博物馆。值得一提的是，2020年12月，天目湖酒文化博物晋升为国家三级博物馆，无疑为全市非国有博物馆的发展树立了很好的榜样。这些主题多样的非国有博物馆在拓展博物馆门类、提供多样性文化服务等方面发挥着越来越重要的作用。

(三)功能逐渐完善

"十三五"期间,根据江苏省文物局的统一部署,针对非国有博物馆的帮扶工作全面展开。如南京博物院对口帮扶戈小兴中外烟标烟具博物馆;常州博物馆对口帮扶常州市新北区春江博物馆,完成了基本陈列的提升工程;常州博物馆还先后与横山博物馆、瀚霆古典艺术博物馆、白氏留青竹刻博物馆、孟河医派博物馆和牟家村博物馆等联合举办富有特色的专题展览和社教活动。

这些博物馆也努力发掘自身馆藏资源和文化特色,积极与学校、社区等合作,发挥非国有博物馆的社会功能。如常州市陈亚先乱针绣博物馆、白氏留青竹刻博物馆、龙城梳篦博物馆三家非遗类博物馆发挥自身特色优势,创新教育方式,自主开发体验课程、培训课程,将传统艺术送入常州工程学院、常州开放大学、常州市刘国钧高等职业技术学校、常州实验小学等,通过公开教学、免费授课,使人们能够近距离地感受常州非遗的魅力,培养年轻人对非遗艺术的兴趣;宝盛园博物馆以众多的艺术收藏和优美的自然环境为依托,积极拓展研学功能,将学校客源范围从常州市区扩大至溧阳、南京、镇江等地;孟河医派博物馆和常州市教育委员会合作,开展"中医小课堂"志愿服务项目,帮助青少年了解中医药;荆溪玉陶艺术馆积极争取市外办支持,连续承办中日陶艺交流会,开展常州与日本高槻市、所沢市的友城交流,扩大了常州文化在国内外的传播力。

(四)扶持机制初立

为进一步促进非国有博物馆发展,常州市先后出台《常州市鼓励非国有博物馆发展管理办法》《常州市非国有博物馆免费开放补助资金考核评估实施办法》,对全年免费开放达到一定天数的博物馆给予经费补助。同时,武进区也出台了鼓励政策对新建馆给予一次性补助和年度免费开放补贴。这些政策实施以来对于非国有博物馆的建设和发展起到了积极的作用。

常州市博物馆学会自2013年成立后,致力搭建行业信息交流、服务平台,推进行业协同发展,发挥了行业组织的引领作用。先后组织开展职业道德、行政管理、藏品管理、安全管理、展示教育、公共服务等方面的专业培训,提升博物馆从业人员的职业素养;组织赴省内外博物馆的考察学习,增进行业间的了解和沟通;开展非国有博物馆各项考核评估工作,有力助推了非国有博物馆的专业化、规范化建设。

二、常州市非国有博物馆面临的困难

(一)基础条件有待夯实

是否具有一定数量的藏品、人员,是非国有博物馆可持续发展的必要物质条件。目前常州市非国有博物馆藏品在3000件以上的有4家、800-3000件的有3家、800件以下的有11家,分别占比为22%、17%、61%[③]。而据2012年的统计,当时全国参加非国有博物馆评估的博物馆中,藏品数量在3000件以上的占3成,800件以上的占六成[④]。以上数据说明常州非国有馆藏品收藏规模偏小,明显低于全国的平均水平。

在人力资源方面,目前18个非国有博物馆中仅有从业人员143名[⑤],其中21人以上的馆1个、11-20人的馆2个、6-10人的馆12个、1-5人的馆3个。专业人员更是奇缺,拥有10名以上专业人员的馆只有1个、有6-10名的馆3个、有1-5名的馆8个,没有专业人员的馆达6个。常州非国有博物馆人力资源不足,特别是专业人员的匮乏,成为制约常州非国有博物馆事业发展的瓶颈。

(二)展示服务功能亟待加强

陈列展览作为博物馆服务社会最重要的产品,常州各非国有博物馆都非常重视基本陈列的建设。但在临时展览的举办上差强人意,2018年全年只有28个临展,其中有6个博物馆未举办临时展览,占三成[⑥];馆均举办临时展览1.6个,低于馆均3.05个的全国平均水平[⑦]。

2018年全市非国有博物馆共举办67次社会教育活动,馆均3.7个,其中有5个馆未举办任何活动[⑧],占比达27.8%;从以上统计数据可以看出有近三成的博物馆没有临时展览和教育活动,而各个博物馆举办的临时展览和社教活动数量都十分有限。各博物馆整体活跃度不够，多数馆仍然停留在"收藏展示馆"的水平，公共服务功能亟待加强。

（三）专业化程度需要提升

如果从博物馆的学术活动参与度和新媒体宣传来考量非国有博物馆的专业化水平，2018年只有瀚霆古典艺术博物馆、徐氏竹木刻博物馆分别有专著和论文出版、发表⑨。89%的博物馆这一指标中空缺。而在新媒体宣传方面，仅有6个博物馆开设了微信，有三分之二的博物馆新媒体宣传缺失⑩。除微信外，笔者从微博检索，仅有戈小兴中外烟标烟具博物馆和常州乱针绣博物馆开通微博账号，其中戈小兴中外烟标烟具博物馆是蓝V账户。可见常州非国有博物馆在新媒体宣传方面存在认识不足、未充分利用的问题。反映出当前常州非国有博物馆的学术和社会影响力不高，在专业化建设方面还有较大的提升空间。

三、常州市非国有博物馆高质量发展对策

针对常州市非国有博物馆发展的现状和存在的问题，除了应建立健全非国有博物馆准入制度，加强行业自律与外部监管外，还应加强政策引导和内部管理，提升非国有博物馆的公共文化效能。

（一）加强对非国有博物馆的扶持指导

中宣部等9部委联合发布的《关于推进博物馆改革发展的指导意见》提出"鼓励地方通过政府购买服务、项目补贴、以奖代补等方式，支持非国有博物馆持续发展。"该文件的出台对于优化非国有博物馆发展环境，具有重要的意义。非国有博物馆发展起步晚，专业力量薄弱，是一个客观实际，文物行政主管部门与行业组织应加强对非国有博物馆陈列展览、社会教育、开放服务活动等业务工作的指导，鼓励国有博物馆进行对口帮扶，切实加强和完善其展示教育和开放服务工作⑪。支持非国有博物馆参与公共文化服务体系和国民教育体系的建设。对于社会服务功能健全，有影响力的博物馆，可按规定命名为爱国主义教育基地和青少年教育基地，或纳入城市旅游推广目录。

（二）参与博物馆评估完善内部管理

非国有博物馆是从改革开放后逐步发展起来的，在规范化、制度化管理方面还有很长的路要走。

应鼓励他们按照《博物馆定级评估办法》《博物馆定级评估标准》的要求，积极参与博物馆定级评估和运行评估，推进博物馆规范化、现代化建设，完善以展示教育、开放服务为核心的博物馆质量评价体系，更好满足人民日益增长的美好生活需要。通过抓评估，以评促改，健全内部管理，按照博物馆发展规律办事，达到事半功倍的效果。

（三）提升非国有博物馆社会服务品质

经常性地举办临时展览、开展社会教育活动才能吸引观众不断走进博物馆。临展的方式有多种，既可以是利用自身馆藏或借用其他馆藏品策划的原创展览，也可以是引进兄弟馆现成的展览；既可以是实物展，也可以是图片展；既可以是上百件展品的大规模展览，也可以是三四十件，甚至是一件展品的展览。2020年常州博物馆策划的"毗陵我里——钱维城《苏轼舣舟亭图卷》归乡特展"，用一件展品讲述了大文豪苏东坡与常州的情缘、大运河与乾隆南巡、常州状元钱维城与乾隆的君臣之谊等历史人物的生动故事⑫。教育活动可以根据年龄来策划家庭项目、学生项目、成人项目、老人项目，也可以根据教育的形式不同，策划手工制作、表演朗诵、书法、绘画等等。丰富多样的展览和活动对于增强非国有博物馆的吸引力具有重要的作用。

（四）加强博物馆之间交流合作

各博物馆可以发挥自己的藏品、人才优势联合开展一些展览策划、社会教育、课题研究、图书出版等工作，达到抱团取暖的效果。不同所有制、不同类型、不同区域的博物馆之间应不断加强交流、互通有无、优势互补。例如，常州博物馆与常州市陈亚先乱针绣博物馆长期合作开发课程和教学包，并且定期开展公益教学活动，效果良好。2019年两馆合作的"常州非遗精品展"走进南京市博物总馆。

非国有博物馆应立足自身收藏特色，与其他城市博物馆展开广泛交流合作。如针对吴文化地区书画、工艺美术藏品可以寻求与苏州、无锡等地博物馆进行交流；如孟河医派博物馆也可以与有近代中医相关文物的博物馆合作；再如在"乱针绣""竹刻"等方面，也可选择某个意象作为主题，与周边地区博物馆的书画进行合展等。

(五)强化宣传扩大影响力

2020年新冠疫情的突然爆发对博物馆造成巨大影响，疫情推动各博物馆改进传播推广方式，云展览、云课堂、线上直播等等新媒体传播形式快速发展。常州部分非国有博物馆制作了精彩的微视频简介，进行线上推广，积极探索新的传播方式。今后仍然需要在公益讲座、巡回展、流动展，以及电视、报刊等传统宣传方式的运用上不断强化，促进非国有博物馆影响力的持续扩大。

(六)调动社会力量参与管理

我国非国有博物馆发展迅猛，但在展览策划、开放服务等常规的业务工作方面，仍有不少馆存在资金和人手不足等困难。一方面要增强自身造血功能和经费投入，另一方面应调动社会热心公益的人士参与到博物馆的工作中来，一些业务工作可以请志愿者来帮助完成，一些教育项目也可以与社会上的教育培训机构合作，利用他们在师资、经验上的特长优势，策划有意义、有收益的项目，达到双赢的目的。

四、结语

非国有博物馆需要针对本馆实际制定合理的解决措施，从而增强非国有博物馆的公共文化职能，更好的为公众服务。

注释：

①《江苏文化和旅游年鉴》编纂委员会编：《2019江苏文化和旅游年鉴》，江苏凤凰科学技术出版社，第473页。

②《江苏文化和旅游年鉴》编纂委员会编：《2019江苏文化和旅游年鉴》，江苏凤凰科学技术出版社，第445页。

③《江苏文化和旅游年鉴》编纂委员会编：《2019江苏文化和旅游年鉴》，江苏凤凰科学技术出版社，第445页。

④民办博物馆规范化建设评估课题组 付艳华、王超：《民办博物馆规范化建设评估报告》，《中国博物馆》2014年第1期，第19页。

⑤《江苏文化和旅游年鉴》编纂委员会编：《2019江苏文化和旅游年鉴》，江苏凤凰科学技术出版社，第444页。

⑥《江苏文化和旅游年鉴》编纂委员会编：《2019江苏文化和旅游年鉴》，江苏凤凰科学技术出版社，第445页。

⑦民办博物馆规范化建设评估课题组 付艳华、王超：《民办博物馆规范化建设评估报告》，《中国博物馆》2014年第1期，第20页。

⑧《江苏文化和旅游年鉴》编纂委员会编：《2019江苏文化和旅游年鉴》，江苏凤凰科学技术出版社，第458页。

⑨《江苏文化和旅游年鉴》编纂委员会编：《2019江苏文化和旅游年鉴》，江苏凤凰科学技术出版社，第459页。

⑩《江苏文化和旅游年鉴》编纂委员会编：《2019江苏文化和旅游年鉴》，江苏凤凰科学技术出版社，第487页。

⑪陆建松、陆敏洁：《民办博物馆发展的现状、问题和政策思考》，《文物世界》2011年第3期，第74页。

⑫常州博物馆官网：http://www.czmuseum.com/newsListgb/detail?id=24573&cid=15&tname=zlhg&isDetial=true&isSpecialOrdinary=true

(作者单位:常州博物馆)

城市博物馆旅游的发展现状及改善途径探析

◇ 张思桐

内容提要：城市博物馆是展示城市历史文化特色的博物馆，城市博物馆旅游则是游客带着学习知识、了解城市发展变迁、休闲娱乐等目的的参观、游览城市博物馆的活动，是文化旅游的重要组成部分。城市博物馆旅游在发展过程中出现了发展不均衡的问题，主要原因是部分博物馆特色不突出、配套设施和游客服务不完善、宣传意识不足。通过以市场为导向、加强宣传、创新展陈方式、提升服务质量、完善配套设施以及开发特色鲜明的文创产品等手段，城市博物馆能够更好地与旅游结合，从而促进城市博物馆旅游持续发展。

关键词：城市博物馆 旅游 现状 改善途径

博物馆能够通过多种途径展示一个城市、地区乃至一个国家的历史变迁、文化特色，是文化遗产保护和社会服务机构。近年来，伴随着博物馆功能的扩大，博物馆开始成为大众旅游文化产品的生产者、国民终身教育资源的提供者，是文化旅游的重要组成部分。1999 年，国家旅游局就在其主办的《中国旅游年鉴》中专列出"博物馆业"①，2015 年《博物馆条例》从法律上明确了博物馆开展文化创意、旅游等商业经营活动的合法地位和重要意义。发展至今，博物馆在文化旅游中占据了一席之地，以故宫博物院为代表的部分博物馆更是引发了游客的参观热潮。城市博物馆作为中国博物馆的重要组成部分，虽然整体发展势头良好，但背后仍有诸多不足，如何通过多种途径改善城市博物馆旅游的发展现状是博物馆从业者亟待解决的问题。

一、城市博物馆旅游的定义及意义

城市博物馆是 20 世纪 70 年代出现的一种新类型的博物馆，以展示城市历史变迁、社会发展为主题，藏品征集、陈列展示等工作都围绕城市特色展开，属于历史类的博物馆。城市博物馆旅游是指游客带着学习知识、了解城市发展变迁、休闲娱乐等目的去参观、游览城市博物馆的活动②。近年来，全国旅游呈现出历史文化景区（包括博物馆、文化遗迹）热门的特点，很多人愿意为了一个展览奔赴一座城，走进文博场馆看历史，看文化，追求旅游的深度和特色。我国博物馆由于类型多样、旅游工作基础良好，具有文旅融合发展的条件，城市博物馆作为展示城市历史变迁发展的文化场馆，更是城市文化旅游不可或缺的一环。发展城市博物馆旅游，对促进博物馆自身发展、提升游客的旅游体验和带动城市文化发展都有十分重要的意义。

对于城市博物馆自身而言，长期以来，我国历史类博物馆的经费来源主要依靠政府拨款。伴随时代变迁，这一单一拨款途径已逐渐不能适应博物馆生存发展的需要。城市博物馆拥有藏品、展览以及知识产权、品牌价值等丰富的有形与无形资源,将现有资源合理利用,以更广阔的视野和途径拓展游客来源和服务内容,把博物馆的服务对象从博物馆观众扩展到全域旅游游客,让博物馆成为展示体验文化的旅游窗口,既符合博物馆社会服务机构的定位,发挥了博物馆的教育功能,也能让博物馆从中取得合理的经济效益,促进自身和社会的共同发展③。

对游客而言,来博物馆旅游能够满足其在教育、审美、休闲娱乐三个方面的需求。博物馆作为一个全面系统展示各个国家和地区历史文化、民俗风情、科学技术等内容的非营利性文化机构,是旅游资源中独特且不可或缺的组成部分。游客通过游览城市博物馆,能够对该城市的历史变迁、文化特色形成一个全面的认知,从而更好地理解该国家或地区的文明。在游览博物馆的过程中,游客能够习得许多新知识,博物馆提供的讲解服务、讲座活动等也能为游客提供更多样的学习途径,使博物馆成为学校教育之外的第二课堂。

在学习知识的同时,博物馆旅游也是陶冶情操、提升游客审美能力的场所之一。博物馆内容丰富、形式多样的展览,内涵丰富的展品能够满足游客更高层次的文化精神需求,这是其他景点所不具有的特色旅游资源。通过欣赏博物馆的展品和展览,游客能够获得独特的精神和审美体验④。

对游客而言,前往博物馆旅游除了满足教育和审美方面的需求外,娱乐休闲也是不可或缺的。博物馆将声光电等多种手段融入展览,同时举办各类活动,增强了游客在游览过程中的可参与性。游客在博物馆内按照自己的兴趣与展品产生互动,在参与中获得快乐,从而满足了自身的娱乐需求。同时,人们外出旅游的重要原因之一是希望从日常的生活中摆脱出来,寻求一种新的体验。通过参观博物馆,游客可以暂时忘记工作和生活中的压力和烦恼,放松心情,体味展品背后的文化内涵,从而达到休闲的目的,获得身心的放松⑤。

对城市文化的发展而言,伴随着城市化进程的不断加速,城市景观的趋同化日益加剧,导致了不同城市个性和特色的缺失,制约了游客前往城市旅游的积极性。城市旅游中文化旅游是不可缺少的一部分,文化和历史是一个城市的灵魂。城市博物馆作为展示城市历史文化特色的场馆,应该成为城市旅游的重要组成部分。在旅游线路中放入博物馆,能够有效提升城市文化的宣传效果,展现一个城市的整体风貌,从而提升城市的文化档次⑥。

二、城市博物馆旅游的发展现状和存在问题

当前,伴随着博物馆免费开放政策的持续推行以及博物馆数量的持续增长,博物馆旅游的整体发展势头良好,前往博物馆游览的游客数量不断增加。虽然游客游览博物馆的热情日益高涨,但是博物馆旅游发展不平衡,各博物馆间人气不均的现象却日益凸显,这种情况在城市博物馆中也有所体现。部分城市博物馆借助本馆强大的馆藏文物资源、内涵丰富的陈列展览、形式多样的观众活动吸引了大量游客的目光,人气飙升,而不少城市博物馆仍处于门庭冷落的境况。通过分析可以发现这类博物馆主要存在以下几方面的问题:

第一,特色不突出。城市博物馆是展现一个城市文化特色的场所,每个城市都有自己独特的历史和文化基因,博物馆需要借助藏品和展览将其展示出来。但在博物馆藏品征集和展览设计等工作的实际开展过程中,部分博物馆的工作人员未能将突出特色牢记于心。在展览设计上,部分城市博物馆的展览设计理念还比较保守,陈列方式仍以静态陈列为主,缺少互动参与性,影响了游客的参观热情。同时,展览类型仍以器物型展览为主,缺少叙事型展览,内容过于专业化,未能拉近与游客之间的距离。展品、展览内容及形式设计的千篇一律使博物馆千馆一面,大大降低了游客游览的积极性⑦。

第二,配套设施和游客服务不完善。旅游包含"吃、住、行、游、购、娱"六大要素,博物馆在发挥收藏、展览、教育功能的基础上叠加服务,形成"旅游+服务"的意识,提供完善的配套设施和游客服务,是博物馆旅游能够持续发展的必备要素⑧。参观博物馆是一项需要大量体力和脑力的活动,休闲、餐饮等场所的配备是提升游客参观热情的有效手段,配套设施的缺乏会大大降低游客的游览体验。在游客服务方面,部分博物馆的导览手段较为单一,仅限于人工和语音讲解器讲解、触摸屏、影音资料播放等手段使用较少。讲解员的讲解方式也千篇一律,不能满足不同类型游客的需求,从而影响了游客对展览内涵的理解。前台服务人员的服务意识不足,对游客的各类需求咨询回应不够积极,也会对博物馆旅游造成不利影响⑨。

第三,宣传意识不足。博物馆虽然是一个非营利的机构,但将博物馆作为一种旅游资源进行开发,对博物馆自身以及当地社会经济发展、文化传播都有益处。当前部分博物馆管理人员未能转变观念,没有积极主动地与媒体联系,从而导致博物馆的对外宣传不足。同时,部分博物馆也缺少与旅行社、酒店等机构的合作,没有把博物馆放入旅游的常规线路中,在酒店的推介资料中也不见博物馆的身影。博物馆宣传意识的不足直接制约了博物馆旅游的推广和发展⑩。

三、改善城市博物馆旅游的途径

(一)以市场为导向,加强宣传

过去,博物馆作为一个收藏、展示文物艺术精品的场所,只有少部分业内人士或文博爱好者会主动上门参观。时至今日,城市博物馆应该改变过去静等观众上门的习惯,主动以市场为导向,通过多种途径加强宣传。在宣传对象的选择上,博物馆首先应该抓住本地游客这一可能长期、多次访问博物馆的群体。博物馆可以通过组织专题讲座、举办知识竞赛等活动吸引学生群体和市民的目光,同时深入学校、社区进行宣传,让市民对博物馆产生兴趣。

其次,为了吸引更为广泛的游客群体,博物馆应该主动与旅游部门加强联系。博物馆与旅游部门的结合一方面能让博物馆根据旅游市场的实际需求确定本馆旅游的发展方向,另一方面可以借助旅游部门的力量,将印有本馆展出内容、活动日程等信息的宣传资料投放于宾馆、机场、车站、餐厅等游客聚集的场所,从而加大游客对博物馆的关注,提升博物馆的知名度⑪。

同时,伴随着互联网等信息传播工具的发展,博物馆应该积极利用媒体资源进行宣传。博物馆网站是博物馆宣传的有效工具,博物馆的整体情况、最新展览活动等信息都可以在网站上发布。通过浏览博物馆网站,能够让游客对博物馆的整体情况有一个较为系统的了解,这一方面可以扩大博物馆的

影响力,另一方面也有助于提升游客的游览体验。微博、微信等新媒体的运用能够加强博物馆与民众的互动,拉近游客与博物馆的距离。传统媒体如报纸、杂志、电台、电视台等也可以帮助博物馆扩大宣传面,在博物馆有大型展览或活动举行之前,通过报纸、电视等传统媒体的报道宣传,能够吸引不同年龄层的游客前往博物馆⑫。

(二)创新博物馆展陈方式,提升参与性

博物馆是一个以教育、收藏、陈列为主要功能的非营利的文化机构,博物馆陈列是博物馆旅游产品的核心,游客前往博物馆的主要目的就是欣赏博物馆的陈列展览。城市博物馆想要在博物馆旅游开发中取得成功,首先要做的就是深入发掘馆藏文物的文化内涵,寻找本馆在历史、文化、艺术等方面的特色,而后通过多种手段呈现博物馆的独到之处。博物馆旅游产品的特色越鲜明,游客参观的积极性就越高涨,其社会效益也会由此扩大⑬。

在博物馆陈列展示的设计过程中,如何突出本馆特色是策展人必须考虑的问题。创新展陈方式,即在展览的内容设计和形式设计上寻求突破是提升游客观展热情的重要方式。展览的内容设计可以尝试叙事型展览模式,以一个展览主题为核心,用文物讲故事。通过发掘文物背后的文化内涵,让游客切实理解展览的内涵和主题,提升游客的观展热情。在形式设计的过程中,合理利用声、光、电及各种多媒体展示手段能够提升展览的趣味性和参与性。一些动手活动的引入能够增强游客的参与意识,调动游客参观的积极性,从而帮助游客从不同角度感知展览的内涵。

(三)提升服务质量,完善配套设施

城市博物馆为了提升游客的参观体验,满足游客的多种需求,提高服务质量,完善配套设施是必不可少的。为了达到目的,可以采取以下三方面的措施:第一,改善博物馆的游览环境。城市博物馆作为一个内容丰富的游览场所,游客在其中往往要停留至少2个小时,一个优美舒适的游览环境对游客而言至关重要。博物馆应该在展厅出入口处合理放置绿色植物,也可以按照季节和展览活动的实际情况布置相应的绿植花卉。第二,为游客提供全方位

服务,完善配套设施。博物馆作为一个对外开放的场所,各类配套设施的设置情况会极大影响游客的参观体验。首先,博物馆应该提供足够数量的停车位,满足自驾客的停车需求。其次,由于博物馆的游览耗费体力精力,馆内应该保证数量足够的长椅和休息区域,同时应根据实际情况配备咖啡厅、小卖部、餐厅等餐饮部门,满足游客的休憩需要。同时,服务台应保证工作人员按时上岗,积极回复游客的各类问题,为游客提供多种服务。第三,利用现代科学技术,完善导览系统。当前许多博物馆的导览手段仍停留在人工导览和语音导览两类,语音导览内容固定,互动性差,人工导览可利用的人数有限,不能满足游客多样的需求。在这种情况下,微信二维码扫码导览、互动展示屏以及数字展厅等利用信息化技术的参观导览手段能够从不同角度解读展览,满足游客的实际需求,同时也能缓解馆方的接待压力,一举两得。

(四)开发特色鲜明的文创产品

文创产品作为博物馆藏品的衍生品,兼具使用价值和观赏价值,是承载博物馆藏品历史文化信息、传播地方文化的重要产品。当前故宫博物院、上海博物馆、南京博物院等大型博物馆的文创产品销售火爆,每年的销售额高达千万,这一方面缓解了博物馆的运营负担,一方面也为博物馆各类活动的开展提供了一定的经费支持。

对于城市博物馆而言,为了在博物馆文创产品的生产经营中突出重围,激发游客的购买欲望,开发出特色鲜明的文创产品至关重要。城市博物馆在开发文创产品的过程中,应该将本地特有的历史文化资源物化,将文物背后的文化内涵通过文创产品展现,从而提升文创产品的独特性和文化性,满足游客的文化心理需求。博物馆开发的产品应该注重实用性和观赏性的有机结合,从而提升游客的购买热情,让游客在旅游结束后,通过文创产品回忆起博物馆的游览经历和获取的历史文化知识,从而促进旅游文化的发展,提高博物馆旅游的社会效益[14]。

四、总结

博物馆旅游是深受民众喜爱的旅游形式,城市博物馆作为展现地方历史文化特色的重要场所,在博物馆旅游中占据重要地位。通过以市场为导向、加强宣传、创新展陈方式、提升服务质量、完善配套设施以及开发特色鲜明的文创产品等手段,城市博物馆能够将历史文化资源与文化旅游的参与性、娱乐性相结合,从而进一步推动博物馆旅游健康发展,为博物馆旅游的稳步前行打下坚实的基础。

注释:

①陈来生:《博物馆旅游:苏南博物馆和旅游业的双赢举措》,《苏州科技学院学报(社会科学)》2003年第4期,第11页。

②虞海明:《"城市博物馆"的特点和发展方向》,《中国博物馆》2005年第4期,第81页。

③李俊:《博物馆旅游的GM_TCD开发模式研究》,重庆师范大学硕士学位论文,2012年,第18页。

④倪晓波:《博物馆旅游的开发和发展问题研究》,《武汉职业技术学院学报》2006年第3期,第102页。

⑤邹芸:《博物馆旅游的体验化研究》,四川师范大学硕士学位论文,2010年,第9页。

⑥李策:《历史博物馆旅游运营研究——以湖南省博物馆为例》,湘潭大学硕士学位论文,2008年,第12-13页。

⑦邹芸:《博物馆旅游的体验化研究》,四川师范大学硕士学位论文,2010年,第3页。

⑧李俊:《博物馆旅游的GM_TCD开发模式研究》,重庆师范大学硕士学位论文,2012年,第16页。

⑨邹芸:《博物馆旅游的体验化研究》,四川师范大学硕士学位论文,2010年,第3页。

⑩代安乐:《博物馆资源的旅游开发研究——以虢国博物馆为例》,天津商业大学硕士学位论文,2012年,第17页。

⑪李策:《历史博物馆旅游运营研究——以湖南省博物馆为例》,湘潭大学硕士学位论文,2008年,第36页。

⑫于萍:《博物馆旅游发展研究——以苏南地区为例》,苏州大学硕士学位论文,2003年,第25页。

⑬杨丽:《我国博物馆特色旅游开发刍议》,《经济地理》2003年第1期,第124页。

⑭倪晓波:《博物馆旅游的开发和发展问题研究》,《武汉职业技术学院学报》2006年第3期,第105页。

(作者单位:宁波博物院)

文博类电视节目的教育特点及价值

——以《国家宝藏》为例

◇ 邵剑耀

内容提要：以《国家宝藏》为代表的文博类电视节目以综艺为外壳、文化为内核，并集纪录气质于一体，通过故事化的历史叙述与舞台演绎赋予了文物藏品更多的人文特点。在发挥社会教育功能时，节目既保留了博物馆教育的开放性、社会性、全民性等特点，又融合了文化类电视节目的文娱互融、雅俗共赏及电子媒介传播性强、覆盖面广等优点，寓教育功能于体验、娱乐之中。节目通过对各大博物馆馆藏文物的生动展示，以传播优秀传统文化，在促进社会各类群体文化类、文博类知识获得的同时，又促进了社会大众的审美、鉴赏等能力的提升。

关键词：文博类电视节目 《国家宝藏》 社会教育 博物馆

文物是人类在社会活动中遗留下来的集审美价值、工具价值和象征价值于一体的物质遗产①，是研究人类社会发展的重要实物资料，能基于不同领域、不同层面反映各个历史时期人类适应、改造世界的状况，具有巨大的历史、艺术和科学价值②。但对一般大众来讲，因缺乏相应的专业知识，无法正确、全面地理解文物中蕴藏的考古价值和现实价值。而以《国家宝藏》为代表的文博类电视节目以社会大众为目标群体，将博物馆与电视媒介相互融合，通过邀请文博、考古、教育等相关领域的专家学者对文博类专业知识进行通俗化转译，演员、歌手等公众人物对国宝文物进行"推介"和"代言"，消弭了现代人对传统文化的距离感，进而促进文物背后所蕴藏的文化价值的涵化传播③，并使公众的赞美由文物过渡到古人、再到民族、国家，提升公

众的文化自信和民族自信，实现文化认同和国家认同。

一、《国家宝藏》电视节目介绍

《国家宝藏》是由中央广播电视总台、央视纪录片国际传媒有限公司制作的一档文博探索节目，自2017年12月3日第一季在中央电视台综艺频道首播以来，广受观众热捧且好评不断，目前已更完三季，第二季和第三季分别于2018年12月9日和2020年12月6日开播。第一季节目由央视与故宫两大文化体联手，同湖北省博物馆等八家（详见表一）博物馆（院）合作，以"记录+综艺"节目模式，向观众传递文物之美；第二季节目仍是央视联手故宫博物院，遵循第一季的节目模式，但所合作的博物馆（院）有所改变，全新加入广东省博物馆等（详见表一），接手第一季的八大博物馆（院）"讲述中国故

事、让国宝活起来"的接力棒,继续带领观众领略不同文物之美④。第三季节目所选博物馆角度与往季所有不同,将视野放至中华大地的九座历史文化遗存上,通过回到历史现场,让考古遗迹和历史建筑来"叙述故事",以使考古遗址与文物共同"活起来"⑤。

在节目形式上,《国家宝藏》三季都遵循相似的流程。每集节目均以某一博物馆(院)或历史文化遗存为主题,由该博物馆(院)或历史文化遗存负责人推荐三件文物,并为每件文物绑定与之气质相符的明星嘉宾,通过对这三件文物前世传奇的现场演绎、今生故事的专家讲述、国宝守护人印信颁发以及国宝守护誓言宣读等环节⑥,层层助推,真实、全面、立体、生动、形象地展现其背后蕴藏的文化底蕴。每季总共展现27件国宝,在叙述、演绎完27个"前世今生"后,季末即每季最后一期节目公布分别从九大博物馆(院)或九大历史文化遗存中评选出的一件国宝(共九件,如表一所示),入选"《国家宝藏》特展文物",或成为"《国家宝藏》年度中华文明标识"。

《国家宝藏》与其说是一档综艺节目,不如说是一种新型的博物馆展览形式,其融合纪录片和综艺两种创作手法,以综艺为外壳、文化为内核,并集纪录气质于一体,通过故事化的历史内容呈现赋予了文物藏品更多的人文特点⑦,在解读中华文化基因密码、传递华夏文明精神的同时,引发了年轻观众重拾国学经典、重拾优秀传统文化的博物馆式生活潮流和全社会的博物馆教育热潮。

表一 《国家宝藏》历年"年度国宝"汇总

节目季数	博物馆(院)	入选国宝
第一季	故宫博物院	石鼓
	湖北省博物馆	云梦睡虎地秦简
	河南博物院	云纹铜禁
	陕西历史博物馆	《阙楼仪仗图》
	辽宁省博物馆	《万岁通天帖》
	湖南省博物馆	皿方罍
	上海博物馆	大克鼎
	浙江省博物馆	玉琮
	南京博物院	大报恩寺琉璃塔拱门
第二季	故宫博物院	样式雷建筑烫样
	广东省博物馆	金漆木雕大神龛
	河北博物院	长信宫灯
	四川博物院	后蜀残石经
	云南省博物馆	聂耳小提琴
	新疆维吾尔自治区博物馆	"五星出东方利中国"锦护膊
	甘肃省博物馆	铜奔马
	山东博物馆	银雀山《孙子兵法》《孙膑兵法》汉简
	山西博物馆	侯马金代董氏墓戏俑
第三季	故宫博物院	金嵌珍珠天球仪
	秦始皇帝陵博物院	秦陵铜车马
	西藏布达拉宫	《清代布达拉宫红宫修砌图》
	孔子博物馆	《三圣像》
	敦煌研究院	莫高窟220窟
	三星堆博物馆	青铜纵目面具
	苏州博物馆	文衡山先生手植藤
	西安碑林博物馆	颜氏家庙碑
	安阳殷墟博物馆	YH127甲骨窖穴

注:根据"CCTV节目官网"的节目内容介绍汇编而成。

二、《国家宝藏》电视节目的教育特点分析

《国家宝藏》通过"记录式综艺"的全新模式,将"高冷神秘"的文物及考古相关知识以大众能理解、能接受的方式呈现出来,迅速成为各大网络平台竞相传播的宠儿节目,也"圈粉"了无数年轻观众。作为一档文博类电视节目,《国家宝藏》巧妙地将博物馆、文物与网络媒介相互结合,在发挥社会教育功能时,既保留了博物馆教育的直观性、专业性、开放性、广阔性、社会性等特点,又融合了文化类电视节目的文娱互融、雅俗共赏及电子媒介传播性强、覆盖面广等优点,同时克服了传统博物馆教育中存在诸如进馆参观观众地域性明显、实物陈列展览形式单一、文物讲解流于表面且不够生动等缺点,寓教育功能于体验、娱乐之中。

(一)突破传统展览的时间、空间限制,凸显了博物馆教育开放性、社会性、全民性特点。

博物馆是带有公益性色彩的公共文化设施,其服务对象不限阶层、不限年龄、不限性别、不限地区,所有群体均可根据自身需求进馆学习,有选择性地补充、丰富、更新已有认知,提升自身素养。因此,全民性即以全体社会成员为教育对象是博物馆教育的重要特征,所有社会成员都能平等、自由的出入博物馆内(已开放的)各个陈列空间,参加博物馆所组织的各类社会活动,以学习相应的科学文化知识[8]。然而,在现实生活中,由于地理空间等的限制,社会大众在非旅游时间很少有机会去居住地以外的博物馆进行参观。如时兰兰对甘肃省博物馆在免费开放后所接待的参观观众的来源地分布进行分析,发现超过一半以上观众来自甘肃省兰州市,外省观众仅占27.35%[9],还不排除走马观花式的旅游参观群众。据此可以看出博物馆所在地区居民是博物馆参观观众的主要组成部分。此外许多博物馆实行"朝九晚五"的工作制度,与现阶段大多数人的工作时间高度重合,形成了"你(观众)上班,我(博物馆)开门;你下班,我打烊"的局面,造成博物馆教育资源的浪费[10]。

《国家宝藏》等文博类电视节目的诞生,将博物馆的展览搬到了电视荧屏上,很好地解决了以上问题。其一,《国家宝藏》于每周日晚在央视开播,缓解了博物馆展览展出时间与大部分人上班时间相互冲突的矛盾。《国家宝藏》亦可在央视官网及其他网络平台回播,让观众能根据自己的闲暇时间利用手机、电脑等电子设备随时随地享受文化盛宴。其二,《国家宝藏》所入选的博物馆所在地区跨度较大,如上表一所示,每季节目所选的博物馆均包含我国东、中、西部地区,各博物馆风格迥异,使得观众在家就能欣赏各省各地区博物馆的馆藏精品,大大降低了观众参观非本地区博物馆所需的时间成本和经济成本。其三,《国家宝藏》将博物馆、文物与数字技术相结合,以接地气的表达方式及语言风格吸引了大批年轻观众,同时借助明星效应发展了潜在观众(明星背后的粉丝受众群)[11],扩大了"博物馆教育"的受众对象,仅在Bilibili网站《国家宝藏》每季的播放量就达到几千万以上。

(二)兼顾娱乐性、体验性、艺术性与专业性,寓教于体验、娱乐之中。

2008年,为了充分发挥博物馆、纪念馆在文化传播中的重要作用,加强公共文化服务体系建设和公民思想道德建设,中共中央宣传部、财政部、文化部、国家文物局联合发布《关于全国博物馆、纪念馆免费开放的通知》,要求"全国各级文化文物部门归口管理的公共博物馆、纪念馆,全国爱国主义教育示范基地全部免费开放"(不包括文物建筑及遗址类博物馆)[12],此举突出了博物馆的社会教育职能,促使博物馆资源融入国民教育体系中。随着博物馆免费开放政策的落实,各地博物馆举办的主题展览活动次数越来越多,也吸引了大批观众前来参观。但人流量多并不等同于博物馆的教育职能发挥良好,在观展时,普通大众因缺乏足够的知识储备及鉴赏能力,常以走马观花的方式浏览博物馆内的各类藏品,很难形成高质量的文物参观体验。如甘肃省博物馆工作人员在维持参观秩序时发现,较多观众把博物馆当作"旅游打卡点",在好奇心及从众心理驱动下走进博物馆看展,这些观众在展品前停留的时间仅为几分钟甚至几秒钟[13],并不能真正学到些什么。

造成观众走马观花式观展的原因是多方面的。其一,博物馆藏品较多,即便是基于某一特定主题

举办的临时展览所陈列的展品可能也有几十件到几百件不等,观众进展厅之后会出现"不知从何看起"的情况,只能按照特定路线前进,走哪看哪。其二,博物馆展览形式单一,流于表面,特别是部分中小型博物馆,其办展形式主要是将藏品陈列出来并附上相关文字说明,让参观者很难感受到观展乐趣。其三,较多博物馆缺乏专业性讲解团队,展览的讲解质量较低,参展观众无法领会陈列展览内容及其所要表达的主题思想。

《国家宝藏》所呈现的国宝文物均由各自博物馆的馆长推荐,是各大博物馆馆藏精品中的精品。每期节目展示三件文物,可以避免因展品过多而使观众"无从下手"的迷茫局面。每件展品独具特色,又可以避免因展品的同质性而导致观众产生审美疲劳。《国家宝藏》兼顾综艺节目的娱乐性与文物讲解的艺术性及专业性特点,由张国立担任 001 号讲解员,负责节目串联,国宝守护人(包括明星和与国宝相关的知名人士等)负责小剧场演绎及国宝故事叙述,九大博物馆馆长坐镇适时点评以补充、讲解相关文物知识⑭,将每一件文物的前世传奇与今生故事展现出来,突破了传统博物馆展览中图文解说的呈现方式,使观众在观赏节目的同时习得文化知识。这种体验式、非正式的学习过程往往会收到意想不到的效果。在文物"生平故事"的讲解中,为了便于观众的理解,《国家宝藏》利用数字化技术同步呈现文物的相关细节内容,将专业性知识加以通俗化处理,减少文物与观众之间的疏离感,拉近了两者之间的距离。如第一季第一期节目中,李晨等人在对王希孟的《千里江山图》卷的前世传奇故事演绎中,节目组利用 LED 环幕展示了经由多层颜料敷染而成的宋代青绿山水的巨制杰作,让观众感受到了由"黑墨勾山石,青绿施重彩"带来的震撼,使观众对《千里江山图》卷在设色、用笔上的"青绿法"也有了更为细致的了解⑮。此外,每季节目最后会揭晓入选线下特展的九件文物,它们由观众投票和特展评选委员会共同选出,这样的互动环节增加了观众的参与感,所评选出的特展文物也能得到大部分人的认可。观众通过观看"线上展览"即《国家宝藏》节目提前积累相应的文物知识与鉴赏能力,再

参与到线下展览中,更能加深其对文物的认知,进一步提升其文化素养。

三、《国家宝藏》电视节目的教育价值分析

《国家宝藏》节目遵循博物馆教育服务社会大众、提高全民文化素质的宗旨,通过对各大博物馆推荐的馆藏文物的生动展示来传播中华传统文化,对促进社会各类群体的知识(如传统文化知识、文博类知识等)获得及能力(如文物鉴赏能力、审美能力等)提升有积极作用。

(一)美育价值

美育即审美教育,又称美感教育。《国家宝藏》节目详细介绍了不同类型文物的艺术特色和审美路径,从多维度视角讲述文物故事,利用音乐、灯光、舞美等方式给观众带来多感官的刺激,使观众可以通过舞台剧、真人讲述等环节体会到文物背后的文化内涵⑯,从而获得文物审美的初步常识、初窥文物美学门径⑰,进而提升社会大众发现美、感受美、鉴赏美的审美水平。

(二)德育价值

《国家宝藏》节目自开播以来就广受好评,时常登上各大网络媒体"热搜",成为全民讨论的话题。其"寓传统文化于节目之中,立价值观念于节目之上",在向社会大众开展文物科普的同时,也唤起了大众对历史的敬畏,对中华优秀传统文化的内在自信。《国家宝藏》每期节目立意鲜明,如第一季第一期的"守护绿水青山、守护国之瑰宝、守护中华文脉"等,与社会主义核心价值观紧密结合⑱。在今生故事环节,节目选取与国宝当下命运密切关联的当代人物来讲述关于"国宝守护"的故事,不断向社会大众传递新时代的社会价值理念及当下思想观念,以此增强国民责任意识,提高道德素养。

(三)智育价值

《国家宝藏》在节目目标指向以及节目内容选择、组织、呈现方式上较以往文博类节目有很大突破,其巧妙利用了博物馆平台的潜在资源,以"国宝"为载体,将涵盖生活、文化、科技等各方面的中国优秀传统文化呈现出来⑲,为学校教育活动开展提供了精品课程资源。一方面,《国家宝藏》节目片段可作为语文、历史等科目的学科课程素材,有效

激发学生对传统文化类课程的学习兴趣,提高学习效率。另一方面,《国家宝藏》所涵盖的知识面较广,所传递的教育信息较多且质量较高,可在自愿原则下让学生在课后或假期观看,以作为课堂教学的延伸和补充。

参考文献:

①刘牧、邓静宜、王明明:《文物价值的现象学分析——以敦煌莫高窟为例》,《敦煌研究》2015年第6期,第114-121页。

②丁梅:《论历史档案的文物价值》,《学术交流》2008年第10期,第195-196页。

③郭学文:《新型文博类综艺节目的知识生产》,《中国电视》2020年第8期,第105-108页。

④环球网:《〈国家宝藏〉第二季公布入选国宝名单》https://baijiahao.baidu.com/s?id=1618901775014471835

⑤《〈国家宝藏〉第三季启动》,《文化艺术报》2020年11月11日,第A02版。

⑥王永、叶建芳:《浅析原创文化类节目的"仪式感"传播价值》,《当代电视》2020年第10期,第53-57页。

⑦邹凯:《浅谈历史文博类电视综艺节目制作与传播——以央视〈国家宝藏〉为例》,《新闻研究导刊》2020年第24期,第84-85页。

⑧孔伟:《社会教育视域下的公共文化服务研究》,山东人民出版社,2014年,第176页。

⑨时兰兰:《大数据收集与统计:博物馆免费开放的利弊可视化——以甘肃省博物馆免费开放观众调查为例》,《博物馆研究》2020年第1期,第71-78页。

⑩印荣生:《博物馆开放时间朝九晚五可惜了》,《中国青年报》,2017年7月27日,第002版。

⑪杜芳慧:《文化类综艺节目的思想政治教育功能研究——以〈国家宝藏〉为例》,《今古文创》2020年第28期,第48-50页。

⑫中华人民共和国中央人民政府:《文物局发布关于全国博物馆、纪念馆免费开放通知》http://www.gov.cn/gzdt/2008-02/01/content_877540.htm

⑬时兰兰:《大数据收集与统计:博物馆免费开放的利弊可视化——以甘肃省博物馆免费开放观众调查为例》,《博物馆研究》2020年第1期,第71-78页。

⑭黄鸽:《用故事演绎德育的无限精彩——从央视〈国家宝藏〉反观德育之道》,《教育科学论坛》2018年第10期,第29-30页。

⑮于蕾、吕逸涛主编:《国家宝藏》,中信出版社,2018年,第6-7页。

⑯杨明辉:《〈国家宝藏2〉:持续深耕中华优秀传统文化》,《传媒》2019年第14期,第58-59页。

⑰郭学文:《新型文博类综艺节目的知识生产》,《中国电视》2020年第8期,第105-108页。

⑱杜芳慧:《文化类综艺节目的思想政治教育功能研究——以〈国家宝藏〉为例》,《今古文创》2020年第28期,第48-50页。

⑲范蔚、张思琴:《论社会精品课程资源有效利用——以电视节目〈国家宝藏〉为例》,《四川民族学院学报》2019年第5期,第61-65页。

(作者单位:江南大学教育学院)

试论如何以实用性人才助力基层博物馆发展

◇ 张晓芳

内容提要：《中共中央关于制定国民经济和社会发展第十四个五年规划和二〇三五年远景目标的建议》中提到"繁荣发展文化事业和文化产业,提高国家文化软实力"。文化兴则国运兴,增强文化软实力,离不开实用人才。博物馆作为重要的历史文化传播机构,有责任担负起新时期文化事业发展的重担。在专业对口人才稀缺的当下,如何吸纳、激发实用性人才的潜力为基层博物馆运用值得思考。

关键词：实用性人才 基层博物馆 实践

国以才兴,业以才立。人才是无形资产,是宝贵的人文财富。人才在推动国家政治、经济、社会、文化各方面发展中起着重要作用。2021 年,中央八部门联合印发的《关于推进博物馆改革发展的指导意见》指出:整合不同层级博物馆发展……实施中小博物馆提升计划,加强机制创新,有效盘活基层博物馆资源[1]。随着国家对文物文化事业越来越重视,观众对博物馆文化需求日益多样化,基层博物馆要想走上专业化发展之路,善于管理、踏实践履、敢于创新的实用性人才不可或缺。

一、何为实用性人才

在汉语辞海中,实用:一指实际使用价值;二指具有实际使用价值;三指实际使用、实际应用[2]。2008 年 12 月,《中华人民共和国专利法》规定,实用性是指该发明或实用新型能够制造或者使用,并且能够产生积极效果[3]。而人才是指具有一定科学文化知识、才能和品德,能担负一定的工作并做出贡献的人,是人力资源中素质能力较高的劳动

者[4]。实用性人才,也叫实用人才、实用型人才,是指注重实用性、技能性和职业性的人才类型[5]。综上所述,实用性人才意指具有明确使用价值,能认真负责并做出贡献的高素质人才。

在汉语辞海中,基层指各种组织中最低的一层,它跟群众的联系最直接[6]。本文所指的基层博物馆一般是地处县级行政区及乡镇等规模相对较小的博物馆。而基层博物馆的实用性人才即能在基层博物馆的工作岗位上专心专注,发挥所长,真正对博物馆事业上升作出成绩的人。他们可以是专业技术能力优,管理能力强,抑或是主动学习、工作,用热爱之心对待文博事业,用创新性思维传播文物文化知识的有用人才。更具体来说,即具有管理运营、历史研究、民俗文化、艺术审美、计算机智能等博物馆发展需要的一种或几种素质能力,并在文博工作中做出实绩的人。

二、基层博物馆实用性人才紧缺的现状及问题

我国人口基数大,每年高校培养出的毕业生不

在少数。尤其近几年高校毕业生数量居高不下,如2019届全国普通高校毕业生达834万人[7],2020年人数达874万人[8]。而2021届高校毕业生人数达909万[9],同比增加35万,首次突破900万人大关。虽然毕业生数量持续走高,但与博物馆相关方向的人才是否基本在文博领域从事工作呢?其中又有多少人选择在基层博物馆从事工作?他们是否愿意在基层岗位脚踏实地、切实贡献自己的专业成果?所学专业是否与博物馆实际工作紧密结合?全国政协委员、中国国家博物馆馆长王春法在2021年两会上提及:全国每年高校实际为整个文博行业累计输送的毕业生仅为3000人左右。这与日渐增长的文博机构数及其工作量不相匹配。

在"2019博物馆馆藏资源授权峰会"上,国家文物局局长刘玉珠指出,"由于文物内设机构缺失和专职人员的缺乏,造成管理缺位、管理乏力,许多文物甚至处于无人管、无暇管、无力管的'真空地带',文物安全形势十分严峻"[10]。这有力指出了文博实用人员的缺乏对文物安全的不利性。对基层博物馆来说专业的文物研究人员、文物修复保护人员少之又少,极为稀缺。特别是在文物机构合并的情况下,文博人员因抽调而锐减,但文物保护传承工作却因遗产数量增加、服务精度的提高而日益繁重。一般县级编制较紧缺,当局级行政管理人员缺位时,会从下属单位抽调工作人员,这样基层博物馆在做工作时会捉襟见肘。

除此之外,对基层博物馆来说,还存在人才实用性未充分激发的问题。一是各岗位人员职责细分不足,工作任务配比失衡。个别基层馆存在人少,干事人更少的情形,少部分人员要负责多部门、多方面的工作任务,交叉进行,而有的员工潜力却未充分发挥,陷入无事可做的窘境;二是一些基层馆中,存在老一代博物馆人退休,新进人才因经验欠缺暂不能弥补专业工作的尴尬;三是文博工作人员来自不同的招聘渠道,薪酬待遇会略有差别,个别工作人员存在比待遇、比薪酬的思想。

综上所述,人才的缺乏制约着基层博物馆事业的精细化、专业化发展。高校专业设置泛化,学生配比失衡,基层部分岗位难招到专业人才;待遇及发展潜力的局限难以让复合实用性人才下沉到基层;基层博物馆岗位编制不足,难以让工作人员"术业专攻";"老带新"缺失,实践经验少,让基层文博工作摸索前进,步履维艰。此外,重论文、轻业绩的人才评审机制,使部分专业人员忙于兴趣领域研究而工作着力不足;重显绩、轻隐性工作的政绩主义,影响文物遗产的有序传承。

三、基层博物馆如何吸引和培养实用性人才

2018年3月,习近平总书记在两会期间参加广东代表团审议时强调:"人才是第一资源"。著名博物馆学家苏东海先生也指出:新世纪里博物馆事业的命运决定于博物馆的人才状况,人才是博物馆事业发展的关键。实用性人才是基层博物馆向前发展的必备资源。地方政府要多方式吸纳实用性人才,高校应着力输送专业对口的高质量实践型人才,基层博物馆应想方设法培养用好人才,通过多层面共努力,促使基层博物馆发展更加品质化、专业化。

(一)紧跟政策,地方政府部门多方式吸纳复合实用性人才。

2021年5月,中央八部门印发《关于推进博物馆改革发展的指导意见》的通知中指出:健全博物馆人才激励机制,按照国家有关规定进行表彰奖励,加强博物馆管理人才、专业人才、研究人才、创新型人才培育,为人才发展营造良好的制度环境[11]。十四五时期的到来,对博物馆工作提出了更精细的要求,既懂管理学又精通文博专业的新型复合型人才尤为稀缺。

加强高素质文博管理人才的跨地域选拔、调动。管理型人才各个区域都存在,但对基层来说,高素质管理型文博人才却相对稀少。博物馆作为专业型较强的场馆单位,有丰富文博知识储备的管理者更能找准博物馆发展的着力点。设区市文旅、组织部门应积极选拔、发现管理型文博人才,通过系统内人才遴选、馆际管理人才交流调动等方式,放宽年龄限制,选择思想观念新,统筹能力强,能以现代思维做好博物馆运营管理的前瞻性人才,以带动基层文博事业的发展。

积极引进专业型文博人才,用好留住人才。专业技术型人才是拓展基层博物馆内涵的核心支撑。国家级、省级博物馆之所以在专业技术及综合业务方面遥遥领先，与其完备、多层次的专业人才体系不可分割，比如上海博物馆拥有业界权威地位，源于其强大的人才支撑，专业的管理队伍，硕博人才及有文博资历者人才济济，共24个内设部门，工作细分明确，并于2020年11月设博士后科研工作站，着力馆校合作招聘引进博士后研究人才⑫。基层文博主管部门更需着力编制好博物馆岗位，以权威场馆为借鉴，引进紧缺专业文博人才，如历史研究、文物修复等人才，着重考察专技人员的实操能力和职业道德素质，将能力与待遇相配套，在住房、医疗、子女入学等方面为其提供人性化关怀环境，真正引得进，留得住，用得好人才。

此外，还可汇集区域间人才，建立流动、帮扶基层专家人才库，将其作为基层馆增人引才的新路径。可以考虑出台政策，鼓励邻近区域国家级、省级博物馆专家到基层博物馆阶段性挂职交流，并作为职称晋升的依据。让有经验的专家扎根基层馆具体培训、实操、讲授，驻点帮扶，带动基层博物馆人员用更开阔的视野，更专业的方式收藏、保护、展示、宣传历史文物资源，提升综合业务能力。

（二）高校契合博物馆需求，精准输出文博实用性人才。

动态调整专业，输出紧缺型人才。高校是文博人才的重要输送地。高校如果在专业设置方面与博物馆对人才的需求脱节，易造成部分毕业生无法找到适合工作，而博物馆特别是基层博物馆仍面临缺乏对口文博人才的尴尬，所以精准了解博物馆需求，根据文博领域发展需要动态设置专业至关重要，比如契合当前文旅融合和馆校合作教育的需求，文博创意、博物馆教育等专业科目应积极设置。此外，文物要传承就需保护，保护的方式离不开修复。文物保护应始终贯彻"保护为主、抢救第一、合理利用、加强管理"的工作方针，"以可移动文物修复为例，全国馆藏文物3000万件（套），其中半数以上需要修复，而全国具备修复技能的人才仅2000人，以每人年均修复50件计，至少需要150年"⑬。所以高校积极培养紧缺类别的文物修复人才，以匹配基层博物馆的需要。

高校还可与本区域博物馆建立人才实践合作基地，利用距离近的地理优势，长期定点实践交流。实践基地应倾向于基层博物馆。文博专业的学生可通过去基层博物馆开展志愿服务、参与文创设计、参与展览布置、策划宣教活动等方式获取一定的学时和学分，在双向互动中既能让学生收获实践知识，又能让新青年的创新思维为基层博物馆增添发展活力，也能为其后期从事文博行业奠定基础。此外，馆校共研共创也是实践方向，针对同一个项目课题馆校群策群力，可让研究更深入。比如2018年10月，故宫博物院文创交流研发中心与湖北商贸学院艺术与传媒学院达成战略合作协议，并授予该学院"故宫文创产学研基地"⑭。通过馆校合作，让社会力量有效参与，为古文化艺术焕发创新创意的新活力。

（三）基层博物馆做好人才提升计划，畅通人才晋升渠道，激发活力。

基层博物馆作为公益文化机构，与群众距离近，工作人员经常收到群众对不同文物知识的问询，只有具备较高的业务素养，及时更新知识结构，才能为群众提供优质服务。

做好培训规划，提升人员素质。尤其注重培养工作人员职业道德、文明礼仪、沟通交流、文物学识等方面的能力。"将人员培训经费列入政府预算，对博物馆从业人员实行每五年一周期的全员培训。"⑮有目的、有计划地请文博行业专家定期给工作人员开展系统培训或到周边专业的博物馆学习实践，提升工作人员的文博素养。这里的培训不是针对某一部门或者某个人，而是全员体系化培训。如讲解人员可参加展览或典藏、鉴赏相关的培训，以更好地挖掘文物意蕴，深入了解文物背后的故事。而文物典藏人员可参加展览方面的培训，安全管理人员也可参加文物典藏管理的讲座，这样在工作中才能找到工作着重点，互通有无，通力协作。溧阳市博物馆每年都会组织员工进行业务培训，学习专业文博知识，并且组织员工积极走出去，外出观摩、学习，借鉴优秀场馆的工作经验，以后综合部门还应积极做好馆内各部门培训规划，引入提升本馆薄弱环节的课程，使培训更有针对性。另外，志愿者队伍也是博物馆大家庭中的一员，是博物馆延展服务的中坚力量，比如展览布置、活动讲解、秩序维持等都离不开志愿者，在开展业务培训活动时，也应将其纳入其中，以构建更实用的文博志愿者队伍。

再者，馆内人才学术素养的提升能带动博物馆层次的升级。比如鼓励员工参与国家文物局组织的"高层次文博行业人才提升计划"项目，结合馆内紧缺专业方向，针对性培养实用性人才，从而在开展工作时更专业、更高质，为博物馆进阶发展打好基础。

"世上本无庸才，只有放错地方的人才。"基层博物馆在业务设置上应采取灵活变通的思维，根据人才专长、兴趣、闪光点，将其配置、调用到合适的岗位中，这样可让不同能力的人才在对口的岗位上绽放风采，贡献才智。

四、结语

让博物馆更博物，让历史文物活化起来，博物馆人重任在肩。博物馆作为历史文物收藏、研究、展示、宣传的场所，离不开实用性管理人员、专业技术人员等复合人才的有力支撑。只有高校、地方政府与基层博物馆携手积极培养、吸纳、汇集各方英才，形成奉献、探索、创新的合力，才能让基层博物馆事业蒸蒸日上。

注释：

①国务院新闻办公室网站：《关于推进博物馆改革发展的指导意见》http://www.scio.gov.cn/xwfbh/xwbfbh/wqfbh/44687/45691/xgzc45697/Document/1704721/1704721.htm

②汉语辞海官网：实用释义 http://www.esk365.com/cihai/chshow.asp?id=jikvvwdz

③大辞海官网：实用性释义 http://www.dacihai.com.cn/search_index.html?_st=1&keyWord=%E5%AE%9E%E7%94%A8&p=1&itemId=87531

④大辞海官网：人才释义 http://www.dacihai.com.cn/search_index.html?_st=1&keyWord=%E4%BA%BA%E6%89%8D&itemId=1649493

⑤搜狗百科：实用性人才 https://baike.sogou.com/v191572562.htm?fromTitle=%E5%AE%9E%E7%94%A8%E6%80%A7%E4%BA%BA%E6%89%8D

⑥汉语辞海：基层释义 http://www.esk365.com/cihai/chshow.asp?id=1wawzozt

⑦教育部官网：《教育部关于进一步加强高校毕业生就业状况统计核查工作的通知》http://www.moe.gov.cn/srcsite/A15/s3265/201905/t20190510_381511.html

⑧教育部官网：《二〇二〇届高校毕业生就业局势总体稳定》http://www.moe.gov.cn/fbh/live/2020/52511/mtbd/202009/t20200929_492327.html

⑨教育部官网：《今年全国高校毕业生达 909 万 教育部：支持多渠道灵活就业》http://www.moe.gov.cn/jyb_xwfb/xw_zt/moe_357/2021/2021_zt08/hd/yw/202105/t20210531_534363.html

⑩倪伟：《基层文物队伍萎缩，国家文物局局长：将建立人员编制标准》，《新京报》2019 年 9 月 19 日。

⑪国务院新闻办公室网站：《关于推进博物馆改革发展的指导意见》http://www.scio.gov.cn/xwfbh/xwbfbh/wqfbh/44687/45691/xgzc45697/Document/1704721/1704721.htm

⑫上海博物馆官网：《上海博物馆 2021 年博士后招聘公告》https://www.shanghaimuseum.net/mu/frontend/pg/article/id/I00004442

⑬国家文物局官网：《关于政协十二届全国委员会第四次会议第 2294 号（文化宣传类 121 号）提案会办意见的函》http://www.ncha.gov.cn/art/2016/5/30/art_2237_30892.html

⑭人民湖北：《故宫文创产学研基地落户湖北商贸学院》https://baijiahao.baidu.com/s?id=1615082447339959129

⑮国家文物局：《关于印发〈博物馆事业中长期发展规划纲要（2011-2020 年）〉的通知》http://www.ncha.gov.cn/art/2012/2/2/art_2237_42262.html

（作者单位：溧阳市博物馆）

浅谈博物馆官方微博运用现状与运营策略

——以常州博物馆为例

◇ 代培培

内容提要：越来越多的博物馆意识到微博在博物馆文化传播方面起到的作用，从而开通官方微博账号。本文根据目前已开通的博物馆官微账号和发布的博文内容，简要分析博物馆官微开通的使用运营情况，由此浅谈常州博物馆官微开通后的发展状况。

关键词：博物馆微博账号 微博利用度 微博粉丝

2009 年新浪推出"新浪微博"，微博开始进入用户视野。微博具有传播模式快速、内容短小精悍、信息共享便捷迅速的特点[①]，吸引了众多用户使用。就在同一年深圳博物馆成为国内第一家开通微博服务的博物馆[②]。从 2009 年到现在，越来越多的博物馆逐渐意识到微博在博物馆文化传播方面起到的作用，根据《2019 年文博新媒体发展报告》的数据，截至 2019 年 10 月政府文化类文博蓝 V 账号（即机构认证账号）共计 2179 个[③]。根据李巍、贺占哲的统计 2019 年博物馆微博认证账号总量共计 608 个[④]。可见越来越多的博物馆开通微博账号，利用微博平台做好博物馆的宣传工作，拉近与公众的距离，树立博物馆的新形象。一些博物馆学的专家学者、博物馆馆长、博物馆工作人员也开通个人微博账号，在微博平台上科普博物馆学相关知识，分享国内外博物馆学理论和自己相关工作的心得体会。国家文物局副局长顾玉才提出"未来文博新媒体将成为文博机构讲好中国文物故事的重要平台，也是文博机构未来发展的重要羽翼"[⑤]。由此可见，文博新媒体的发展对文博机构的未来发展具有重要影响。开通微博，正是博物馆传播文化的有效手段之一。既然微博为博物馆和公众提供了平等、方便交流的平台，那么博物馆如何运用好微博则是需要长远思考的问题。

一、博物馆官方微博账号的运用现状

1. 开通新浪微博官方账号的博物馆数量逐年增多

前文提到的《2019 年文博新媒体发展报告》是中国文物信息咨询中心、新浪微博联合制作发布的。据 2017 年、2018 年的文博新媒体发展报告数据，2017 年文博微博蓝 V 账号共计 795 个[⑥]，2018 年为 1548 个[⑦]，2019 年为 2179 个[⑧]，文博微博总阅读量、粉丝总量和互动总量也是逐年增加。可见"文博行业新媒体已成为文博资源整合共享的发布平台"[⑨]，越来越多的博物馆逐渐意识到本馆微博在提升博物馆公共文化服务质量上的作用。笔者在新浪微博搜索"博物馆""博物院"时发现除了国内博物馆开通微博外，一些国外知名博物馆也开通了微博账号，例如：卢浮宫博物馆、大英博物馆、大都会博物馆、旧金山亚洲艺术博物馆、荷兰国立博物馆等等。博物馆开通微博账号及时发布相关消息，通过与观众、粉丝的互动了解观众的文化需求，从而树立良好的公众形象。

2.博物馆微博账号开通多样化

除了博物馆开通官方微博外，部分博物馆志愿者团队也开通微博账号，笔者通过检索统计（截止到8月底），目前有48个博物馆志愿团队账号（个人账号和无头像空号不计算在内），其中蓝V账号19个。最早开通微博并发布第一条微博的蓝V账号是良渚博物院志愿者服务社，于2011年4月6日发布第一条微博即良渚博物院志愿者招募。目前粉丝量最多的是西安半坡博物馆志愿者团队，拥有76万多粉丝。

除了开通志愿者团队账号外，一些博物馆如苏州博物馆、河北博物院、金沙遗址博物馆、三星堆博物馆等陆续开通文创官方微博，利用微博宣传本馆研发的文创产品。

3.微博利用度差异明显

从发布博文的数量和内容来看，各馆对微博的使用情况存在明显差异。故宫博物院、天津博物馆、陕西历史博物馆、金沙遗址博物馆、四川广汉三星堆博物馆、苏州博物馆等博物馆，积极利用微博新媒体做好宣传工作，推动文博教育互动，开通文博大讲堂，制作文博相关科普视频，让公众热衷于参与互动。这些博物馆官微几乎每天发博数量要超过4条，相当活跃。而一些博物馆官微开通后却很少发博，有的甚至仅在开通初期发布微博，后面几年不再发微博，账号如同废弃一般，没有利用好微博平台。

发博频率高的博物馆往往自建新话题运营。如故宫博物院就开通了#让我们一起来读日历#的话题，将自己的馆藏文物与日历相结合，每天发布制作精美日历图片。除文物日历外，还制作故宫纪录片，让公众了解故宫的工作人员，了解

幕后故事。四川广汉三星堆博物馆则是开通#堆闻全知道#话题，及时将馆内资讯发布，用幽默诙谐的语言与公众互动，在本馆微博"出圈"后及时跟进，引发公众对三星堆文化的讨论。苏州博物馆则开通了#今日苏博##宅家看苏博#等话题，围绕相关话题发布博文。这些博物馆的微博话题，对于新开通微博账号的博物馆有一定的借鉴价值，其他博物馆可以参考话题运营形式，开通符合本馆的话题。

从吸引粉丝关注和与粉丝互动方面来看，上述活跃度高的博物馆官微大多拥有微博粉丝群和特定的本馆超话，积极与粉丝互动。四川博物院的微博大部分会同步发在四川博物院的超话里面。其他博物馆官微也会转发公众参观时拍摄的文物照片并加以详细的科普，针对公众提出的问题转发说明，点赞相关微博等等。天津博物馆则是每月抽取与自己互动排名靠前的粉丝，赠送文创礼品。

从上述内容来看，开通后活跃度高的博物馆官微会积极利用微博平台，做好新媒体运营，从而与部分博物馆官微产生对比差异。原因除了各博物馆知名度不同，吸引的基础粉丝数量不同外，还应与微博负责人对新媒体熟悉和运用程度有关。

当然博物馆官微也难免存在着博文形式相近，缺乏新意的问题。这需要官微负责人对新浪微博的运行机制有一定程度的了解，了解公众的需求，针对热点话题，寻找合适的切入角度，同时要结合本馆实际需求，制定合理优化的板块内容。

二、常州博物馆官方微博发展途径

常州博物馆于2021年2月1日开通新浪微博账号，并发布第一条微博。从时间来看可以说是开通较晚，但由于之前部分博物馆账号开通时间久，常博官微可以参考借鉴其他博物馆账号的运营情况。截止到2021年8月底，常博官微共发布微博821条，总阅读量为4038626，总转赞评为8711，开通至今已有7个月，笔者汇总官微发布的博文内容，简要分析常州官微今后的发展模式。

1.充分利用微博文博平台，做好宣传工作。

从开通日起，常博官微就加入文博微博矩阵，

该矩阵"自 2017 年成立，矩阵成员互动频繁，在重要时间节点共同发声"⑩。为微博机构提供了交流、合作和宣传的平台。2021 年春节期间常博官微参与了 @中国文博 @微博文博发起的 #博物馆牛在哪儿# 牛文物图片征集活动，在"5·18 国际博物馆日"期间参与文博锦鲤大礼包活动，在奥运期间参与 #冠军妹妹想要的保温杯我们备上了# 话题。配合微博文博的相关话题，尽力宣传常州博物馆，在网络平台营造博物馆的良好形象。参与 #展百年风华传红色基因# 革命文物精品展海报接力活动，参与 #百城百馆忆百年#——微访谈活动，制作相关视频，邀请我馆"记录伟大历史——常州革命史料展"策展人讲述策展心语。

常博官微的内容形式除了文字、图片外，还要开展微博直播和微博投票，让公众积极参与其中。微博有直播的功能，一些博物馆利用直播功能为公众开展知识讲座、科普介绍和展览讲解服务，效果显著。常博官微还未充分利用直播功能为公共提供优质的服务，目前只做过一场讲座直播。为配合暑期"腾飞之龙——从龙到鸟的演化之旅"特展，邀请中科院古脊椎动物与古人类研究所徐星研究员作专题讲座，常博官微进行线上直播，5 万多人观看直播并参与互动，直播讲座的效果超过预期。今后，常博官微要整合多部门资源进行微博直播活动，为公众做好线上讲座直播、展览导览讲解工作。微博投票是公众参与的另一种形式。针对当前展览，开通常州博物馆的微博投票，与公众进行科普互动问答环节，让公众在参与答题中加深对展览的印象，带着问题参观展览。

除了积极参与 @中国文博 @微博文博的活动外，常博官微还注重与其他博物馆账号的互动，参与其他博物馆的展览宣传互动活动。总之，常州官微在微博文博提供的平台上积极参与各项话题，在一定程度上起到了宣传本馆和增长粉丝数量和阅读量的效果。

2.参考其他馆微博账号，结合本馆实际制定合理的常博内容版块，尽量避免同质化博文。

常博官微在正式开通之前，翻阅了开通时间已久的官微账号，了解了部分博物馆微博账号的博文内容。考虑到常博拥有江苏省唯一一家少儿自然博物馆，在介绍馆藏精品时，分为文物和自然标本两个部分。常博官微的内容设置也是分为常博公告、展览介绍、馆藏介绍、社教活动、文物修复、节气问候等版块。常博公告主要是方便公众及时了解我馆的开放、调整等信息。常博官微置顶微博为最新的参观须知和当前展览海报，方便公众查询相关信息。文物修复板块主要是为公众展示馆藏文物的修复情况，通过文物修复前、中、后的对比图片和修复过程的文字说明，让公众了解博物馆文物保护的具体工作。从目前已发布民俗文物、青铜器的修复微博来看，阅读量和点赞量都较高。

为避免同质化博文，常博充分利用综合性博物馆在自然科普方面的专业优势，将每天的早安问候博文带上 #自然观察# #小耷说自然# 话题，并配以拍到以苏南常见的动植物为主的图片，科普动植物知识，这一版块自开通以来，每条博文的阅读量和转赞评量都相当可观，广受好评。观众在欣赏美图的同时，了解了动植物知识，常博官微也避免了只是简要发早安问候的重复单调。

在展览介绍方面，常博官微根据引进外展和自主筹备展览的情况发布相关内容。在每次展览开始之前发布预告博文，让观众了解展览的内容和时间。除此之外，还发布展览布展的幕后花絮，让观众通过文图，了解博物馆的布展工作，从而增加展览的趣味性，增强观众对展览的期待值。展览开始后则是发布展品介绍，让公众通过展品更好的了解展览。

在配合展览外，常博官微也根据实时热点和时令节气发布相关文物，比如今年国际劳动妇女节期间，常博官微根据馆藏女画家的书画作品，设置了常州画派女画家话题板块，系统介绍这些女画家的作品，观众通过这些作品能够了解画家创作时的生活状态和思想。高考期间发布馆藏五子登科铜镜，祝福考生金榜题名。

当然在藏品介绍版块要避免博物馆同质化博文还需要常博官微工作人员根据实际情况不断创

新。沈辰认为"藏品应该成为沟通的媒介"⑪，公众通过藏品与历史对话。同样博物馆微博发布的展品介绍也应该成为沟通公众的媒介，展品介绍是沟通策展人和公众的桥梁，是公众直观了解展览的途径。但目前常博官微的博文尚未完全达到传播展览策展思想的效果，除了"腾飞之龙——从龙到鸟的演化之旅"特展外，大部分展览微博只停留在文图赏析简要介绍展品方面，没有利用微博做好展览的释展工作，尤其是展览的文化阐释这部分，这是今后工作需要改进的地方，从整体上传递策展思想。让博物馆官微真正成为传播文化的桥梁，为公众提供更优质的服务。

3.注重粉丝舆情，充分考虑不同的公众群体。

公众在微博上利用@、私信、转发、评论的形式表达自己对博物馆的意见。从目前来看，常博官微收到的评论和私信主要是关于参观注意事项、咨询志愿服务项目、指出参观时发现的问题和针对博文内容提出自己的看法等方面。基本上常博官微能做到及时回复公众的私信和评论，为公众提供满意的答复。公众的私信和评论表达了公众的意见，为博物馆了解公众的想法、喜好，提升自身服务水平提供了准确的数据支持。今后常博官微将更加注重与公众的互动交流，尊重公共的反馈意见，缩短与公众的距离。

公众对常博官微不同版块内容的喜好差异体现在对不同博文的阅读量和转赞评的数量上。例如今年七夕节期间官微发布了一条介绍了常州七夕风俗的微博，配图是巧果，这条微博的转发量要高于平时的微博，不少观众在转发中提到了自己小时候对七夕，尤其是吃巧果的回忆。这提醒官微负责人在发布传统节气、节日的微博时，尽量补充常州本地的风俗，这样更易引发本土观众的共鸣，也让更多的人了解常州的传统风俗文化，对传统文化也是更好的宣传。

4.适当进行抽奖活动，吸引更多粉丝关注。

如何增长博物馆微博粉丝数量也是博物馆官微运营需要考虑的问题，除了依靠生动有趣的博文内容吸粉外，抽奖活动对于一些粉丝数量少的博物馆官微来说是较为快速的方式。以常博官微为例，目前转发量、评论量、点赞量最多的博文是关于抽奖的，从几次抽奖活动来看，每次都大量增加粉丝数。常博官微还处于起步阶段，需要依靠适当的抽奖活动来吸引更多的粉丝关注。利用抽奖活动来宣传当期展览或其他博物馆活动，再依靠特色的博文内容让粉丝长期关注，成为博物馆的铁粉，愿意参与除点赞外的其他互动形式，从而增强粉丝与官微的粘性互动。

5.微博负责人要转变观念。

博物馆官微的运营离不开具体负责人，然而常博官微的负责人并非是传播学和运营学专业背景的。目前对于新闻热点话题的敏感度不高，还只是被动的抓取热点，即所谓的"蹭热度"，借助微博平台提供的热点发布相关博文。因此，除了聘请专业运营团队外，微博负责人应阅读相关专业书籍，参加相关培训，如@微博政务就有#政务v讲坛#的培训，要变被动为主动，学习自建话题的运营方式，将自建话题变成热门话题。

三、结语

微博为博物馆和观众提供了交流的平台，博物馆也利用微博实现着传播文化的责任，这需要博物馆官微负责人在运营方面积极探索，学习政务新媒体相关知识，结合本馆的实际情况，充分利用微博平台，变被动参与热点为主动的将博文转化为热门话题，探索适合本馆的宣传之道。从博文内容的设置、负责人理念的转变等方面制定合适的运营模式，既不能过度娱乐化，也不能刻板无新意，做到为公众提供更优质的服务。

注释：

①耿超、刘迪等编著：《博物馆学理论与实践》，科学出版社，2018年。

②耿超、刘迪等编著：《博物馆学理论与实践》，科学出版社，2018年。

③弘博网：《〈2019文博新媒体发展报告〉发布，看这一年与博物馆的线上约会》，https://www.sohu.com/a/358230476_426335，2019年12月4日。

④李巍、贺占哲：《文博新媒体矩阵在全媒体时代的发展与机遇》，《中国博物馆》2020年第4期，第124页。

⑤弘博网:《〈2019 文博新媒体发展报告〉发布,看这一年与博物馆的线上约会》,https://www.sohu.com/a/358230476_426335,2019 年 12 月 4 日。

⑥央视网:《〈2017 年文博新媒体发展报告〉发布文博圈粉 2000 多万》,http://news.cctv.com/2017/12/20/ARTIbZNO2VXTgh2inGVEAPSd171220.shtml,2017 年 12 月 20 日。

⑦中国经济网:《〈2018 年文博新媒体发展报告〉:文博微博发展呈现 5 大特点》,https://baijiahao.baidu.com/s?id＝1618166119303910692&wfr＝spi-der&for=pc,2018 年 11 月 26 日。

⑧弘博网:《〈2019 文博新媒体发展报告〉发布,看这一年与博物馆的线上约会》,https://www.sohu.com/a/358230476_426335,2019 年 12 月 4 日。

⑨国家文物局:《新媒体已成为文博资源整合共享的发布平台》,http://www.ncha.gov.cn/art/2017/12/26/art_722_146128.html,2017 年 12 月 26 日。

⑩李巍、贺占哲:《文博新媒体矩阵在全媒体时代的发展与机遇》,《中国博物馆》2020 年第 4 期,第 124 页。

⑪沈辰:《众妙之门:六谈当代博物馆》,文物出版社,2019 年,第 151 页。

(作者单位:常州博物馆)

仰韶文化陶鼓浅析

◇ 常　婷

内容提要：陶鼓是一种以土为匡，上下连通，中部有空腔的特殊陶器。迄今为止，已在诸多的新石器时代遗址中发现了陶鼓的踪迹。仰韶文化是出土陶鼓数量最多且内涵最为丰富的地区之一。本文拟在前人研究基础上，根据已辨别的仰韶文化陶鼓出土资料，对陶鼓进行器型分类，分析其时代特征和器型演变规律，并简单探讨其起源及功能作用等。

关键词：仰韶文化　陶鼓　类型

一、前言

鼓的记载，在我国古籍中早有发现。

《礼记·明堂位》中言："土鼓、蒉桴、苇籥，伊耆氏之乐也"[①]。《周礼·春官章》杜子春注云："以瓦为匡，以革为两面，可击也。"[②]《礼记·礼运》云："夫禮之初，始諸飲食，其燔黍捭豚，汙尊而抔飲，蕢桴而土鼓，猶若可以致其敬於鬼神。"[③]

由此可见，陶鼓作为一种打击乐器，以土为匡，冒革以击。这种鼓，由来已久。

在考古学界，陶寺首先揭开了新石器时代陶鼓的辨认和研究序幕[④]。而后，在史前陶鼓的区域研究上，高天麟初步概述了陶鼓的性质和特征，就黄河流域出土和发表的陶鼓资料进行了具体辨析，论证了如阳山、乐山坪、不召寨等遗址出土异形陶器为陶鼓的可能，并初步探讨其时代排列和演变序列[⑤]；在史前陶鼓的系统性研究方面，费玲伢根据冒革的标准辨别了一大批新石器时代陶鼓，并按照辽、海、黄、淮四流域的地域划分和陶鼓形制将其分类整理[⑥]。

刘慧对辽河海河、黄河、长江三大流域出土的陶鼓进行分类，并结合陶鼓的出土背景探讨了陶鼓的性质及功能[⑦]。关于仰韶文化陶鼓的具体研究，有赵世纲就后庄王、大河村两地出土陶鼓进行了辨析，辨别出陶鼓十六件[⑧]。以考古学文化角度，探讨具体考古学文化下陶鼓特征的暂只见陈国庆《后冈一期文化陶鼓初论》一文[⑨]。

本文对102件仰韶文化陶鼓进行分类整理，将其分为罐形、大口尖底瓶形、漏形、缸形、长筒球底形、筒形等六种类型，并进行具体研究。

二、陶鼓的定义

一般认为，陶鼓必须首先满足冒革这一判断标准。

在考古发掘中，陶鼓早有发现，但因陶鼓的材质及年代久远，往往仅存陶匡，以往多被漏辨、错辩为"喇叭形器""异形陶器""漏器"等。直至陶寺遗址发掘报告中，提出发掘出土的与鼍鼓、石磬共存的异形陶器可能为文献所提"陶鼓"，这才使得陶鼓这一器类被考古界所重视。随着考古资料的不断丰富，近年来已有多位学者就已出土的陶鼓资料进行了辨析和整理。

陶鼓形制多样，大小纹饰，各不相同。如今发掘出土的陶鼓，判断标准均在于可否冒革和是否冒革。冒革需要器壁上有可以固定绳索的革丁、凸棱或粗糙的刻划纹，此即为冒革痕迹，是判断是否为陶鼓的重要依据。

本文与前人划分陶鼓的标准一致，认为陶鼓是具备冒革条件的圆形、中空陶器，且与实用陶器在器形及装饰上有较明显区别。

三、仰韶文化出土陶鼓

1. 发现情况及型式划分

仰韶文化是黄河中游重要的新石器时代文化，西至甘肃，东延河南，分布广泛。随着田野考古资料的不断丰富，仰韶文化出土的陶鼓数量也越来越多，且类型多样。迄今为止仰韶文化出土和已辨别出的陶鼓共计102件。按器形分类介绍如下：

A型：罐形。可分两亚型：

Aa型：尖底罐形。共39件：临潼姜寨遗址14件[⑩]，陇县原子头遗址2件[⑪]，宝鸡北首岭遗址4件[⑫]，濮阳西水坡遗址6件[⑬]，翼城北橄遗址1件[⑭]，南郑龙岗寺遗址3件[⑮]，安阳后冈遗址2件[⑯]，永年石北口遗址5件[⑰]，武安赵窑遗址1件[⑱]，古城东关遗址1件[⑲]。

姜寨二期遗存发现14件（原报告称尖底陶罐）。姜寨T246H269:1，泥质红陶，直口直腹，颈部一周附加凸饰，钝尖底。姜寨T283W278:1，泥质红陶，大型器，带双耳，钝尖小平底（图一，1）。姜寨T283W277:1，泥质红陶，大型器，底部残，带双耳，弦纹下一周附加凸饰，腹部有黑彩纹饰（图一，2）。姜寨ZHT37H493:32，直口弧腹，尖底，腹部绘人面鱼纹黑彩。姜寨ZHT5M76:6（图一，5）、姜寨T282W246:1、姜寨ZHT5M76:7、姜寨ZHT8M131:1，泥质红陶，弧腹尖底，弦纹下一周凸饰，中腹一小孔。

原子头仰韶六期遗存发现2件（原报告称尖底罐）。原子头F14:2，底部残损，直口，鼓腹下坠，腹中部有环形双耳，弦纹下布鸟喙状凸饰（图一，3）。

原子头H12:1，泥质红陶，腹部有双环状立耳，口沿下饰凹弦纹及鸟喙状凸饰一周。

北首岭仰韶居址及中期墓葬中发现3件（原报告称尖底器）。北首岭77H3，直口深腹，带双耳，口下附近饰弦纹及一周附加堆纹。北首岭T125，平唇，弦纹下饰附加堆纹一周。北首岭77M17:(1)，大口深腹，小平底，腹侧有穿小孔的双耳，颈部一圈鹰嘴状堆饰（图一，6）。

西水坡二、三期遗存各发现1、5件（原报告即称鼓）。第二期西水坡T217H226:10，上腹部一周附加堆纹。第三期西水坡T203H316:13、T177③:1、T128④:1、T259H39:1、T332④:1等，上腹部饰弦纹及附加堆纹，或带双耳。

北橄一期遗存发现1件（原报告称缸）。北橄H34:36，带双耳残痕，口下饰弦纹，颈部一周鹰喙状泥凸。

龙岗寺半坡类型遗存发现3件（原报告称瓮）。龙岗寺H22:1，泥质红陶，上腹部饰弦纹，弦纹下一周鼻状附加堆纹。龙岗寺W3:2（图一，4）、龙岗寺W3:1，带双耳，口部饰弦纹，弦纹下一周鼻状或椭圆形附加堆纹。

石北口早段遗存发现5件（原报告称缸）。石北口H65:10，弦纹下饰长方形乳钉及对称双耳。此外还有石北口M1:1、T30③:10等。

后冈一期遗存发现2件（原报告称缸、罐）。后冈H8:5，带双耳，颈部一周附加堆纹凸饰。后冈H4:9，口下一周凸钮。

赵窑上层遗存发现1件（原报告称尖底器）。赵窑H17:7，直口筒腹，颈下一周鹰嘴状钮。

东关一期遗存发现1件（原报告称直口乳钉纹器）。东关IVH74:1，口下数周弦纹，下饰数周乳钉状装饰物。

Ab型：平底罐形。共2件：陇县原子头遗址2件。

原子头仰韶文化六期遗存发现2件（原报告称鼓形器）。器形较大。原子头H20:6，夹砂红陶，口沿外饰一周均匀分布的舌状附加堆纹，器表遍饰绳纹（图一，7）。原子头T58⑥:22，夹砂红陶，仅存上部，颈部有圆孔，口沿下均匀分布一周圆泥饼形凸饰（图一，8）。

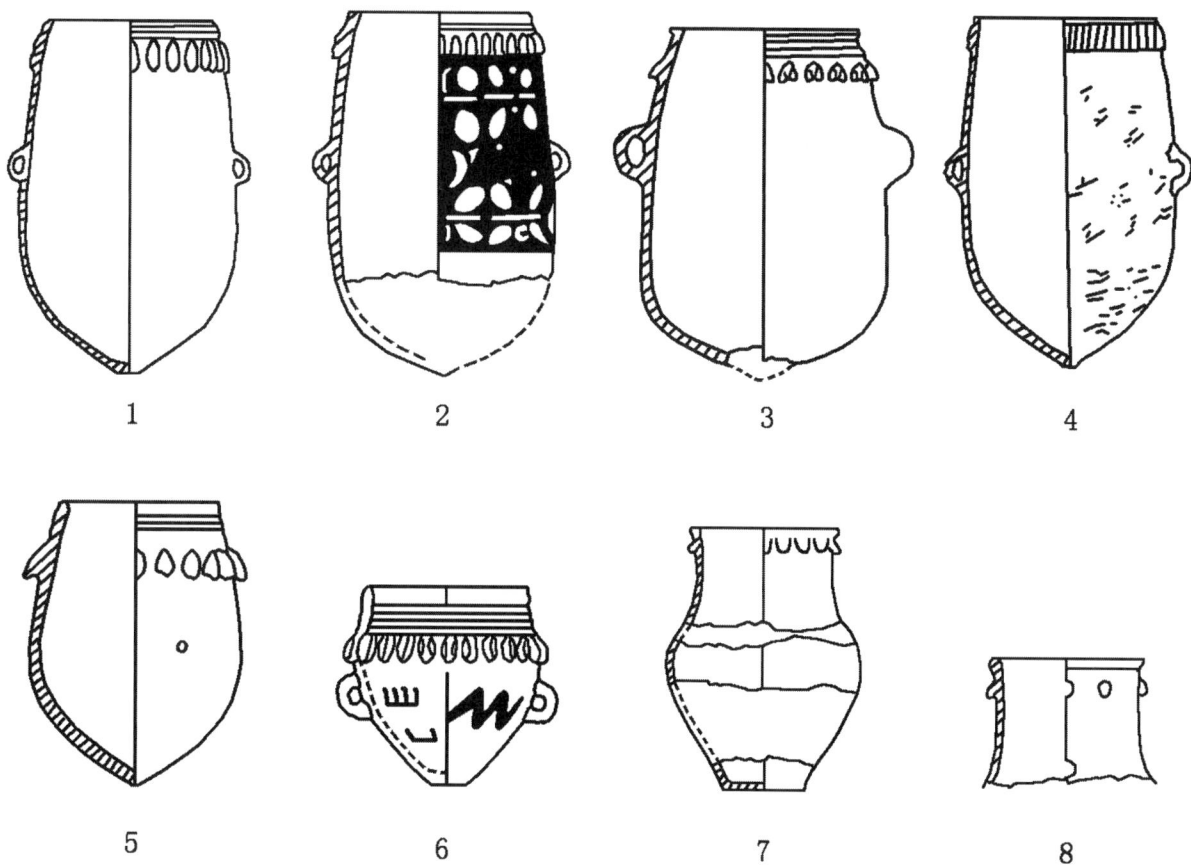

图一　Aa、Ab 型陶鼓

1.Aa 型陶鼓(姜寨 T283W278:1),2.Aa 型陶鼓(姜寨 T283W277:1),3.Aa 型陶鼓(原子头 F14:2),4.Aa 型陶鼓(龙岗寺 W3:2),5.Aa 型陶鼓(姜寨 ZHT5M76:6),6.Aa 型陶鼓(北首岭 77M17:(1)),7.Ab 型陶鼓(原子头 H20:6),8.Ab 型陶鼓(原子头 T58⑥:22)

B 型:大口尖底瓶形。共 32 件:郑州后庄王遗址 17 件⑳,巩义滩小关遗址 3 件㉑,郑州大河村遗址 9 件㉒,淅川下王岗遗址 1 件㉓,新郑唐户遗址 2 件㉔。

后庄王上层遗存发现 17 件 (原报告称大口尖底罐)。形制较大。后庄王 M172:1、M201:1,颈部一周鹰嘴钮,下腹部钻一、二个圆孔(图二,1、2)。后庄王 M201:2、M17:1,颈部饰鹰嘴钮和竖鸡冠形錾,有的下腹钻孔。后庄王 M69:1,下腹一竖耳,颈部一周 6 个竖鸡冠形纹(图二,4)。后庄王 M51:1,中部残缺,上腹饰线纹及一周附加堆纹(图二,3)。

滩小关一期遗存发现 3 件 (原报告称尖底瓶、缸),大型器。滩小关 W4:1,口沿下一道凸棱,棱下两排向下弯曲的钩形钮,下腹有一小孔(图二,5)。滩小关 W8:1,上部残,形似 W4:1,下腹有双耳及一小孔,残断处经打磨。滩小关 W1:1,仅存下半部,有双耳,尖底稍残。

大河村仰韶文化三、四期遗存各发现 2、7 件(原报告称大口尖底瓶),大型器。第三期大河村 W128:2,泥质红陶,下腹部有圆孔,口沿下分布 12 个鹰嘴形钩钮(图二,6);大河村 T33④:22,泥质灰陶,下部残,饰鹰嘴形钩钮和划纹。第四期大河村 W1:1,泥质灰陶,口沿下饰一周 8 个鹰嘴凸饰,下腹部一圆孔,器表遍饰斜刻划纹;大河村 W2:1、大河村 W106:2,泥质灰陶,口沿下饰一周乳钉纹,腹部饰线纹。

下王岗仰韶文化二期遗存发现 1 件(原报告称大口尖底器)。下王岗 T20 扩⑥:10,残件,直口筒腹,近口部有数道弦纹和一周鹰嘴状凸饰。

新郑唐户仰韶遗存发现 2 件(原报告称大口尖底瓶)。唐户 ZGT:198,下腹部有两个对称圆孔,口下一周凸饰纹。唐户 ZGT:88,下部残,口下一周交错鹰嘴形钩钮。

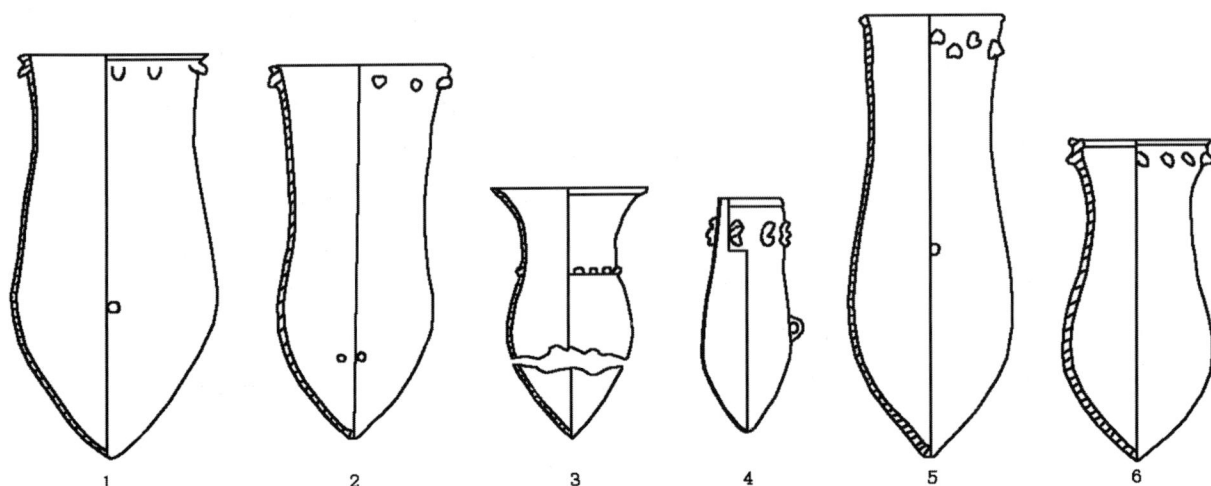

图二 B型陶鼓

1.B型陶鼓(后庄王 M172:1),2.B型陶鼓(后庄王 M201:1),3.B型陶鼓(后庄王 M51:1),4.B型陶鼓(后庄王 M69:1),5.B型陶鼓(滩小关 W4:1),6.B型陶鼓(大河村 W128:2)

C型:漏形。甘肃宁县阳坬遗址 1 件㉕。

阳坬 F5:23,敛口鼓肩,束腰,下腹有一大圆孔,肩部十个革丁,底部一圈按压纹(图三,1)。

D型:缸形。共 21 件。郑州大河村遗址 5 件,济源长泉遗址 2 件㉖,临汝中山寨遗址 7 件㉗,秦安大地湾遗址 5 件㉘,新绛光村遗址 1 件㉙,易县北福地遗址 1 件㉚。

大河村仰韶文化前二、前一、一期遗存各发现 2、2、1 件(原报告称缸)。前二期大河村 T38⑱:39、大河村 T38⑱:72,弦纹下饰鹰嘴状凸饰、长方形凸饰纹一周(图三,2)。前一期大河村 T37⑯:26、T57⑯:28,泥质褐陶,上腹部饰凹弦纹数周,凸饰纹一周。第一期仅 T58⑮:8,形制同 T37⑯:26。

长泉发现 2 件。长泉 H45:9,仅留上半部,沿下多道凹弦纹,下有一圈附加堆纹钮。长泉 H3:29,带双耳,口下数道凹弦纹,颈部一周向下弯曲的凸饰(图三,3)。

中山寨仰韶文化遗存发现 7 件(原报告称缸),具体描述 2 件。I式缸一件,平底弧腹,颈部竖置一圆耳和三个扁钮,沿下一周凸棱,底部中间有一圆孔(图三,4)。II式缸一件,侈口平底,直收腹,颈下饰有六个鸟首状钮。底部中间有圆孔(图三,5)。

大地湾二、三、四期遗存各发现 3、1、1 件(原报告称尖底缸、圆筒形器)。第二期的 T331④:P3、H211:P26,口部残片,颈部饰多周弦纹及附加泥条;K705:P2,口部残片,颈部饰横弦纹,肩部饰鸟头状附加泥鋬。第三期 T344②:P15,颈部 8 周横弦纹,肩部附加一周竖条指按泥鋬饰。第四期 H374:29,口沿下 2 个鸟喙形鋬,还残存 3 个鋬脱落的椭圆形鋬痕。

光村一期遗存发现 1 件(原报告称平口缸)。光村 XG:148,平敛口,口下一周鹰嘴状突饰,下饰线纹。

北福地二期遗存发现 1 件(原报告称缸)。北福地 H108:3,大口,斜腹小平底,沿下一周附加堆纹(图三,6)。

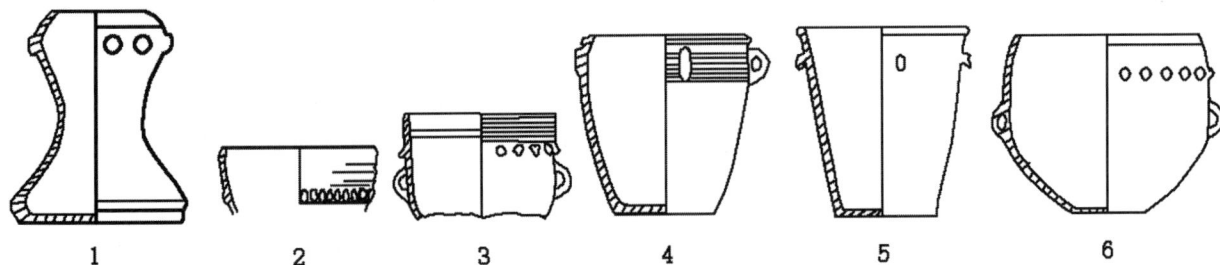

图三 C、D型陶鼓

1.C型陶鼓(阳坬 F5:23),2.D型陶鼓(大河村 T38⑱:720),3.D型陶鼓(长泉 H3:29),4.D型陶鼓(中山寨I式缸),5.D型陶鼓(中山寨II式缸),6.D型陶鼓(北福地 H108:3)

E 型：长筒球底型。6 件：郑州大河村遗址 1 件，郑州后庄王遗址 1 件，清徐都沟遗址 4 件㉛。

大河村仰韶文化四期遗存发现 1 件(原报告称罐)。大河村 W117:1，直口，长筒状腹，球形底，口下一周凸饰纹，腹部两侧有对称的鸡冠纹和刻划纹(图四,1)。

后庄王上层遗存发现 1 件(原报告称直口球底罐)。后庄王 M234:1，长筒状腹，球形底，底部有圆孔，颈部四个向下弯曲的钩錾，通身四组窄带状附加堆纹(图四,2)。

都沟三期遗存发现 4 件(报告中称土鼓)。都沟 T103H10:2 (图四,3)、T103H10:1、T103H10:17、T103H10:18，根据同一单位出土的其他几件器物复原，上部筒形，唇下一周泥柄状小錾，下部鼓腹罐形，有多个镂孔，底部可能还有一个较大的镂孔，部分管筒留有少许红色彩绘，形制类似陶寺文化早期土鼓。

F 型：筒型。秦安大地湾遗址 1 件。

大地湾三期遗存发现 1 件，原报告认为或为陶鼓。大地湾 T10③:11，直口深直腹，平底，颈部三个角状倒钩钮(图四,4)。

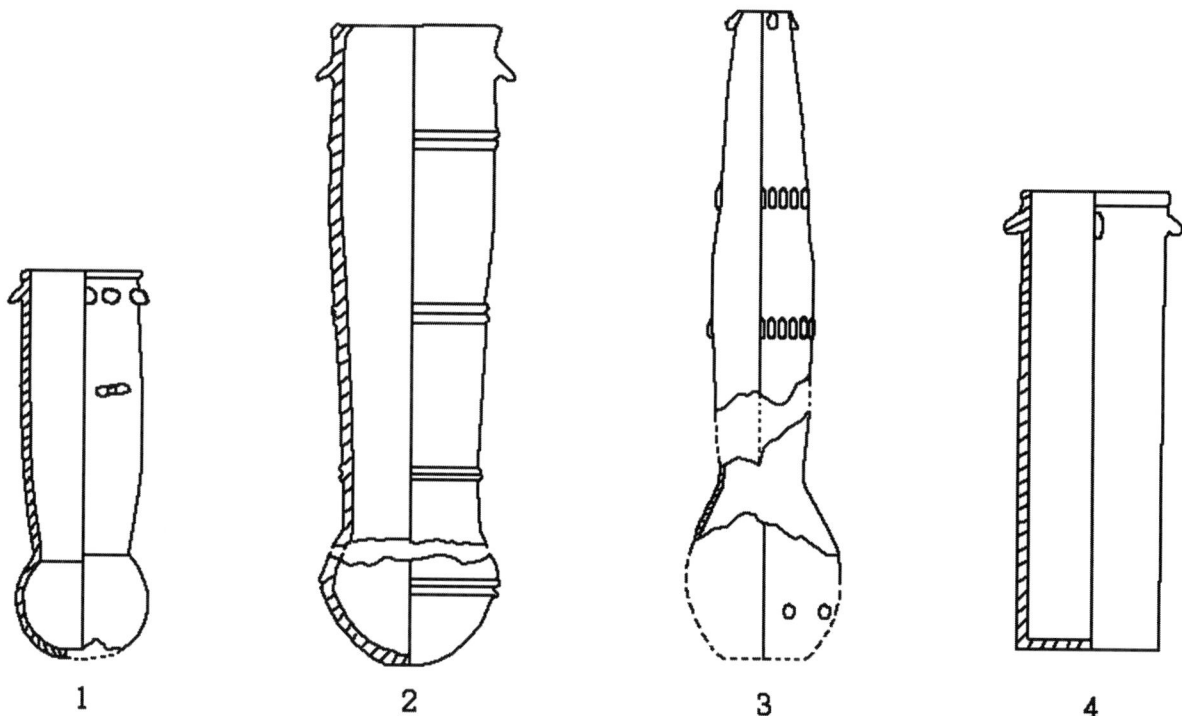

图四　E、F 型陶鼓

1.E 型陶鼓(大河村 W117:1)，2.E 型陶鼓(后庄王 M234:1)，3.E 型陶鼓(都沟 T103H10:2)，4.F 型陶鼓(大地湾 T10③:11)

2.仰韶文化陶鼓的发展演变过程

仰韶文化根据早晚关系可分为仰韶早、中、晚三期。从各地陶鼓出土情况来看，仰韶文化遗址出土陶鼓众多，发展繁荣。

仰韶文化早期，姜寨二期、东关一期、北橄一期、西水坡二、三期、大河村前二期、龙岗寺半坡类型、北首岭中期、石北口早段、赵窑上层、后冈一期等遗存出土了大量陶鼓。关中、豫西、晋南的陕晋豫交汇地带及冀南豫北是陶鼓的主要分布区域，主要流行 Aa 型尖底罐形陶鼓，以姜寨为代表，微敛口，

鼓腹，小尖底，颈部多饰弦纹及附加凸饰，部分器表施彩绘。伊洛郑州有零星分布，发现少量 D 型缸形陶鼓。

仰韶文化中期，发现陶鼓的遗存包括唐户、大地湾三、四期、大河村一期等。数量及发现情况大大减少，分布区域主要为伊洛郑州，部分向西扩展至甘肃天水。形制与前期相比，变化明显，除了还延续并主要流行的 D 型缸形外，唐户和大地湾新发现了 B 型大口尖底瓶形、F 型筒形，大大丰富了陶鼓的形态。

仰韶文化晚期,陶鼓数量增多。发现陶鼓的遗存包括后庄王上层、大河村三、四期、中山寨仰韶文化遗存、光村一期、原子头仰韶六期、阳坬、长泉等。其分布重心转移至伊洛郑州及豫北冀南地区,陇东及冀北有零星发现。陶鼓的形制主要流行 B 型大口尖底瓶形,以后庄王为代表,此型陶鼓大口、长腹、尖底,颈部饰鹰嘴钮和竖鸡冠形錾,腹饰线纹、刻划纹、绳纹等。同时,晚期仍有部分 Aa 型尖底罐形、D 型缸形延续,此外,还出现了数量较少的 Ab 型平底罐形、C 型漏形和 E 型长筒球底罐形三种新器形。

陶鼓脱胎于实用器,根据各文化区域的习惯和特色改制演变成本地区的特色陶鼓,型式种类多样,器型演变进程较快。概括而言,仰韶文化陶鼓的发展呈现出一个兴起、衰落、再繁荣的历程。早中晚期流行的陶鼓形制分别为尖底罐形、缸形、大口尖底瓶形。尖底罐形及缸形陶鼓贯穿仰韶文化陶鼓发展的各个时期,是最常见的两种器形。到了仰韶文化晚期,陶鼓形制多样,发展到一个十分鼎盛的阶段。

四、陶鼓的相关问题探讨

1.陶鼓的起源与发展

陶鼓的出现是当时社会生产力发展催化的结果,在高水平的社会经济条件下,社会形态和社会意识也发生着急剧变化。为满足社会生活需求,应运而生了陶鼓这类器物。究竟何时有鼓?这很难追溯,但可以明确的是,陶鼓产生于史前。

山东地区的北辛文化发现了迄今最早的陶鼓,年代距今约 6400~6200 年间。但这并非是中国史前陶鼓的唯一来源。新石器时期,辽河流域、长江流域、黄河流域都出土了大量陶鼓,各区域出土陶鼓形制不一,材质装饰亦不一而足。在全国范围内,北辛文化仅能代表淮河流域最早出现的陶鼓和此地陶鼓之源,其他地区的陶鼓,另有其各自的源流。

仰韶文化时期,各地的陶鼓都发展到一个较为繁荣的阶段,各地陶鼓各具特色,彼此之间独立发展,但在某一区域内,又相互交流融合,形成相对统一的文化风格。不同地区陶鼓,有着鲜明的地域差异。在辽河流域,陶鼓主要存在于红山文化,流行筒形陶鼓,器形较为单一,一般无底,器中空。在长江流域,屈家岭文化流行长筒形陶鼓,直筒或直筒带球腹,器形特殊而多变。而黄河流域的陶鼓分为三种:下游的淮河流域,大汶口文化流行尊形、釜形及带把杯形陶鼓,器型种类丰富,较多本区域特色器型;上游的甘青地区,马家窑文化流行喇叭形陶鼓,一较长中腔下接喇叭形大头,极具代表性;中游的陕晋豫地区,仰韶文化主要流行尖底罐及尖底瓶形陶鼓,龙山文化陶寺时期流行束腰鼓形和葫芦形陶鼓,陶寺以后,陶鼓基本绝迹。

2.陶鼓的功能与其精神文化内涵

关于陶鼓的记载最早见于先秦典籍,称为"土鼓""瓽鼓""馨鼓""鼕鼓""鼙鼓""夔牛鼓""晋鼓""戎鼓""悬鼓"等。"仅据中国先秦文献记载的鼓的名称,就多达好几十种。"⑧鼓的种类繁多,其命名有按材质,有按形态,亦有按其用途,根据不同的形态和特征,陶鼓被委以不同的使命,用于不同的场合。或用于庆典、筵席的歌舞活动,或用于祭祀、巫祝的伴乐,还有用于战事,鼓舞士气,用于日常劳作、夜以报时,用于心怀抒发、表达情意,亦或逢遇丧葬,鼓以成礼。

史前陶鼓大多出土于墓葬、灰坑、房址中。仰韶文化陶鼓又以墓葬中出土最多,如姜寨、北首岭、大河村、后庄王等,陶鼓即可被置于墓中作为随葬品,也可被充当瓮棺葬具,此类陶鼓,发现者众,可能代表某种特殊的文化风俗。此外,陶鼓在史前陶器中占比极小,出土数量也较少,这反映出陶鼓的使用并不是普世的,可能与社会地位有关,如陶寺出土的六件陶鼓,尽皆出土于高等级墓葬中,同时伴出鼍鼓、石磬等,显示其可能已具备原始礼乐文化的雏形。总之,从出土环境及伴生器物来看,陶鼓除了作为乐器,可能还有礼器、祭器、葬具、冥器等其他功能,也在某种程度上反映了社会等级分化的进程。

人们用鼓,已不仅将鼓作为实用器,而将鼓与人文结合起来,充实于生活的方方面面,以它来表达精神情感,寄托精神存在。

注释:

①[汉]郑玄:《礼记正义》卷四十一《明堂位第十

四》,上海古籍出版社,2008 年,第 1266 页。

②徐正英、常佩雨:《周礼(上)》《春官宗伯·篴章》,中华书局,2014 年,第 510 页。

③[汉]郑玄:《礼记正义》卷三十《礼运第九》,上海古籍出版社,2008 年,第 887 页。

④中国社会科学院考古研究所山西工作队、临汾地区文化局:《1978—1980 年山西襄汾陶寺墓地发掘简报》,《考古》1983 年第 1 期。

⑤高天麟:《黄河流域新石器时代的陶鼓辨析》,《考古学报》1991 年第 2 期。

⑥费玲伢:《新石器时代陶鼓的初步研究》,《考古学报》2009 年第 3 期。

⑦刘慧:《新石器时代陶鼓研究》,山西大学硕士学位论文,2019 年。

⑧赵世纲:《仰韶文化陶鼓辨析》,《华夏考古》1993 年第 1 期。

⑨陈国庆、张鑫:《后冈一期文化陶鼓初论》,《北方文物》,2014 年第 1 期。

⑩西安半坡博物馆:《姜寨–新石器时代遗址发掘报告》,文物出版社,1988 年。

⑪宝鸡市考古工作队、陕西省考古研究所:《陇县原子头》,文物出版社,2005 年。

⑫中国社会科学院考古研究所:《宝鸡北首岭》,文物出版社,1983 年。

⑬河南省文物考古研究所、濮阳市文物保护管理所:《濮阳西水坡(上)》,中州古籍出版社、文物出版社,2012 年。

⑭山西省考古研究所:《山西翼城北橄遗址发掘报告》,《文物季刊》1993 年第 4 期。

⑮陕西省考古研究所:《龙岗寺–新石器时代遗址发掘报告》,文物出版社,1990 年 8 月。

⑯中国科学院考古研究所安阳工作队:《1972 年春安阳后冈发掘简报》,《考古》1972 年第 5 期。

⑰河北省文物研究所、邯郸地区文物管理所:《河北永年石北口遗址发掘简报》,《文物春秋》1989 年第 3 期。

⑱河北省文物研究所、河北文化学院:《武安赵窑遗址发掘报告》,《考古学报》1992 年第 3 期。

⑲中国历史博物馆考古部、山西省考古研究所、垣曲县博物馆:《垣曲古城东关》,科学出版社,2001 年 9 月。

⑳河南省文物研究所:《郑州后庄王遗址的发掘》,《华夏考古》1988 年第 1 期。

㉑河南省文物考古研究所:《河南巩义市滩小关遗址发掘报告》,《华夏考古》2002 年第 4 期。

㉒郑州市博物馆:《郑州大河村遗址》,中州书画社,1982 年。

㉓河南省文物研究所、长江流域规划办公室考古队河南分队:《淅川下王岗》,文物出版社,1989 年。

㉔河南省文物考古研究所、新郑市文物事业管理局:《新郑唐户新石器时代遗址调查》,《中原文物》2005 年第 5 期。

㉕庆阳地区博物馆:《甘肃省宁县阳坬遗址试掘简报》,《考古》1983 年第 10 期。

㉖河南省文物管理局:《黄河小浪底水库考古报告》,中州古籍出版社,1999 年 11 月。

㉗临汝县博物馆:《河南临汝中山寨遗址调查简报》,《考古》1986 年第 6 期。

㉘甘肃省文物考古研究所:《秦安大地湾:新石器时代遗址发掘报告(上)》,文物出版社,2006 年 4 月。

㉙山西省考古研究所、新绛县博物馆:《山西新绛光村新石器时代遗址调查》,《文物季刊》1996 年第 2 期。

㉚河北省文物研究所段宏振:《北福地–易水流域史前遗址》,文物出版社,2007 年。

㉛山西省考古研究所、清徐县文物事业管理所:《清徐都沟遗址发掘简报》,《三晋考古》,上海古籍出版社,2006 年。

㉜王芸:《陶鼓(上)》,《乐器》2002 年第 9 期。

(作者单位:西北大学文化遗产学院)

大汶口文化背壶的广义操作链研究

◇ 王译绅　信泽民

内容提要:操作链原为旧石器研究之概念,后被引入陶器的研究中,广义陶器操作链指陶器自生产到废弃的整个流程。本文从广义操作链的角度对大汶口文化常见的背壶这一器型进行分析,梳理其生产、分配、消费、废弃以及再利用的过程,进而探讨其背后的社会发展。

关键词:大汶口文化 背壶 广义操作链

操作链是考古学技术研究的一种理论和思路。最初用于指导旧石器的研究,经过长期的发展完善,操作链内涵逐渐被扩充,形成了一套完整的理论体系。20世纪80年代之后,开始用于指导陶器的技术研究。广义的操作链理论可以用来重建人工制品从诞生到消亡的过程。在指导陶器研究中,操作链理论以动态的视角观察陶器的整个生命过程,一般包括:生产(原料——烧制)——消费(分配——再利用)——废弃。各个环节相互联系,并且与当时的自然条件、社会政治经济背景交织,最终形成完整的陶器生命史①。

背壶是大汶口文化的代表性陶器之一,通常是指壶身两钮不在其最大腹径上的一类陶器。学术界对于背壶产生的年代尚存在分歧,有学者认为其出现于大汶口文化中期②,另有观点认为产生于大汶口文化早期偏晚③。笔者根据已发表资料,将遗址、墓葬中出土的背壶进行了整理(表一),其中时代最早者为王因遗址晚期阶段墓葬④。基于此,我们认为背壶产生的年代应为大汶口文化中期偏早,消亡于晚期。现将背壶这一器型放在广义操作链的角度之下,对其生产、分配、消费、废弃以及再利用的各个环节进行梳理,继而探讨其背后的社会发展。

表一　大汶口文化背壶的出土情况统计

出土地点	出土件数	质地	时代	出土单位
江苏新沂花厅遗址	8	夹粗砂灰陶	晚期	墓葬
山东茌平尚庄遗址	1	夹细砂灰陶	中期	地层
山东广饶五村遗址	7	夹砂红陶 夹砂红褐陶 泥质红陶	中期	灰坑、地层
河南商水章华台遗址	1	泥质灰陶	晚期	墓葬

(续上表)

出土地点	出土件数	质地	时代	出土单位
安徽蒙城尉迟寺遗址	9	泥质灰陶 泥质浅灰陶 泥质红陶 泥质黄褐陶	晚期	墓葬
山东费县左家王庄遗址	1	泥质灰陶	晚期	墓葬
山东枣庄建新遗址	39	夹砂灰陶 泥质灰陶 泥质黑皮陶	中晚期	墓葬
山东莒县大朱家村遗址	37	泥质黑陶	晚期	墓葬
山东曲阜董大城遗址	3	泥质白陶 夹砂灰陶 泥质褐陶	晚期	灰坑
山东苍山墓葬	1	夹砂灰陶	晚期	墓葬
山东肥城北坦遗址	18	泥质灰陶 夹细砂白陶	中晚期	地层
山东莒县陵阳河墓葬	2	泥质黑陶 泥质灰陶	晚期	墓葬
山东临沂大范庄墓葬	284	夹砂灰陶	晚期	墓葬
山东临沂王家三岗遗址	3	泥质灰陶 夹砂红褐陶 夹砂红褐陶	晚期	墓葬
山东栖霞古镇都遗址	1	泥质灰陶	晚期	墓葬
山东曲阜西夏侯遗址	64	泥质灰陶 夹砂灰陶 泥质白陶	中晚期	墓葬
山东滕县岗上村墓葬	2	夹砂红陶	中晚期	墓葬
山东滕州西公桥遗址	21	泥质白陶 泥质灰陶 泥质褐陶 泥质黑陶	中晚期	墓葬
山东章丘焦家遗址	32	泥质灰陶 泥质黑陶 泥质红陶	中晚期	墓葬、灰坑
山东泗水天齐庙遗址	1	加砂灰陶	晚期	墓葬
山东兖州六里井遗存	2	泥质灰陶	晚期	墓葬
山东枣庄二疏城遗址	6	泥质灰陶	晚期	墓葬
山东泰安大汶口遗址	89	夹砂灰陶 泥质红陶 泥质灰陶 泥质白陶	中晚期	墓葬

(续上表)

出土地点	出土件数	质地	时代	出土单位
江苏邳县大墩子遗址	2	泥质灰陶	中期	墓葬
郑州大河村遗址	2	泥质红陶	中晚期	墓葬、地层
河南尉氏县椅圈马遗址	3	泥质红陶 泥质灰陶	中期	墓葬、灰坑
河南偃师滑城遗址	1	加砂灰陶	晚期	墓葬
河南临汝北刘庄遗址	1	泥质灰陶	晚期	地层

一、背壶的生产

(一)燃料

大汶口文化时期,海岱地区正属于暖期,气温较如今要高[⑤],且变化剧烈[⑥],该阶段总体上从早期到中期经历了一次降温,而后气温有所回升。在植被方面,海岱地区以喜温喜湿的植物和亚热带森林景观为主,植被覆盖率高,蕨类等植物较多,湖泊沼泽密布[⑦];中期时气温略有下降,出现了喜温喜干的植物,松树增多[⑧]。通过对枣庄建新遗址进行孢粉及植硅石分析,一般认为大汶口中晚期湖泊面积缩小,多胡桃、栎、榆等温带落叶乔木类植物,还出现了松树以及中旱生的草本和灌木,另有大量草本状蕨类,因此总体上看气候偏湿润[⑨];此外,蒙城尉迟寺遗址的孢粉分析结果也显示其多为亚热带植物,并有热带植物[⑩],故大汶口文化诸遗址当时应为亚热带气候。背壶的陶质大多与共出自同一遗址的其他陶器相差不大,故其烧制的燃料应当来自遗址附近生长的木材,以喜温喜湿的灌木、乔木为主,可能以栎属较多。这些木材的燃烧度不如耐干旱的植物,燃烧起来温度提升较慢,这可能也是大汶口文化早中期陶器多为褐陶的原因之一。

(二)陶土与羼和料

制作背壶的陶土应为本地所取,经淘洗后加入细砂制成。此外,在曲阜董大城[⑪]、苍山[⑫]、肥城北坛[⑬]、西公桥[⑭]、焦家[⑮]、西夏侯[⑯]等遗址均出土了泥质白陶背壶,这种器物的陶土应当是高岭土[⑰]。有学者曾用此类陶土成功复制了白陶鬶,是以4:1的比例加入细砂之后,在950度左右的温度下烧制而成[⑱]。枣庄建新[⑲]、莒县大朱家村[⑳]、陵阳河[㉑]等遗址出土的黑陶和黑皮陶器,其陶土则可能来自遗址附近的河流沼泽中的精细黏土[㉒],或者是当时人们有意识地在黏土中加入了泥炭而成[㉓]。

各种质地的背壶在制作中都加入了大量羼和料,以利于陶器成形,且不容易因温度升高而导致开裂。笔者曾观察1959年泰安大汶口遗址出土的夹砂灰陶背壶残片,在陶片断口处可看到清晰的砂粒,一些陶器甚至在表面也可以看到白色砂粒,而大汶口遗址的发掘简报也提到了这一点。夹砂背壶所用砂粒颗粒大、杂质多,泥质背壶的砂粒则经过精心淘洗,杂质少、颗粒小。砂粒的大小还与制作方法有关,手制陶器的夹砂颗粒较小,模制及晚期的轮制陶器则一般颗粒较大,陶土内羼有大量杂质且未经淘洗[㉔]。结合其出土遗址的地理位置看,其羼和料的成分与遗址所在地有密切联系,鲁中南、苏北、皖北以及豫东地区以石质砂粒为主,而胶东半岛的一些类贝丘遗址则有夹蚌粒的情况出现。

(三)制作与烧制

在背壶的制作方法上,大汶口中期多采用手制的方式,笔者观察到的该时期背壶残片均未发现泥条盘筑的痕迹。另有遗址在大汶口中期就出现了轮制技术为主的陶器[㉕],至大汶口晚期轮制器物增多,应当与快轮技术的普及有关,加之晚期背壶的质地多酥脆粗糙[㉖],因此该时期背壶可能运用了快轮进行批量生产。

在烧制方面以大汶口遗址的陶窑(图一)为例,窑门后为火膛,火膛后为火道,窑箅在火道之上。窑内温度在1000度以下。所以推测烧制背壶所使用的陶窑应该是竖穴窑。

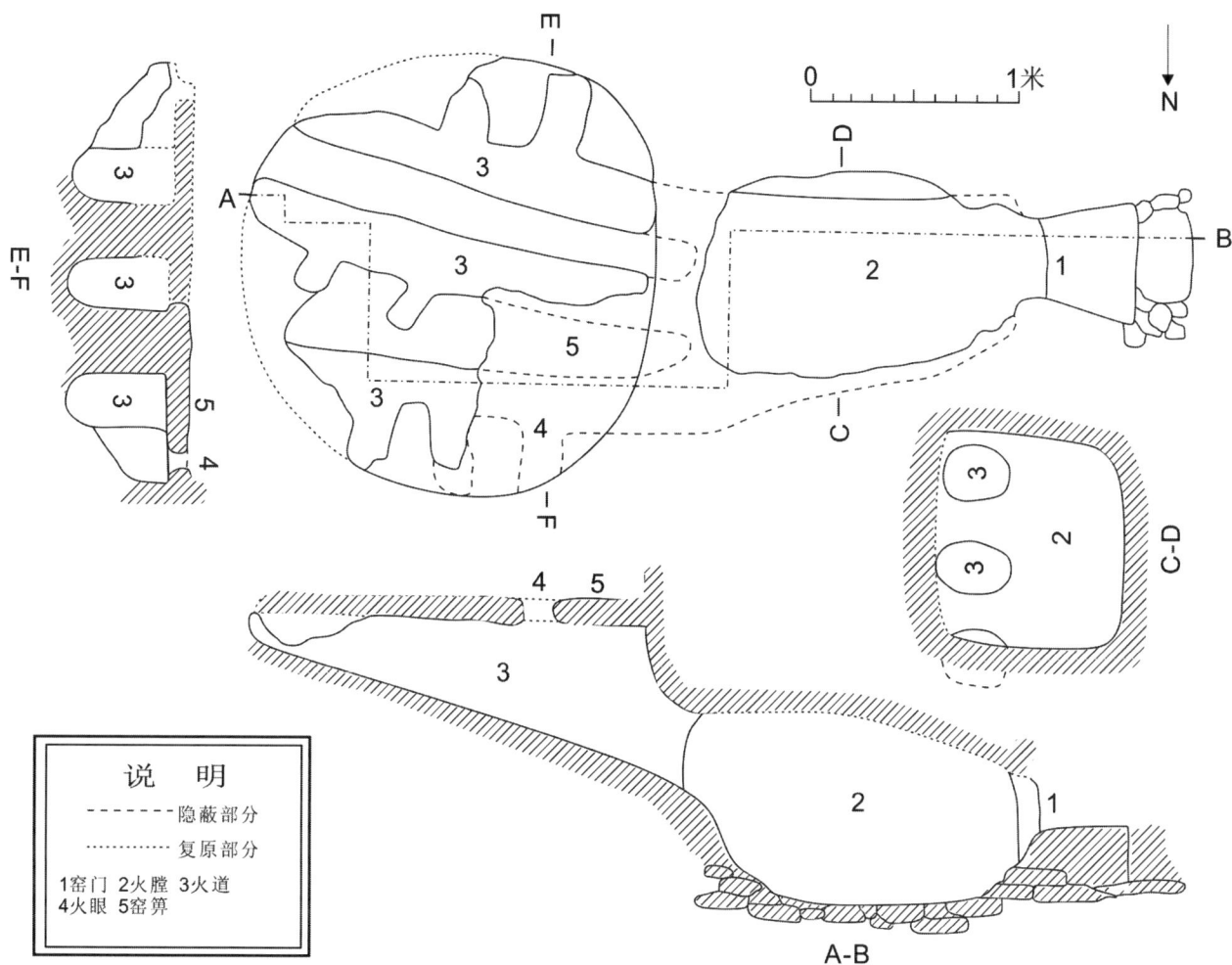

说　明

- ------ 隐蔽部分
- ········· 复原部分

1窑门 2火膛 3火道
4火眼 5窑箅

图一　大汶口遗址陶窑结构

(引自山东省文物管理处：《大汶口新石器时代墓葬发掘报告》，文物出版社，1974年，第111页。)

二、背壶的消费与废弃

(一)背壶的分配与消费

从出土背壶遗址的分布(图二)看，其使用地域有一个对外扩大的趋势。栾丰实先生总结了大汶口文化诸类型的发展趋势，是由中期的大汶口类型、花厅类型、呈子类型、北庄类型和五村类型，发展为晚期的西夏侯类型、赵庄类型、陵阳河类型、三里河类型、尚庄类型、尉迟寺类型以及杨家圈类型。尽管学术界尚有不同分类，但总体上看其是一个由鲁中南地区向外扩散的过程[27]。一些学者已对背壶进行过类型学研究，如高广仁指出背壶一开始向矮、圆发展，大汶口文化晚期后颈部变粗变长，通体瘦长、趋于明器化[28](图三)。吴汝祚则概述背壶的发展特点为由红陶为主变为灰陶为主后出现灰黑陶、褐陶等，器型上直壁部分由近平面变为平面、颈部加粗、腹径逐渐变为筒形等[29]。基于这些变化，栾丰实将

背壶分为9式[30]。张鑫曾将背壶以口部和肩颈部位为标准分为2型8式，其中B型出现比A型要晚，且变化与A型相似[31]。我们认为从器型变化上讲，背壶初多为溜肩、束颈敞口、尖圜底，腹部有一对环耳，并在一侧有附耳；中期以后肩部变宽，颈部变为短颈，腹颈变大，两腹耳一侧近平；晚期颈部逐渐变高，肩部逐渐消失，腹部最大径变小、整个器型趋于瘦长。

从背壶的这种发展序列来看，其在鲁中南地区存在一条比较清晰的演化脉络，且应当有一个由实用器转化为明器的过程。由此可见，背壶的原始生产区位于鲁中南地区，一开始应为自给陶器，一般不作为交换商品。至大汶口文化晚期，周边遗址开始零星出土背壶，如属于仰韶文化的河南临汝北刘庄遗址[32]；甚至良渚文化遗址中亦有背壶发现[33]，不排除因该时期文化交流日益密切，使背壶作为交易

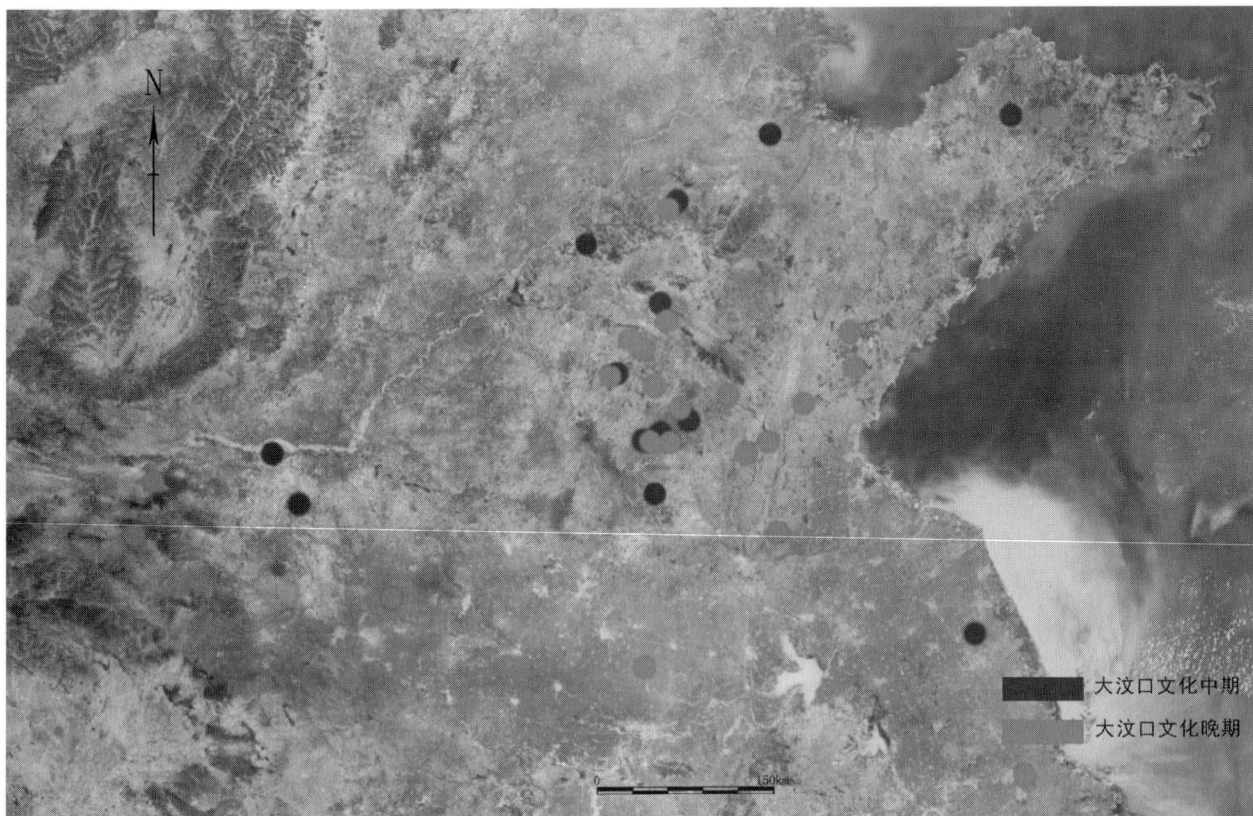

图二　出土背壶的遗址分布示意

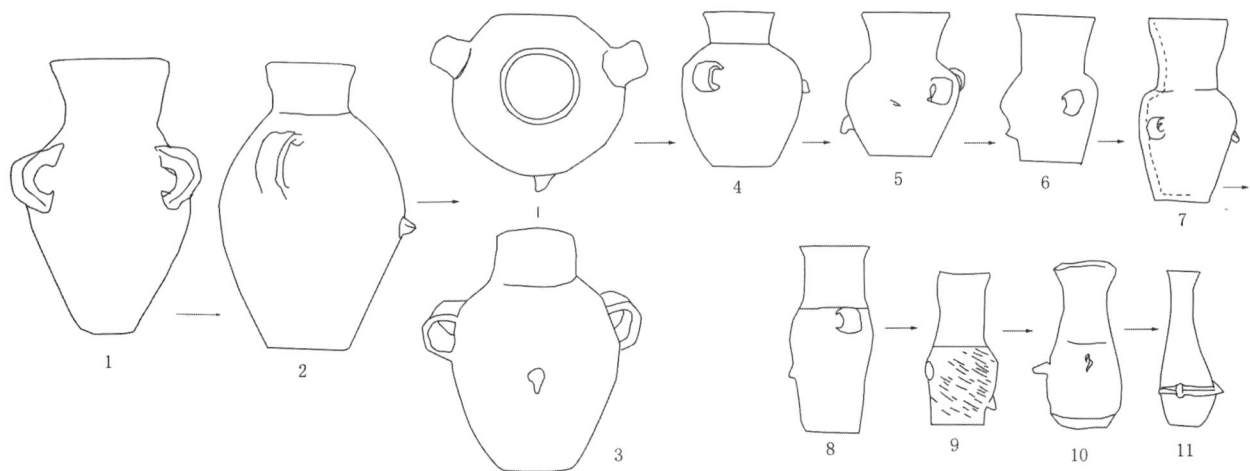

图三　大汶口文化背壶的形制演变序列

1.大墩子(M9:11),2.大汶口(M81:8),3.徐州高皇庙,4.大汶口(M98:13),5.西夏侯(M1:112),6.西夏侯(M5:30),7.大汶口(M25:28),8.西夏侯(M2:12),9.大范庄(M11:2),10.安丘桐峪,11.大范庄(M26:1)

(引自高广仁:《试论大汶口文化的分期》,《考古学报》1978年第4期,第412页。)

物品而得到传播。有学者认为大汶口文化的人群在中晚期有一个西迁的过程,赵永生先生通过对其人骨的分析证实了这个猜想③,或许也能解释背壶的消费范围扩大这一现象。从其使用习惯来看,鲁中南、豫东等地背壶的使用度较高;而胶东、鲁北等地背壶的使用度则较低,多未见背壶出土。

从出土背景来看,多数背壶应用于随葬消费。上文提到,背壶存在一个由实用器转化为明器的过程,其肩钮位于一侧并且平直,若用绳背之则不伤背,故学者们一般认为其是用于背负的水器。笔者统计了背壶的大小,发现其高度大多为20至40厘米,推测此类背壶上的双环形钮应该具备实用性,饮水时手能够扣环用以支撑,颇为方便。而另一类鸟喙形钮则实用性不大,或可用作支撑。除大多数背壶出土于墓葬外,另有河南尉氏县椅圈马㉟、郑州大河村㊱、山东章丘市焦家、广饶五村㉞等遗址发现了出土于地层、灰坑中的背壶,出土数量不多,制作较为精美,有些为彩陶,作为祭祀用品的可能性较高。其中焦家遗址的发掘简报提出其出土的灰坑可能为祭祀坑㊴。而在一些中期的大型遗址,如大汶口、王因等遗址中却未发现非墓葬背景出土的背壶。这让人不得不怀疑其是否具备实用性,亦或是只为随葬而生产?

(二)背壶的废弃与再利用

从出土地点来看,早期到晚期墓葬中一直有背壶出现。说明除了实用功能之外,背壶还有明器的作用,只不过晚期背壶质地较脆弱,形制不规则,实用功能削弱。

背壶在遗址地层和灰坑中发现较少,可能是其用于野外,或为采集或为盛水,后废弃于原地。关于背壶废弃后是否会再次利用尚存在疑问,不过由考古资料可知,上述遗址中出土的一些陶纺轮,则是利用废弃的背壶残片进行加工而成的。

三、结语

通过前文中对背壶广义操作链的分析,可以清晰地看到其背后大汶口社会的演变。背壶出现于大汶口中期,且出土于较大的墓葬,可能作为实用器随葬,说明该时期大汶口文化的生产力得到提高。随着社会发展,白陶、彩陶背壶数量增加,快轮技术逐渐得到推广,也出现了专门的制陶工人,这一系列发展使得背壶可以批量生产。这种现象一直持续到晚期。在晚期背壶仅出现于少数大中型墓葬中,这类墓葬随葬品较多,且伴有殉人现象,而中小型单人墓葬则鲜有发现。这说明背壶基本不再作为实用器而是转变成一种专门的明器。此时社会等级分化愈加严重,精英阶层掌握的权力逐渐扩大,大汶口文化社会出现了一次飞跃,随之带来的是文化的扩张与交流范围的扩大。而晚期大汶口文化衰退,背壶也逐渐被废弃进而消亡。

注释:

①郭梦:《操作链理论与陶器制作技术研究》,《考古》2013年第4期,第96-104页。

②栾丰实:《大汶口文化的分期和类型》,《海岱地区考古研究》,山东大学出版社,1997年,第103-110页。

③张鑫:《大汶口文化研究》,吉林大学博士学位论文,2015年。

④中国社会科学院考古研究所山东工作队、济宁地区文化局:《山东兖州王因新石器时代遗址发掘简报》,《考古》1979年第1期,第5-14、26、97-100页。

⑤竺可桢:《中国近五千年来气候变迁的初步研究》,《考古学报》1972年第1期,第15-38页。

⑥曹银真:《中国东部地区河湖水系与气候变化》,《中国环境科学》1989年第4期,第247-255页。

⑦姚天等:《山东省新石器时代聚落遗址时空分布及驱动因子分析》,《济南大学学报(自然科学版)》2019年第6期,第556-563页。

⑧卞学昌:《山东省全新世古气候变化序列及其与史前文化发展阶段的相关研究》,山东师范大学硕士学位论文,2004年。

⑨何德亮:《论枣庄建新大汶口文化遗存》,《华夏考古》1998年第4期,第47-57页。

⑩中国社会科学院考古研究所:《蒙城尉迟寺》,科学出版社,2001年。

⑪山东省文物考古研究所、曲阜市文物管理委员会:《曲阜董大城遗址的发掘》,《海岱考古》,2007年,第338-352页。

⑫苍山县图书馆文物组:《山东苍山县新石器时代墓葬清理简报》,《考古》1988年第1期,第12-14页。

⑬泰安市文物局、山东大学考古系:《山东肥城市北坦遗址的大汶口文化遗存》,《考古》2006年第4期,第3-11页。

⑭山东省文物考古研究所:《滕州西公桥遗址考古发掘报告》,《海岱考古》,2007年,第1-292、494-541页。

⑮山东大学考古学与博物馆学系、济南市章丘区城子崖遗址博物馆:《济南市章丘区焦家新石器时代遗址》,《考古》2018年第7期,第28-47、2页。

⑯中国科学院考古研究所山东队：《山东曲阜西夏侯遗址第一次发掘报告》，《考古学报》1964年第2期，第57-106、223-234、257-258页。

⑰栾丰实：《海岱地区史前白陶初论》，《考古》2010年第4期，第58-70、113页。

⑱尉迟德：《大汶口文化时期白陶鬶制作工艺的探讨与复制研究》，《考古与文物》1999年第3期，第34-38页。

⑲何德亮：《论枣庄建新大汶口文化遗存》，《华夏考古》1998年第4期，第47-57页。

⑳山东省文物考古研究所、莒县博物馆：《莒县大朱家村大汶口文化墓葬》，《考古学报》1991年第2期，第167-206、265-272页。

㉑山东省考古所、山东省博物馆、莒县文管所：《山东莒县陵阳河大汶口文化墓葬发掘简报》，《史前研究》1987年第3期，第62-82、99页。

㉒钟华南：《大汶口—龙山文化黑陶高柄杯的模拟试验》，《考古学文化论集》，文物出版社，1989年，第255-273页。

㉓邱平等：《大汶口、龙山文化黑陶内碳纤维的初步研究》，《自然科学研究》2001年第1期，第79-83页。

㉔山东省博物馆：《山东滕县岗上村新石器时代墓葬试掘报告》，《考古》1963年第7期，第351-361、6-10页。

㉕山东省考古所、山东省博物馆、莒县文管所：《山东莒县陵阳河大汶口文化墓葬发掘简报》，《史前研究》，1987年第3期，第62-82、99页。

㉖临沂文物组：《山东临沂大范庄新石器时代墓葬的发掘》，《考古》1975年第1期，第13-22、6、71-74。

㉗栾丰实：《大汶口文化的分期和类型》，《海岱地区考古研究》，山东大学出版社，1997年，第103-110页。

㉘高广仁：《试论大汶口文化的分期》，《考古学报》1978第4期，第412页，第399-420页。

㉙吴汝祚：《论大汶口文化的类型与分期》，《考古学报》1982第3期，第261-282页。

㉚栾丰实：《海岱地区考古研究》，山东大学出版社，1997年，第96页。

㉛张鑫：《大汶口文化研究》，吉林大学博士学位论文，2015年。

㉜河南省文物研究所：《河南临汝北刘庄遗址发掘报告》，《华夏考古》1990年第2期，第11-42页。

㉝上海市文物保管委员会：《上海青浦福泉山良渚文化墓地》，《文物》1986年第10期，第1-25、97、99-101页。

㉞赵永生：《从人骨材料谈大汶口文化居民西迁》，《东南文化》2019年第5期，第56-65页。

㉟郑州大学考古系：《河南尉氏县椅圈马遗址发掘简报》，《华夏考古》1997年第3期，第1-16页。

㊱郑州市博物馆：《郑州大河村遗址发掘报告》，《考古学报》1979年第3期，第301-375、403-416页。

㊲山东大学考古学与博物馆学系、济南市章丘区城子崖遗址博物馆：《济南市章丘区焦家新石器时代遗址》，《考古》2018年第7期，第28-47、2页。

㊳山东省文物考古研究所、广饶县博物馆：《广饶县五村遗址发掘报告》，《海岱考古》，1989年，第61-123、404-406页。

㊴山东大学考古学与博物馆学系、济南市章丘区城子崖遗址博物馆：《济南市章丘区焦家新石器时代遗址》，《考古》2018年第7期，第28-47、2页。

（作者单位：西北大学文化遗产学院　首都师范大学历史学院）

石室土墩一室多墓的几个问题

◇ 易敏彦

内容提要：主要分布在江南地区的土墩墓被视作吴越文化的一个标志性特征，包括平地掩埋、石床、石室等不同的形式。石室土墩作为土墩墓中的一种特殊形式，关于石室中一室多墓的现象和形式值得关注。石室土墩一室多墓主要根据有时代差异的器物组和上下分层埋葬现象来推断，器物组划分的准确性、分层填土的成因的分析以及后人扰乱等因素都会在不同程度上影响到石室内的墓葬情况和一室多墓的判定，研究中不应忽略任何可能性，一室多墓之间的关系及性质也是值得关注的问题。
关键词：石室土墩 一室多墓 器物组

作为吴越文化重要特征之一的土墩遗存主要分布在江南地区，其发掘工作早在 20 世纪 50 年代即已开展。20 世纪 70 年代，江苏镇江市博物馆对句容浮山果园一号墩进行发掘，发掘报告中开始使用"土墩墓"的名称①，关于此类土墩遗存作为墓葬的性质得到确认。

土墩内埋藏石室的情况可视为土墩遗存的一种新的形式，称为石室土墩或土墩石室，其分布局也限于土墩墓分布范围之内②。石室一般在经平整的基岩上构筑而成，由墓室、墓道、盖顶石、护坡等组成。时代越早，人们受自然环境的制约越大，土墩石室墓的分布与山体的基岩性质是有直接关系的，一定程度上反映了江南地区的先民"对自然状况与其所具的物质条件间的适应与创造"③，是因地制宜的一种体现。在目前所见石室土墩中，不难发现石室内出土器物存在时代差异较大的情况，各器物组之间表现出错综复杂的关系，石室被再次利用的现

象等也都是值得注意的问题。

一、石室土墩的性质

自石室土墩被发现并开始进行发掘时，学界对其性质即持有不同意见。1954 年清理的吴县五峰山石室土墩遗存，发掘者认为是以往军事中的烽燧墩④。上世纪 80 年代起，关于此类遗存性质的讨论随着新材料的公布而趋激烈，除墓葬说⑤外，有学者认为石室土墩为居住遗址⑥，亦有学者指出此类遗存应是与吴越战争有关的藏军洞⑦，另外，有学者根据石室土墩所在位置、结构及出土器物的组合，将石室判断为祭祀性建筑⑧，或认为具有综合各种用途的多元性质⑨。

随着对石室土墩的发掘和研究的逐渐深入，学界对其性质开始有了比较明确和统一的认识，大多数学者倾向于墓葬说，进入 21 世纪后公布的石室土墩材料均被发掘者判断为墓葬。首先是石室内的空间狭小。浙江上虞白马湖畔土墩石室，最大的

D39，长 7.9 米，上口宽 0.6 米，高 1.08 米；而最小的 D28 长 3.1 米，上口宽 0.85 米，高仅 0.8 米⑩。浙江安吉三官土墩墓（M1）石室高也不过 1.5 米⑪，人于石室内无法自然站立，石室内的空间不适宜居住或进行其他活动。其次，从石室土墩的分布密度来看，太湖地区的石室土墩普遍排列密集。江苏苏州尧峰山上的小型石室土墩呈串珠状密集排列，大中小型石室的间距具有大疏小密的现象⑫，这样时密时疏的间距作为军事防御是不适当的，而且石室土墩的起讫年代大约在西周中期至战国初期⑬，大大超出吴越战争之时代，因此石室土墩不应为军事设施。至于祭祀方面，江苏常熟市虞山西岭的 D1，因其形制、位置及器物组合与 D2 和 D3 的差别，发掘者将其定为祭祀场所⑭。石室土墩具祭祀功能的可能性虽然不能被完全否定，但从石室土墩与邻近地区土墩墓中的随葬器物对比来看，其出土器物的基本组合都是印纹硬陶和原始瓷，两类遗存的文化内涵是一致的⑮，祭祀活动或只为一个特例。

综上所述，目前所见大部分位于环太湖地区的石室土墩作为墓葬的推断是成立的，上述关于石室土墩非墓葬性质的意见都是早期讨论中出现的，进入 21 世纪后较少有石室土墩性质的争论，随着更多发掘材料的公布，学界基本认同其墓葬的性质。

早期学者认为石室土墩墓的一个重要特征是一墩一墓⑯，但在后来的发掘资料中也常见石室被多次利用的情况。石室中出现不同时代特征的器物，部分石室内还有明显分层的现象，反映出石室可能出现多次利用的情况。关于石室土墩中多次使用的问题也有学者进行过研究，但主要是针对特定墓例做出的分析，如有关苏州鸡笼山 D1 被多次利用的问题⑰，尚未从现在已知的墓例归纳出其普遍意义。

墓葬资料的不断发表使研究得以继续推进和深入，发掘者对土墩遗存的重新认识也为研究提供了新的视角和根据。因此本文将在前人研究基础上，整理目前公布的石室土墩一室多墓的材料，指出研究中存在的相关问题。

二、石室土墩的一室多墓现象

目前所见石室土墩的主要用途有以下两种：一是综合用途，即石室除进行对死者的埋葬外，后被用作其他用途。如江苏苏州通安镇鸡笼山 D1 石室土墩墓，墓葬年代属春秋时期，当中出土新莽时期的大布黄千钱范，推测后人利用石室盗铸钱⑱。这种例子中时间跨度大，往往会横跨不同朝代，这可能是基于地方丧葬风俗发生变化，不再使用石室土墩墓的形式，石室被用作别的用途。二是石室再次用作埋葬活动，此亦为本文讨论的重点——即石室土墩一室多墓的现象。

一室多墓的问题是基于器物分组提出的。发掘者根据石室内器物位置及时代特征的差异，将器物分为若干组，同一石室内各器物组之间年代差异明显，跨度可大至数百年。如浙江杭州柴岭山 D1、D4 等，当中器物所属年代上限为西周晚期，下限为春秋晚期⑲；浙江湖州堂子山 D216，石室内器物分属三个不同时期，年代跨度由西周晚期至战国，D211 石室内器物亦可分为有明显早晚差异的器物组⑳。此外，部分石室内堆积出现分层现象。长兴便山 D494、D406、D411 等墩内石室均可分上下两层，反映时代早晚关系㉑；杭州柴岭山 D19，石室内器物共分两层置放，两层之间间隔 0.06 至 0.3 米的黄褐色土堆积，两层器物据摆放位置可分成三组，分别属于西周晚期及春秋中期㉒。以上器物组的分布情况主要有两种：位于同一平面但分别集中在墓室的不同位置；有明显分层，反映一定的早晚关系。

目前学界普遍认同这是石室土墩经多次埋葬的结果，也就是一室多墓㉓。针对上述石室土墩一室中出现多个年代不同的器物组的现象，发掘者根据分组来判断石室内的墓葬的数量和早晚关系，若干年代不同的器物组分别对应若干个墓葬。

一室多墓的石室土墩墓同普通一室一墓的石室土墩在形制结构上并无不同，与一室一墓的石室相比，石室长度虽不等，但宽度皆在 2 米之内，形状主要为方形，偶见刀把形，只是一室多墓的石室内器物的时代跨度往往较大，或有分层现象（见附表），同一土墩内甚至会出现石室及一座无石室的墓葬，如浙江湖州堂子山 D211㉔。石室土墩一室多墓可视为土墩墓一墩多墓的一种形式，原因或与无石室的土墩墓中所谓"借墩葬"㉕的情况相似，后人利用已有石室可省却堆筑成本及时间。但针对其背后真正的原因、各墓葬间是否存在关系等问题仍没有明确结论。

三、研究中存在的问题

学者在进行石室土墩发掘时提出以器物组为基本单位,指出石室土墩一室多墓的现象,这对后续的研究而言是重大的突破,但更多的问题也随之而来。从现在所公布的发掘资料来看,大部分石室土墩墓保存状况不理想,除受自然破坏,如水土流失引致的坍塌外,多遭到人为扰动,如盗掘、再次利用石室或采集土石等。上虞白马湖畔经发掘的 40 个石室土墩中,均受不同程度的破坏,多数石室顶上已无盖石㉖,不仅对土墩造成破坏,更导致石室内器物并非保持原来状态,影响对堆土分层、石室年代及内部情况的判断,亦因此导致在进行石室土墩研究时出现以下问题。

第一是石室内器物位置与墓葬的关系存疑。石

室内出土器物有明显的时代特征,分布于同一平面的器物组常因早晚差异而置于不同位置,这也是分组的依据之一。后人若想再次利用已有石室作墓葬,应通过石室封门进入。出现一室多墓现象的石室中也见有封门石混乱的情况,如出现时代不同的两组器物的浙江德清独仓山 D8,墓口无封门块石,顶部亦不见盖顶条石㉗,说明石室曾被后人再次利用。因此有学者指出在多数情况下,早的器物组在石室后,晚的器物组置前㉘。这个判断是合乎常理的,但当中也见时代较晚的器物组位于墓室后方,时代较早的反而接近墓口的情况,如杭州柴岭山 D1,器物未见分层现象,均在同一平面,发掘者根据器物的位置及较为显著的时代差异将器物分成三组,对应三个墓葬,其中位于墓室中央的 D1M2 属春秋早期,分别位于墓室后部及墓口的 D1M1 和 D1M3 同为春秋晚期的墓葬(图一)㉙。

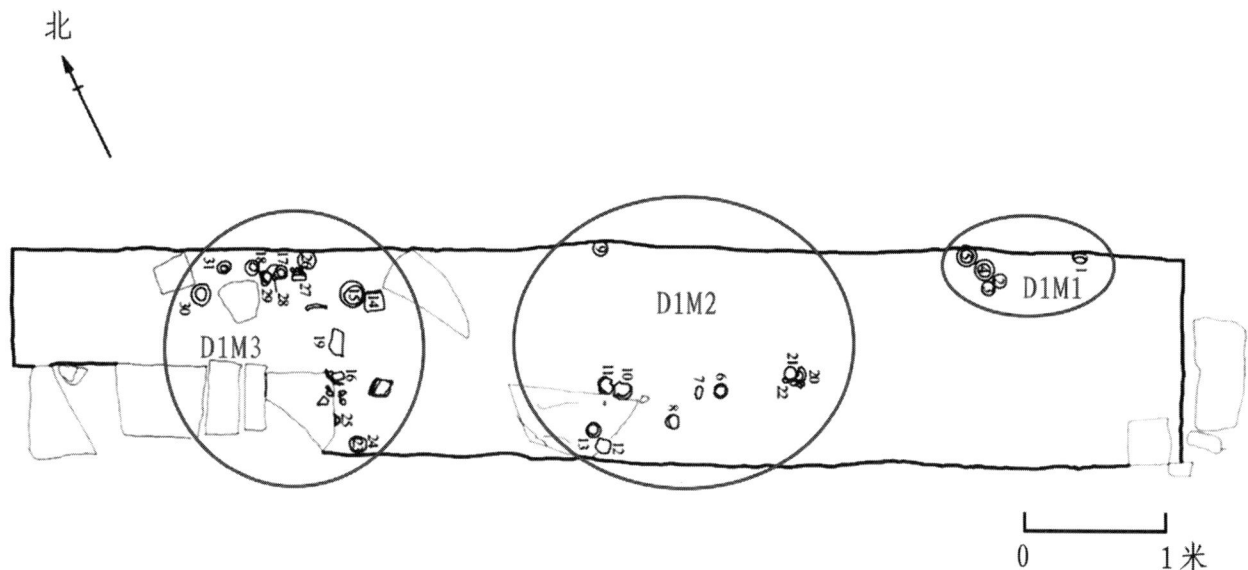

图一 杭州柴岭山 D1 器物分布图

石室土墩一室多墓相较于无石室土墩一墩多墓的情况而言,可见的地层叠压打破关系相对薄弱,也就是说,发掘者能用以判断石室一室多墓中早晚关系的依据主要落在器物上。最理想的情况是石室土墩并未遭受破坏,或破坏未殃及石室,然而现实情况更加复杂和困难。杭州柴岭山 D1、D4 及湖州堂子山 D211 等出现器物组内器物放置散落、混乱的现象,可能是受到后人再次埋葬时的扰乱,或因后世盗掘时造成的破坏。以杭州柴岭山 D4 石室为例,器物分布于墓室中后方的 D4M3 属春秋晚

期,发掘者将靠近 D4M3 器物组的印纹硬陶罐 (D4:76)划分至属西周晚期的 D4M2(图二)㉚,从器物的特征上来看是合理的,加上当时的陶器及原始瓷制品因其使用寿命及造工等问题,不应为春秋晚期人们的收藏品,但仍不能忽略晚期墓葬中可出早期器物的合理性。另外,D4 曾被盗掘,盗洞直达石室。对于经扰乱的土墩石室中的器物组的位置与墓葬关系仍存疑,发掘者根据时代特征及器物相对位置而将其划分成不同时期的器物组,这些器物组及其分布能否直接作为判断墓葬的依据仍值得商榷。

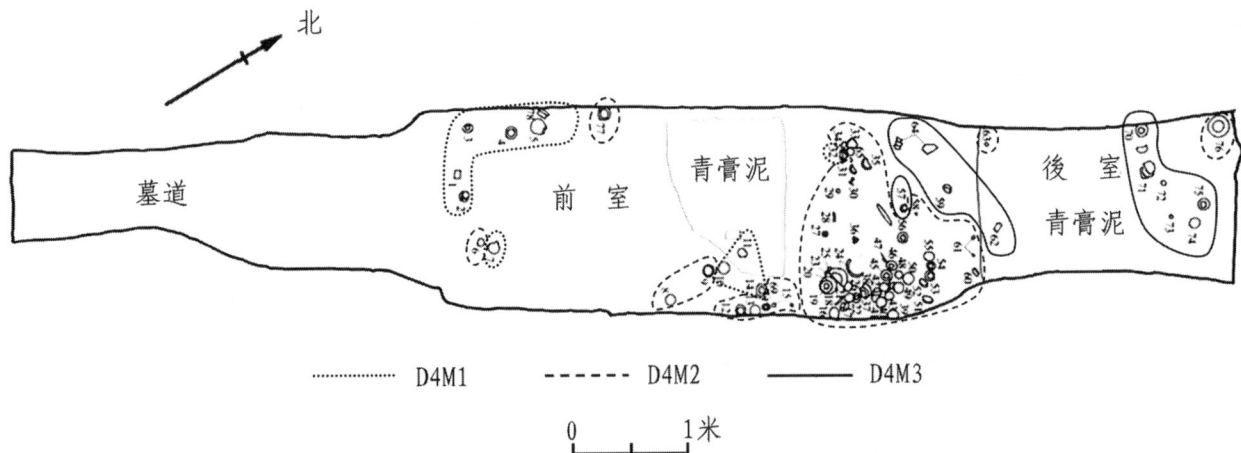

图二 杭州柴岭山 D4 器物分布图

(图片改编自杭州市考古文物研究所、萧山博物馆:《萧山柴岭山土墩墓》,文物出版社,2013 年,第 88 页。)

第二是关于石室中各墓间的关系。石室土墩一室多墓与土墩墓一墩多墓的表现方式不同,土墩墓少则为一墩一墓,多者可一墩数十座墓葬。如句容浮山果园 D1 中有 16 座墓葬③;句容寨花头 D2 中有 27 座墓,且呈向心结构布局②,推测可能是家族墓的表现形式③。石室土墩多数为一墩一石室,加上人骨几乎不存,对判断石室内各墓葬间联系的线索更少。学者透过石室土墩中器物呈现出的松散且不连接的年代组合关系,注意到它们在时间上存在跳跃式现象④,即各墓的年代跨度较大,各墓间不存在直接关联。无石室的土墩墓中家族墓的推论对石室土墩而言应不成立,后来者与最初的石室墓主似无直接关系。

就目前所见的资料而言,土墩石室一室多墓的情况中普遍不超过三个墓葬,石室内器物组为何控制在三组或更少的原因,即人们对石室的再次利用是否存在一个使用上限是未知的。不能排除现在所划分的器物组中还可细分为更小的单位,不同随葬器物因时代差异不显著而被归到同一器物组中,同一器物组内的器物或可对应一座以上的墓葬。现在所见的石室土墩一室一墓的资料中,也可能实际存在多次埋葬。若此类情况存在,则石室土墩中不能完全否定家族墓的可能性,或是同一期墓葬中先后葬入者存在某种联系,但这需要对器物进行更仔细的类型学分析。

这又涉及到土墩石室内器物出现分层的原因未明的问题。部分石室中器物可明显分出上下两

层,两层间隔若干厚度的填土,这为发掘人员判断器物组的早晚关系提供有力的证据,但对填土形成的原因未见解释。正常情况下,石室内年代跨度大的器物间有填土可归为自然形成,如德清独仓山 D8,石室内共有两组上下叠压的随葬器物,它们代表两个时期的墓。墓葬之间相隔 0.1 米厚的填土,其中 D8M2 属西周中期,D8M1 为春秋晚期③。然而在杭州柴岭山 D19 中,器物分上下两层,两层间隔 0.06 至 0.3 米的黄褐色土堆积,且夹杂大量碎小石块,器物分属三个墓葬,上层器物平均分布的 D19M1 和下层器物集中在墓室后方的 D19M2 同为春秋中期,位于下层接近墓口的 D19M3 属西周晚期③。D19M1 和 D19M2 皆属同一时代,两者之间却以填土分隔,以自然形成并不足以解释填土层问题,尤其两层间的堆积最厚处可达 0.3 米。

填土除自然形成外,也有人为造成的可能性。一是由于石室先前已进行过埋葬,人为填土以平整石室底部,方便再次进行埋葬,这和最初构筑石室先平整基岩的步骤是相似的。二是早前的埋葬已使石室平面空间所剩无几,如杭州柴岭山 D19M2 和 D19M3 的两组器物分布在下层③,后人再次利用石室时发现空间不足,因此与 D19M2 同属春秋中期的 D19M1 在下葬之时,人们有意用填土来增加可放置器物的平面区域,将 D19M2 及 D19M3 压在了填土下面。两种情况都有可能是为了填加埋葬的空间而形成,导致今日所见石室内器物的分层现象。

第三是石室土墩一室多墓与一墩多墓的联系。

如前所述,石室中多于一个墓葬可算土墩墓一墩多墓的一种形式,然而不难发现同一土墩内既有石室又见其他形制的墓葬的现象。苏州东渚馒首山 D1 为一墩 2 墓,D1M1 是石室墓,D1M2 为石椁墓[38]。湖州堂子山 D211,墩内除一座石室外又共存有一座无石室的墓[39]。上述两者都处于西周至东周时期,土墩中两种形制的墓未见打破关系。

江南土墩墓有被汉代人再利用的现象,并出现土墩内已有墓葬遭到破坏的情况,如湖州杨家埠土墩 D11 内,除有一座属先秦时期的石室墓外,土墩中另有 8 座汉墓,且汉墓对土墩内的石室有严重的打破关系[40]。汉人对已有土墩继续利用,说明他们对土墩墓形式在文化和传统上的认可,或者说是自然的延续[41]。汉墓与吴越土墩墓的被埋葬者很大可能完全没有关系,因而汉人在埋葬过程中也不会顾及到已有的吴越墓葬。石室土墩中各墓间的叠压打破关系会否受墓葬时代的影响,以及墓主间是否有关联也是需要考虑的,对土墩墓一墩多墓与石室土墩一室多墓之间联系的深入解读,可使研究者得到关于各墓间的关系甚至是墓主身份的线索,进一步探明石室土墩的性质和意义。

第四是发掘资料中记录或表述的准确性问题。目前发表的发掘报告中,对石室土墩的描述中的错漏和记录方法的不统一,从二手资料入手较难达到更深入和符合真实的研究。对于石室土墩一室多墓,其中一个重要的判断依据是器物在石室的平面分布,但有的报告的平面图上出现无器物编号的例子,如杭州柴岭山 D4 的器物分布图中并未见属于 D4M2 的 66-68[42]。另外也有单一器物编号分属两个器物组的重复现象,如湖州堂子山,发掘者对五座土墩内的器物组进行分期,D211M1 为土墩石室墓,属西周中晚期的第二期中包括 D211M1 的器物 1-5、6 和 22-30,而时代达春秋晚期至战国的第四期中有 D211M1 的器物编号 2-14、17-21[43],不难发现器物序号出现重复。这些都对石室土墩研究造成一定困惑。这个情况的出现很大程度是受现实环境所限,石室土墩的情况复杂,多被扰乱,发掘者需判断石室受到的破坏是自然因素导致还是人为影响,加上发掘时间有限,要求发掘者要在短时间揭示石室准确、清晰的面貌有一定的难度。

上述都是在研究石室土墩一室多墓现象不可回避的问题,随着这些问题的解决,相信关于一室多墓的许多未知也能得到不断揭示。

四、结语

石室土墩的面貌不断被揭示,从一室一墓到一室多墓的认知,反映出人们对其性质有了更丰富的理解,同时越来越多的问题也显露出来。对于石室土墩中是否存在一室多墓,不能单靠有明显时代差异的器物组来推断,墓葬的数量也不一定与器物组的数量相对应。器物组划分的准确性、填土的成因的分析以及后人扰乱等因素都在不同程度上影响到石室内的墓葬情况和一室多墓的判定,在进行发掘及研究时,不应忽略当中存在的任何可能性。

得益于科技的发展及其与考古的结合,今天可通过遥感等技术探测石室土墩的数量分布,可从宏观角度检视石室土墩的地理分布特征,为后续研究提供基础。墓葬中人骨的存在对于说明墓室埋葬情况至关重要,但受限于南方地区特有的气候环境条件,墓葬内人骨较难保存,对于当时后人再次利用石室进行埋葬时,已有人骨是否仍保存也是要关注的。关于南方地区环境对人骨腐朽速度的影响目前仍未有足够条件去证明,但相信这将是未来科技考古应关注的方面。

随着现在考古发现的石室土墩数量不断增多,学界对其相关问题的研究不断深入,一方面在丰富吴越丧葬风俗的资料,另一方面其意义也会为更多的学者认识和理解。相信在未来,石室土墩的发掘将会更系统,人们对其认识也会更全面。

注释:

①镇江市博物馆浮山果园古墓发掘组:《江苏句容浮山果园土墩墓》,《考古》1979 年第 2 期。

②陈元甫:《论浙江地区土墩墓分期》,《陈元甫考古文集》,文物出版社,2016 年。

③杨楠:《江南土墩遗存研究》,民族出版社,1998 年,第 113 页。

④朱江:《吴县五峰山烽燧墩清理简报》,《考古通讯》1955 年第 4 期。

⑤刘建国:《论太湖越族石室墓》,《1981 年江苏省

考古学会第二次年会暨吴文化学术讨论会论文集（第二册）》，1981年；陈元甫：《江浙地区石室土墩遗存性质新证》，《东南文化》1988年第1期。

⑥张英霖：《试释江南一带的所谓烽燧墩——关于穴、窟、(穴复)的实物例证》，《苏州大学学报》1986年第4期。

⑦廖志豪：《吴越战争与藏军洞》，《浙江学刊》1988年第5期。

⑧陈军：《试论太湖地区土墩石室建筑的祭祀性质》，《东南文化》1990年第4期。

⑨钱公麟：《再论吴越地区石构建筑性质的多元说》，《浙江学刊》1990年第6期。

⑩王晓红：《上虞白马湖畔石室土墩墓发掘简报》，《东方博物》2008年第4期。

⑪刘建安：《安吉三官土墩墓发掘简报》，《东方博物》2010年第3期。

⑫祝炜平、方起东：《浙北土墩墓遥感考古研究》，《人文地理》1999年第1期。

⑬杨楠：《江南土墩遗存研究》，民族出版社，1998年。

⑭丁金龙、周公太、朱伟峰：《江苏常熟市虞山西岭石室土墩的发掘》，《考古》2001年第9期。

⑮陈元甫：《论浙江地区土墩墓分期》，《陈元甫考古文集》，文物出版社，2016年。

⑯林华东：《为江浙石室墓正名》，《浙江学刊》1986年第5期。

⑰孙明利、李红：《关于石室土墩多次利用问题的探讨——苏州鸡笼山D1石室土墩的发掘为例》，《三代考古》，科学出版社，2011年。

⑱丁金龙、孙明利、王霞、周官清：《江苏苏州高新区通安镇鸡笼山D1石室土墩墓发掘简报》，《东南文化》2014年第4期。

⑲杭州市考古文物研究所、萧山博物馆：《萧山柴岭山土墩墓》，文物出版社，2013年。

⑳湖州市文物保护管理所：《浙江湖州堂子山土墩墓发掘报告》，《东方博物》2004年第2期。

㉑浙江省文物考古研究所：《长兴县便山土墩墓发掘报告》，《浙江省文物考古研究所学刊——建所十周年纪念(1980-1990)》，科学出版社，1993年。

㉒杭州市考古文物研究所、萧山博物馆：《萧山柴岭山土墩墓》，文物出版社，2013年。

㉓孙明利、李红：《关于石室土墩多次利用问题的探讨——苏州鸡笼山D1石室土墩的发掘为例》，《三代考古》，科学出版社，2011年。

㉔湖州市文物保护管理所：《浙江湖州堂子山土墩墓发掘报告》，《东方博物》2004年第2期。

㉕王根富：《苏南土墩墓的初步研究》，《华夏考古》2001年第1期。

㉖王晓红：《上虞白马湖畔石室土墩墓发掘简报》，《东方博物》2008年第4期。

㉗浙江省文物考古研究所、德清县博物馆：《浙江德清县独仓山及南王山土墩墓发掘简报》，《考古》2001年第10期。

㉘陈元甫：《江浙地区石室土墩遗存性质新证》，《东南文化》1988年第1期。

㉙杭州市考古文物研究所、萧山博物馆：《萧山柴岭山土墩墓》，文物出版社，2013年。

㉚杭州市考古文物研究所、萧山博物馆：《萧山柴岭山土墩墓》，文物出版社，2013年。

㉛镇江市博物馆浮山果园古墓发掘组：《江苏句容浮山果园土墩墓》，《考古》1979年第2期。

㉜南京博物院：《江苏句容寨花头土墩墓D2、D6发掘简报》，《文物》2007年第7期。

㉝李虎仁、周润垦、原丰：《向心结构的多墓土墩》，《中国文化遗产》2005年第6期。

㉞陈元甫：《土墩墓若干问题探讨》，《陈元甫考古文集》，文物出版社，2016年。

㉟浙江省文物考古研究所、德清县博物馆：《浙江德清县独仓山及南王山土墩墓发掘简报》，《考古》2001年第10期。

㊱杭州市考古文物研究所、萧山博物馆：《萧山柴岭山土墩墓》，文物出版社，2013年。

㊲杭州市考古文物研究所、萧山博物馆：《萧山柴岭山土墩墓》，文物出版社，2013年。

㊳苏州市考古研究所、苏州高新区教育文体局：《江苏苏州高新区东渚馒首山土墩墓发掘简报》，《东南文化》2013年第5期。

㊴湖州市文物保护管理所：《浙江湖州堂子山土墩

墓发掘报告》,《东方博物》2004 年第 2 期。

㊵浙江省文物考古研究所:《浙江省湖州市杨家埠古墓发掘报告》,《浙江省文物考古研究所学刊》第 7 辑,杭州出版社,2005 年。

㊶刘兴林:《汉代土墩墓的几个问题》,载中国社会科学院考古研究所编:《汉代海上丝绸之路考古与汉文化》,科学出版社,2019 年。

㊷杭州市考古文物研究所、萧山博物馆:《萧山柴岭山土墩墓》,文物出版社,2013 年。

㊸湖州市文物保护管理所:《浙江湖州堂子山土墩墓发掘报告》,《东方博物》2004 年第 2 期。

(作者单位:南京大学历史学院)

附表 石室土墩一室多墓

墓例	时代	墓室尺寸	器物分布	石室平面图	资料出处
长兴便山 D406	西周中晚期至春秋中晚期	长 15.5、底宽 1.6、高 3.3 米。	上下两层器物间隔 0.7 米，上层器物可分靠前和靠后两组，下层器物分放在前、中、后三个部位。		浙江省文物考古研究所：《长兴县便山土墩墓发掘报告》，《浙江省文物考古研究所建所十周年纪念（1980–1990）》，科学出版社，1993 年。
长兴便山 D411	西周中晚期至春秋中晚期	长 7.6、底宽 1.0、高 1.7 米。	上下两层器物间隔 0.3 米，上层器物基本置于石室中部，下层器物分别置于前、后两端。上层器物均为南朝时期的青瓷碗，属南朝时期的再次利用。		
长兴便山 D494	下层器物属西周中晚期	通长 4.7、底宽 1.1、上口宽 0.4 至 0.6、高 1.9 米	器物分上下两层，相隔 0.6 米，两层器物主要置于石室后半部。		

（续上表）

墓例	时代	墓室尺寸	器物分布	石室平面图	资料出处
湖州堂子山 D211M1	两组器物分属西周中晚期及春秋晚期至战国	简报中未提及石室具体尺寸。D211除有一座石室外又有一座无石室的土墩墓。	石室内器物分布较为散乱,简报中未指明具体分布规律。		湖州市文物保护管理所:《浙江湖州堂子山土墩墓发掘报告》,《东方博物》2004年第2期。
湖州堂子山 D216	三组器物分属西周中晚期、春秋早期及春秋晚期至战国	长9.2、宽1至1.2、高0.7至1.2米。	分布于墓底平面,相对集中在石室前、中、后三个部位。发掘简报中未对器物组所对应的墓葬进行编号。		
德清独仓山 D6	D6M2:春秋早期 D6M1:春秋晚期	长7.5、底宽0.9至1.14、后壁保存最高0.95米	上下两层器物间有28厘米厚的泥土和小石块间隔,D6M1为上层墓葬,D6M2为下层墓葬。		浙江省文物考古研究所、德清县博物馆:《独仓山与南王山——土墩墓发掘报告》,科学出版社,2007年。
德清独仓山 D7	D7M2:西周中晚期 D7M1:春秋早期	长8.6、底宽1.2至1.34、上口宽1.12至1.2、墙后壁保存最高处1.34米	未见明显分层,器物集中放置在中部(D7M1)和靠后壁位置(D7M2)的位置;早期器物主要在后部,少量在中部,晚期器物均集中在中部。		

（续上表）

墓例	时代	墓室尺寸	器物分布	石室平面图	资料出处
德清独仓山 D8	D8M2：西周中晚期 D8M1：春秋晚期	内长 10.1 米，底宽 1.1 至 1.3，上口宽 1.1 至 1.2，保存最高处 1.1 米	器物上下叠压，二者相隔 10 厘米厚的填土和 M1 底部的一层铺陶片；D8M2 位于石室底部，D8M1 距石室底部约 0.1 米		杭州市考古文物研究所、萧山柴岭物馆：《萧山柴岭山土墩墓》，文物出版社，2013年。
德清独仓山 D9	D9M3：春秋早期 D9M1、D9M2：春秋晚期	内长 9.92、内底宽 0.96 至 1.08、上口宽 0.9 至 1，最高处 1.34 米	未见明显分层，三组器物分别位于石室中前部（D9M1）、中部略偏后（D9M2）及后部（D9M3）		
杭州柴岭山 D1	D1M2：春秋早期 D1M1：春秋晚期 D1M3：春秋晚期	长 5.92、宽 1.47、高 1.2 至 1.72 米	未见明显分层，分别集中分布于墓道口（D1M3）、墓室中部（D1M2）和后部偏西侧（D1M1）		

（续上表）

墓例	时代	墓室尺寸	器物分布	石室平面图	资料出处
杭州柴岭山 D4	D4M2：西周晚期 D4M1：春秋中期 D4M3：春秋晚期	前室长约 4.9，宽 1.3 至 1.74，残高约 1.9 米，后室长 2.23，宽 1.2 至 1.45，残高约 2 米	未见明显分层，分别集中分布于前室中前部（D4M1）、前室后部（D4M2）、后室及前室后部（D4M3）		
杭州柴岭山 D19	D19M3：西周晚期 D19M1、D19M2：春秋中期	长 6.2，宽 1.5 至 1.66，高约 0.93 至 1.66 米	器物分两层置放，相隔 0.06 至 0.3 米的黄褐色土堆积，其内夹杂大量碎小石块；上层器物属 D19M1，分布于下层基岩东北侧的器物编为 D19M2，集中分布于下层西南部墓道口附近的器物属 D19M3		

说明：表中录入的是部分一室多墓的材料，后被用作其他用途的墓例也未收入表中。表中排序依据为发掘时间的早晚。

谈空心砖墓、洞室墓及秦墓中的二层台现象

◇ 冯　锴

内容提要：尽管随着生产力水平的提高,人类改造自然和利用自然的能力越来越强,但自然条件与生态环境却始终是决定文化遗存特征的重要因素。战国秦汉时期,从带生土二层台的竖穴墓葬的出现,到洞室墓和空心砖墓的普及,以至后来的小砖墓的盛行,都是人类因地制宜,应对林木资源减少的现实而被动适应的结果。

关键词：秦汉时期　生土二层台　洞室墓　空心砖墓　林木匮乏　因地制宜

黄晓芬先生曾指出,西汉大型墓从单一枋材造墓发展为多种建材并行造墓的现象,很可能直接同森林资源发生危机有关。尽管大型墓墓主可以凭借权势从其他地方征调和搬运木材,或驱动各种政治手段虽然也能达到目的,但终非长久之计。而克服危机的有效方法则是就地取材,因地制宜。与大型墓相比,中小型墓的墓主人一般缺乏从异地调拨木材资源的财力和物力,因而对环境的变化显得比较敏感,造墓建材在因地制宜方面更有依赖性[①]。笔者支持该观点,并在对中小型墓葬资料进行全面梳理和观察的基础上,从空心砖墓、洞室墓及秦墓中的二层台现象入手,分析这一问题,不足之处还请指正。

一、空心砖墓的大量出现

空心砖是中国古代的一种大型建筑用陶,呈长方形,内部空,故名"空心砖"。作为宫殿建筑物的台阶或用它建造墓葬的椁室,以代替木质椁室[②]。迄今为止,最早的空心砖发现于陕西周原云塘村的池渠遗址,年代以先周时期为主,下限或可到西周初年,

是与大型夯土建筑紧密关联的一类遗存[③]。空心砖虽发明于西周时期, 可能因产量和质量方面的原因,未大范围使用,此时应该还存在一个试制、试用阶段[④]。西周时期尤其中晚期出砖单位数量少,春秋时期以迄战国早期目前未发现一例空心砖的材料,而直到战国中期才在雍城遗址[⑤]和郑韩故城[⑥]发现空心砖,两者之间年代可谓相隔久远。尤其值得注意的是郑韩故城所出空心砖墓,这是空心砖在局部地区大量使用的开始, 除制作水平和产量的提升外,社会的使用需求应是其被大量使用最为重要的原因。西汉时期,空心砖墓达到鼎盛,普遍流行于中原、关中地区。东汉时期随着小砖墓逐步流行全国,空心砖墓消失。

战国中晚期至东汉,中原、关中地区率先采用空心砖和小砖代替木材来造墓。这种重新选择造墓建材的现象首先出现于人口稠密、开发早、林木资源明显减少的中原、关中地区, 又是从中小型墓开始的。人口较少, 开发迟缓且温润多雨、林木森茂的长江流域此时仍以木材造墓。这些变化并非

偶然，反映出了当时中原、关中地区木材资源已经供不应求，而采用砖或石材造墓则是对木材资源危机事态所采取的相应有效措施⑦。可以佐证的有，早期空心砖墓的形制、结构和大小与木椁墓十分相似，除了外椁的建筑材质不同之外，前者对后者的替代特征十分显著⑧。如郑州二里岗发掘的26座空心砖墓中，有22座墓在空心砖椁壁上没有使用空心砖侧立铺顶(图一)。根据少数墓中壁砖上面遗留的板灰痕迹看，这类椁室的顶盖应为木质的，即以木板盖顶。其中M452的木板盖顶保存较好，长2.4、宽1.3米⑨。木板盖顶在空心砖墓中的使用正说明了当时既要保持木椁墓的特征，又希望能减少木材的使用，空心砖是对木材的替代。众所周知，过度开发必然导致木材的匮乏和木材价格的上涨，减少木材的使用可以有效降低造墓成本。相较于木材的匮乏，率先使用空心砖造墓的中原、关中地区拥有充裕的黏土土资源，而黏土又是砖的主要原料，且制造成本低廉，适宜大批量生产。

二、洞室墓和秦墓中的二层台现象

秦墓的传统墓葬形制是长方形竖穴墓，在战国中期晚段，关中地区的秦墓开始出现洞室墓，此后广为流行⑩，如咸阳东郊秦墓M105、M197分别为

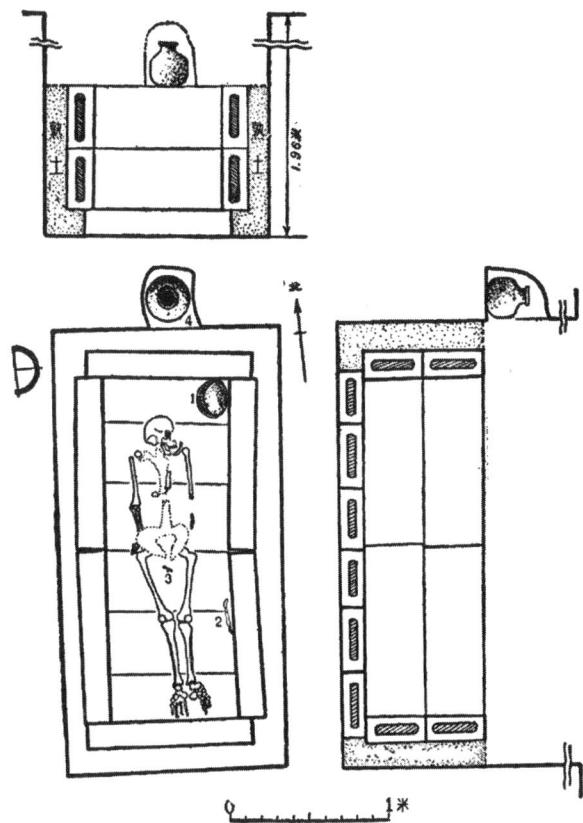

图一　《郑州二里冈》空心砖墓M16

偏洞室墓和直线洞室墓(图二，1-2)⑪。关中地区是平原、黄土地带，土层深厚、土壤直立性好，适宜营建洞室墓。

  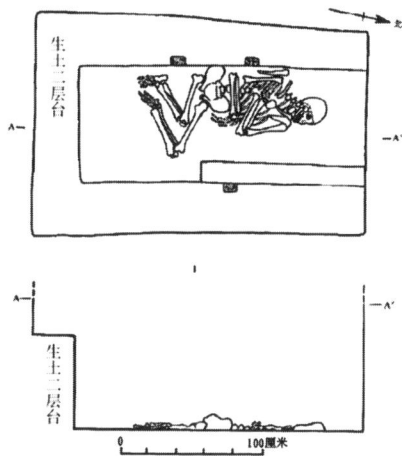

图二　洞室墓和秦墓中的二层台现象

(1-2.《咸阳东郊秦墓》M105、M197，3.《西安尤家庄秦墓》2000明珠花园13#M25)

大量中小型墓葬资料已经证实，秦墓中的二层台现象不同于商、西周及东周时期东方六国墓葬中的二层台，秦墓中大量出现的是生土二层台，而商、西周及东周时期东方六国墓葬中大量出现的二层台属熟土二层台（见表一、二）。秦墓中的生土二层台不仅出现于竖穴墓中，也出现于洞室

墓中，竖穴墓的二层台上还多存有棚木痕迹，如战国晚期的尤家庄 2000 明珠花园 13#M25，该墓三边留有生土二层台，从二层台上的三处棚木痕迹判断该二层台的功能是支撑棚木（见图二,3)[12]。此外，在已知的东周时期西戎墓葬中[13]，也未发现类似秦墓中的生土二层台现象。生土二层台的大量出现可视为战国中期以后秦墓的典型特征之一。

表一　商、西周及东周时期东方六国墓葬中的二层台现象统计

墓葬	商	西周	东周			
			晋与三晋	楚	齐	燕
墓葬	安阳大司空村商墓[14]	张家皮西周墓[15]	郑州二里岗[16]	赵家湖[17]	平度东岳石村[18]	天津东郊张贵庄[19]
时代	商代晚期	西周	战国早期到汉初	西周晚期到战国晚期早段	战国早期到战国晚期	战国中晚期
墓葬形制	竖穴墓	竖穴墓	竖穴墓	竖穴墓	竖穴墓	竖穴墓
墓葬总数	166 座	340 座	212 座	297 座	20 座	33 座
有熟土二层台	多数有熟土二层台	多数有熟土二层台	212 座,占总数 100%	0	0	0
有生土二层台	8 座,占总数 4.82%	8 座,占总数 2.35%	0	0	0	0

表二　秦墓中的二层台现象统计

1.陇县店子秦墓[20]

时代	墓葬总数	生土二层台墓	无二层台墓	形制
春秋中期	5 座	0	5 座	5 竖穴
春秋晚期	14 座	0	14 座	14 竖穴
战国早期	47 座	4 座(8.51%)	43 座	47 竖穴
战国中期	52 座	7 座(13.46%)	45 座	52 竖穴
战国晚期	41 座	14 座(34.15%)	27 座	40 竖穴;1 洞室
秦代	63 座	36 座(57.14%)	27 座	50 竖穴;13 洞室

2.茅坡光华胶鞋厂秦墓[21]

时代	墓葬总数	生土二层台墓	熟土二层台墓	无二层台墓	形制
春秋晚期	2 座	M75(半生半熟土二层台)	1 座(M83)	0	2 竖穴墓
战国早期	4 座	3 座(75.00%)	0	1 座(25.00%)	4 竖穴墓
战国中期	11 座	10 座(90.91%)	0	1 座(9.09%)	6 竖穴;5 洞室
战国晚期	16 座	4 座(25.00%)	0	12 座(75.00%)	3 竖穴;13 洞室
昭襄王至秦亡	10 座	0	0	10 座	1 竖穴;9 洞室
汉武帝以前	1 座	0	0	1 座	1 竖穴

3.茅坡邮电学院秦墓[22]

战国晚期后段至秦统一			
墓葬形制	墓葬总数	生土二层台墓	无二层台墓
竖穴土坑墓	3 座	3 座(100%)	0
偏洞室墓	3 座	1 座(33.33%)	2 座
直线洞室墓	154 座	101 座(65.58%)	53 座

4.咸阳塔尔坡秦墓[23]

时代	墓葬总数	生土二层台墓	无二层台墓	形制
战国晚期前段	37 座	14 座(37.84%)	23 座	11 竖穴;26 洞室
战国晚期后段	123 座	55 座(44.72%)	68 座	41 竖穴;82 洞室
秦代	28 座	10 座(35.71%)	18 座	8 竖穴;20 洞室

注:时代不明者不在统计之列

由表二可知,从春秋早期到秦统一,秦墓中生土二层台现象的发展经历了从无到有、从少到多的历程,应是秦文化自身孕育、发展的结果。此外,秦墓中生土二层台现象大量出现在竖穴墓中,待洞室墓出现后也见于洞室墓中,但数量不多,洞室墓中的生土二层台似乎并无实际用途,其出现可能是受竖穴墓中生土二层台的影响。

茅坡光华胶鞋厂秦墓 M83、M75 生土二层台从无到有的过程,展现了秦墓中生土二层台现象的滥觞。M83、M75 同属春秋晚期竖穴墓,M83 下带熟土二层台,开口长宽比为 2:1。由于狭长竖穴土圹墓是商周竖穴土圹墓的延续和发展,商周时期的竖穴墓均较狭长,长度往往是宽度的二倍以上,而秦竖穴墓长度一般不超过宽度的两倍,故 M83 秦早期竖穴墓的特征明显[24],上承商、西周墓葬中的熟土二层台现象。M75 下带半生半熟土二层台,开口长宽比为 1.76:1,墓型较 M83 略晚,时代大致在春秋晚期,或可晚至春秋战国之交,下启秦墓中的生土二层台现象。M75 之后,茅坡光华胶鞋厂秦墓中,有生土二层台的秦墓竖穴变得更为宽敞,二层台为纯生土,这时秦墓中的生土二层台现象已经形成。因此以光华胶鞋厂秦墓为例,得出秦墓中生土二层台的出现和流行,应是秦人墓葬自身发展的结果。

生土二层台广泛存在于战国中期以后的秦人墓葬中,不过值得注意的是,秦墓中的生土二层台与商周墓葬的熟土二层台性质迥异。熟土二层台是在墓圹下部四壁与最外层木质葬具四邦的间隔内,由墓内夯填土自然形成的,不代表形制,也没有实际的功能和用途[25]。而秦墓中的生土二层台及洞室墓皆产生于春秋战国时期礼制衰弱的大背景下,棺椁结构等传统礼制已不被严格遵守,生土二层台现象和洞室墓的出现符合此时秦墓的

形制与结构朝着简化和实用发展的趋势。此外,田亚岐、赵士祯先生将店子墓地秦墓发掘出的棺椁分 A、B、C 三类,A 类:多重棺椁结构,椁与棺为二重或二重以上的套合形式,即二椁二棺、二椁一棺、一椁二棺和一椁一棺等;B 类:完整的葬具为一重,即一棺。但在这一棺的顶部有棚木,或四周有立木结构;C 类:葬具只有一重,即一棺。其中 A、B 类墓对应的都是竖穴墓;B 类完整的葬具为一棺,而用于护棺的椁则被二层台、棚木和立柱所替代。即二层台代表椁邦,棚木代表椁盖,紧贴二层台内壁的立柱则起到加固支撑墓内夯填土的作用;而 C 类墓则对应的是洞室墓,其护棺的功能已完全被洞室取代。从其用料推测,A 类棺椁的用料一般较厚,其椁板厚约 0.08–0.13 米,棺板厚约 0.05–0.10 米;B 类葬具的用料一般有两种情况,凡二层台上有棚木的墓葬,其棺的用料一般较薄,约 0.04–0.07 米不等;而无棚木的墓葬,其棺的用料一般较厚,约 0.08–0.01 米不等。还有个别在二层台上无棚木的墓葬,其棺的底及四壁板料较薄,而盖的用料一般较厚;C 类葬具的用料最薄,一般仅为 0.03–0.06 米[26]。因而以店子秦墓为例,可以得出结论:洞室墓和带有生土二层台的秦墓,其大多省去椁且棺材用料较薄,所以对木材的消耗较少,有俭省木材的特点。

三、结论

综上,空心砖墓、洞室墓和带有生土二层台的秦墓都有俭省木材的倾向,其中空心砖墓和洞室墓出现于战国中期,带有生土二层台的秦墓的出现则早至战国早期。但不管是空心砖墓、洞室墓,亦或带有生土二层台的秦墓,其大量出现都是在战国中期以后。事实上,战国早中期,中原、关中地区的林木资源确已呈现出匮乏的态势,墓

葬中俭省木材的倾向正与此背景相符合。

从气候状况来看，研究表明春秋时期以后，中国东部的气候趋于寒冷，至少战国末至西汉初这段时间内，黄河中下游地区的气候已经由春秋时期的较温暖转向寒冷，属于气候的冷期[27]。寒冷的气候不利于植被的生长，树木生长缓慢甚至停止生长。

从林木资源分布来看，春秋战国时期，陕西泾、渭流域，山西汾河流域以及齐鲁豫广大平原，已是阡陌纵横。由于人类滋生繁衍，平原树木基本消灭，近山森林亦渐稀少，孟子已有"牛山濯濯"之叹。但整个太行山脉、沂蒙山和胶东丘陵还都是原始森林，至于阴山、秦岭、熊耳、伏牛、六盘、祁连诸山的原始林，绝无人为干扰[28]。不过春秋战国时期交通尚不发达，路途险远的原始森林无法被开发利用。《史记·秦始皇本纪》还记载秦始皇三十五年的时候，"隐宫徒刑者七十余万人，乃分作阿房宫，或作丽山。发北山石椁，乃写蜀、荆地材皆至"。蜀，是指现在的四川北部；荆，是指荆楚，即现在的湖北北部。这说明秦始皇修筑宫殿和陵园所用的木材，来自今天的四川和湖北北部地区。秦人之所以千里迢迢去秦岭以南砍伐、拉运木材，直接原因是关中和中原地区林木资源的匮乏。

木材匮乏，大型墓墓主可以凭借权势征调和搬运木材，但成本高昂；中小型墓墓主则更多地选择了因地制宜，寻找廉价的替代品。中原、关中地区从带生土二层台的竖穴墓葬的出现，到洞室墓和空心砖墓的普及，以至后来的小砖墓的盛行，都是应对木材短缺而采取的相应策略。

注释：

① 黄晓芬：《汉墓的考古学研究》，岳麓书社，2003年，第126页。

② 李文杰：《河南新郑市郑韩故城战国晚期空心砖工艺研究》，载中国社会科学院考古研究所编：《二十一世纪的中国考古学》，文物出版社，2006年，第678-688页。

③ 种建荣、雷兴山、郑红莉：《试论周原遗址新发现的空心砖》，《文博》2012年第6期。

④ 刘军社：《周砖刍议》，《考古与文物》1993年第6

期。

⑤ 陕西省考古研究院、宝鸡市考古研究所、凤翔县博物馆：《秦雍城豆腐村制陶作坊遗址发掘简报》，《考古与文物》2011年第4期。

⑥ 沈小芳、樊温泉：《郑韩故城东周时期空心砖墓葬研究》，《中原文物》2017年第6期。

⑦ 黄晓芬：《汉墓的考古学研究》，岳麓书社，2003年，第126-127页。

⑧ 董睿：《战国西汉时期中原墓葬建筑材质和内部空间转变及其社会原因》，《郑州大学学报（哲学社会科学版）》2013年第1期。

⑨ 河南省文物局文物工作队：《郑州二里岗》，科学出版社，1959年。

⑩ 滕铭予：《关中秦墓研究》，《考古学报》1992年第3期。

⑪ 陕西省考古研究院：《咸阳东郊秦墓》，科学出版社，2018年。

⑫ 陕西省考古研究院：《西安尤家庄秦墓》，陕西科学技术出版社，2008年，第71-72页。

⑬ 早期秦文化联合考古队、张家川回族自治县博物馆：《张家川马家塬战国墓地2007~2008年发掘简报》，《文物》2009年第10期；早期秦文化联合考古队、张家川回族自治县博物馆：《张家川马家塬战国墓地2008~2009年发掘简报》，《文物》2010年第10期；早期秦文化联合考古队、张家川回族自治县博物馆：《张家川马家塬战国墓地2010~2011年发掘简报》，《文物》2012年第8期；宁夏文物考古研究所、宁夏固原博物馆：《宁夏固原杨郎青铜文化墓地》，《考古学报》1993年第1期。

⑭ 马得志、周永珍、张云鹏：《一九五三年安阳大司空村发掘报告》，《考古学报》1955年第1期。

⑮ 中国社会科学院考古研究所：《张家坡西周墓地》，中国大百科全书出版社，1999年。

⑯ 河南省文物局文物工作队：《郑州二里岗》，科学出版社，1959年。

⑰ 湖北省宜昌地区博物馆、北京大学考古系：《当阳赵家湖楚墓》，文物出版社，1992年。

⑱ 中国科学院考古研究所山东发掘队：《山东平度东岳石村新石器时代遗址与战国墓》，《考古》1962

年第 10 期。

⑲云希正、韩嘉谷:《天津东郊张贵庄战国墓第二次发掘》,《考古》1965 年第 2 期。

⑳陕西省考古研究所:《陇县店子秦墓》,三秦出版社,1998 年。

㉑西安市文物保护考古所:《西安南郊秦墓》,陕西人民出版社,2004 年。

㉒西安市文物保护考古所:《西安南郊秦墓》,陕西人民出版社,2004 年。

㉓咸阳市文物考古研究所:《塔尔坡秦墓》,三秦出版社出版,1998 年。

㉔西安市文物保护考古所:《西安南郊秦墓》,陕西人民出版社,2004 年,第 145 页。

㉕田亚岐、赵士祯:《东周时期关中地区国人秦墓棺椁的演变》,《考古与文物》2003 年第 4 期。

㉖田亚岐、赵士祯:《东周时期关中地区国人秦墓棺椁的演变》,《考古与文物》2003 年第 4 期。

㉗满志敏:《中国历史地理学·中国历史时期气候变化研究》,山东教育出版社,2009 年。

㉘凌大燮:《我国森林资源的变迁》,《中国农史》1983 年第 2 期。

(作者单位:秦始皇帝陵博物院)

西汉帝陵墓道及相关问题刍议

◇ 朱晨露

内容提要：墓道是中国古代墓葬重要的构成要素之一。墓道的作用，不仅仅是为了修建墓葬或下葬，墓道数量的多少、墓道的结构、墓道的主方向(墓葬朝向)的变化历程，是一个时期社会礼仪制度的反映，有着丰富的文化涵义。西汉帝陵的墓道遵循了严格的使用制度，帝后陵墓的朝向除了受传统习俗的影响之外，"三纲五常"及尊位观念是影响陪(祔)葬墓朝向的主要因素，而陵墓墓道位置的选择，则是中国古代建筑"居中"理念的表象。

关键词：西汉帝陵　墓道　墓葬朝向　内涵

一、西汉帝陵墓道的基本概况

(一)墓道的文献记载和称谓推测

据段清波研究，两汉之前，文献涉及到墓葬的出入通道时，墓道、羡(道)的名称同时并用，但并未明确区分使用对象①。就陵墓而言，秦始皇陵中"闭中羡(道)，下外羡(道)门"②，可知羡道上至少设有两道门扉。从始皇陵的敞口式斜坡墓道来看，这样墓道顶部应该还有砖、木石材予以覆盖。

西汉帝陵的墓道，汉代文献没有明确指明其称谓。《后汉书》引《皇览》载："汉家之葬，方中百步……其中开四门，四通"，方中即所谓的墓室，四门、四通则说明了墓室四周有四条墓道，并设有门扉。如果按照这个结构，笔者推测，汉陵的墓道应是存有覆盖建筑的门，应为所谓的"羡门"，数量上从《类编长安志》记载③来看，应该与秦始皇陵一样，至少有两道门。

(二)相关考古发现

由于汉陵④的墓室尚未发掘，其墓葬的具体形制暂且不详。从前引"方中百步……开四门"的文献记载和近年来的勘探资料来看，汉陵中帝陵设置四条墓道是毫无疑问的。帝陵四条墓道中，绝大部分都是以东墓道最长或最宽，这些墓道基本呈梯形斜坡状，平、剖面呈梯形，墓道两壁有收分，墓道内填土均经过夯打，内含五花土、料姜石、木炭屑等。

已发表的考古资料中，汉阳陵的考古工作最为具体、全面。经初步勘探得知，汉阳陵帝陵平面呈亞字形，四条墓道分别位于帝陵封土四侧中间处，平面呈梯形，靠近地宫一侧较宽，墓道均为斜坡状。其中东墓道长68、宽7-31、深8.2-22米，西墓道长21、宽5-12、深7.8-19.3米；南墓道长17、宽3-12、深9.3-22.7米；北墓道长25.5、宽3-22、深8.4-21米，墓道内均为五花夯土，土质较坚硬，土色红褐或黄褐，夯层及夯窝均不明显⑤。

茂陵⑥、杜陵⑦等帝陵，由于封土叠压了部分墓道，勘探困难，具体长度不详，但从墓道长度或宽度来看，东墓道仍作为了主墓道。如武帝茂陵东墓道宽 8.2-16.7 米；晚期渭陵帝陵东墓道(暴露封土之外)长 13.5、宽 7-11.7 米，其余墓道宽度在 3-8 米之间；义陵⑧(图一)、康陵⑨的情况与上述内容基本相同，不再赘言。

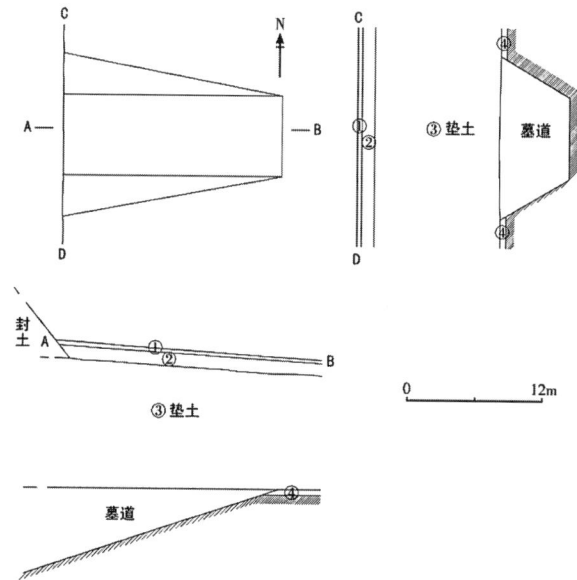

图一　义陵帝陵东墓道平、剖面图

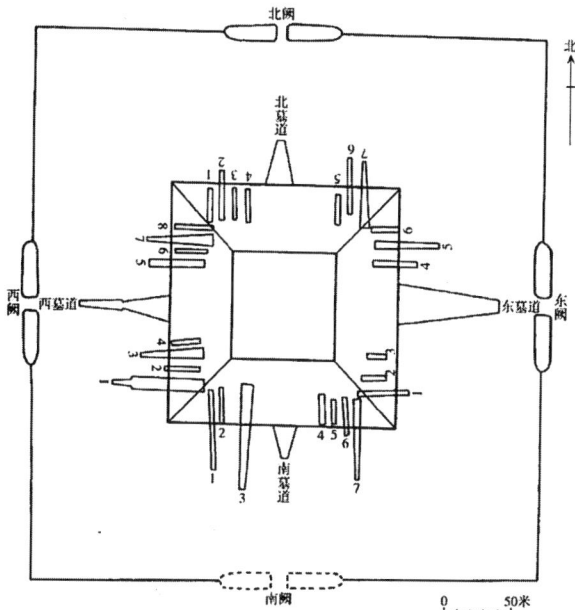

图二　汉阳陵后陵墓道情况

后陵的情况较帝陵有所不同。从已知的资料来看，绝大多数后陵均带有四条墓道，如吕后陵、

南陵、窦皇后陵、景帝王皇后陵（图二）、宣帝王皇后陵、元帝王皇后陵、平帝王皇后陵；上述后陵亦是东墓道最长最宽⑩。除此之外，其余后陵中有使用 2 条、1 条墓道者。例如惠帝张皇后陵为东、西各有一条墓道的"中"字形；武帝李夫人墓、元帝傅昭仪墓均为带一条墓道的"甲"字形，这些后陵墓道的朝向、规模各异。李夫人墓平面呈"甲"字形，有一条斜坡状东墓道，平面呈梯形，封土外部分长 128、宽 7.2-35、深 25.5 米（图三）。孝元傅昭仪墓墓道为南向，长 60、宽 5-25 米，墓道内填有五花夯土，底部有约 0.1 米厚的踩踏面⑪。

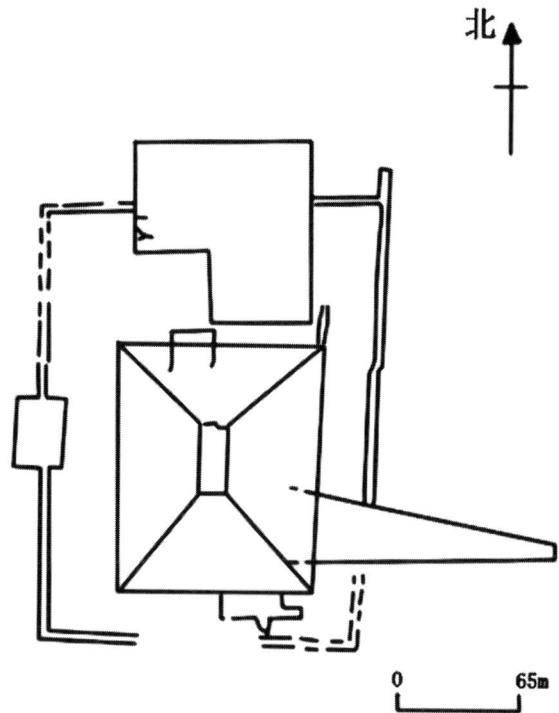

图三　汉武帝茂陵李夫人墓墓道情况

此外，1980-1981 年，中国社会科学院考古研究所栎阳发掘队对汉太上皇陵进行了初步勘探。万年陵（图四）有四条墓道，分别位于陵墓四边正中。墓道底均为斜坡状，内填五花土并夯筑。东墓道，长 82、东、西端各宽 10、35 米。基道地表以上堆有东西向条状封土，西高东低，高差 4 米，西与陵墓封土相连，东与地表平。西墓道，长 31、西、东端各宽 6、14 米。南墓道，长 34、南、北端各宽 7.5、15 米；北墓道，长 31、北、南端各宽 7.5、14.5 米⑫。

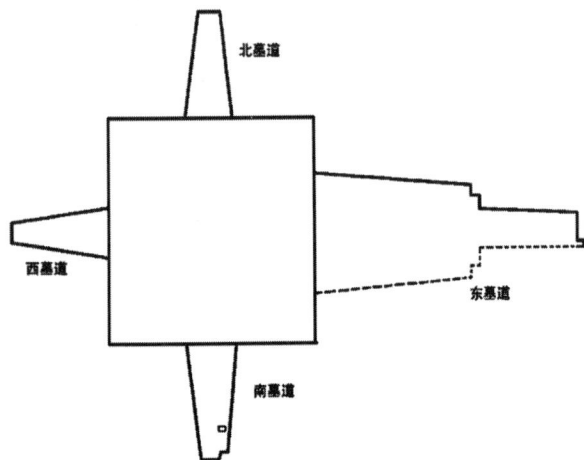

图四　西汉太上皇陵墓道钻探情况

二、西汉帝陵墓道的特点

从前文列举的考古资料中,可知西汉帝陵的墓道呈现出两个主要特点。

一是规模逐渐减小,主墓道作用突出。从已有的资料来看,虽然部分墓道的长宽受勘探所限,无法窥其全貌,但从已发表的数据来看,汉陵大部分墓道几乎为敞口斜坡的形式,东墓道的长、宽往往比其余三条墓道规模大很多。至西汉晚期,随着墓圹的缩小,墓道的长宽也逐渐萎缩,东墓道与其余四条墓道的长度差距不明显,但从墓道宽度上看,依旧能推断帝陵东墓道为主墓道。

随着国力的稳定,加之土建技术的成熟,至汉阳陵时,帝、后陵墓道均位于封土四面中心处,此后再未有大的变化。更重要的是,在汉阳陵的东墓道北侧发现了四处间距有序的石柱础,据说柱础上还有木炭炭化的痕迹[13]。这样的现象,其实在同时期的墓葬中也存在。如山东章丘洛庄汉墓[14]、定陶灵圣湖汉墓[15]、河北献县 36 号墓[16]等一些王侯级别的墓葬,亦发现了墓道(墓壁)两侧的柱础(洞)遗迹。上述材料可以说明,在一些大型墓葬(包括西汉帝陵)的主墓道上可能有立柱结构的建筑物,说明在下葬之前,保留有专门的通道用来保护主墓道,也从另一侧面说明了建设技术的提高以及主墓道的作用。

值得注意的是,早期的汉高祖长陵、吕后陵的封土较墓室位置出现了严重错位,导致东墓道完全暴露在外[17]。笔者推测,如果在下葬完毕,墓圹、墓道回填之后修建"堂坛",那么封土的位置应该不会出现较大的移动。对于这一现象,焦南峰认为,"从

文献资料来看,秦汉帝陵历史上多次经历过大的破坏,会有一次较大的修复,这些修复工程能否准确复原包括封土在内的陵墓原貌是值得怀疑的。此外,帝陵和后陵的土呈黄褐色的颗粒状,没有明显的夯层,土质稀疏,不符合夯筑封土的特征"[18]。可见,汉陵早期墓道修建位置与封土出现偏离的现象,与后期封土受人为破坏扰动有一定的关系。

其二,墓道的使用,遵循严格的等级秩序。我们知道,墓道的使用和设置,商周以来均有着严格的规定。从目前的考古资料来看,汉陵的帝、后陵墓均为亞字形,即四条墓道。值得注意的是,在西汉中后期帝陵中,出现了以后宫妻妾单独葬于陵区的情况。例如孝武李夫人墓(英陵),孝元傅昭仪墓,这些墓葬独立成园,能够像皇后陵园一样与帝陵同茔异穴(带有独立陵园)葬于外垣内。单从埋葬模式上讲,其地位与皇后陵的埋葬方式并无差异,表明了墓主与皇帝之间的重要关系。虽然是按照皇后的埋葬模式下葬的,也具备了独立陵园、门阙、外藏坑等一系列皇后陵所具备的构成要素,但是我们发现,这些墓葬形制依旧是等而下之的"甲"字形,即一条墓道,笔者认为,这与西汉中期后宫制度的完善密切相关。

西汉后宫制度发展至武帝之后,形成了所谓的"十四等"名号。如昭仪,视丞相,爵比诸侯王;婕妤,视上卿,爵比列侯(第二十等爵)等。虽然五官以上的嫔妃可以葬入陵园,甚至部分人享受着皇后级别的埋葬方式(如追赠为皇后、太后者),但是在埋葬等级和制度上,仍会对应后宫妻妾生前的名位。因此,墓道的数量、门阙形式则不会僭越,西汉帝陵墓道的使用依旧严格。

三、西汉帝陵的墓葬朝向[19]研究

现有的资料表明,墓葬朝向最早始于新石器时代,一般按照死者埋葬时的头向来确定的,墓葬朝向的不同是司空见惯的现象。墓向的选择是一件十分复杂的事情,不要说几个历史朝代,就连同一时期、同一考古学文化的同一墓地上,墓葬朝向也未必一致,其原因也更为复杂[20],因此对于墓葬朝向的研究,不能作单一的解释[21],判断的标准随着墓葬形制的发展也会有所不同。

(一)帝、后陵墓朝向

引前文中举例,阳陵平面均为亚字形,四侧各有一条墓道,其中帝陵东墓道长,后陵形制与帝陵基本相同,在四条墓道中,后陵东墓道也是最长、最宽。虽然部分墓道现叠压于封土之下,勘探范围和准确度受限,但基本上可以得出"西汉帝、后陵均为亚字形,四条墓道中绝大部分以东墓道为主墓道"的结论[22]。

(二)祔葬墓的朝向

西汉时期,能够陪葬于帝陵陵园内、外墓区的人,一般都是属于统治阶层内的上层人物,而身份却不尽相同。根据文献记载,结合考古发现来看,西汉帝陵陵园外司马门道两侧、呈对称分布状的墓葬应该属于一些开国元勋、大臣和皇亲国戚[23],这些墓葬可以叫作陪葬墓。而在帝陵外陵园内的陪葬墓园内墓主应该不同于另外的皇亲贵族,只有皇帝的眷属方能葬入陵园[24],这些墓葬或应为祔葬墓。

据现有的考古资料,汉武帝茂陵陵园内除了"配食"与帝陵的李夫人墓葬之外,在陵园东北角还发现排列有序、呈"甲"字形的南向墓葬9座;渭陵几乎在同样的位置发现了规划有序的独立墓园,其中有大、中型墓葬计5排甲字形南向墓葬共计32座。上述出现在外陵园内的陪葬墓区,墓主可能是皇帝的高级嫔妃[25]。这样排列有序、墓向统一的祔葬墓,在延陵[26](图五)、义陵[27]中也有所发现。

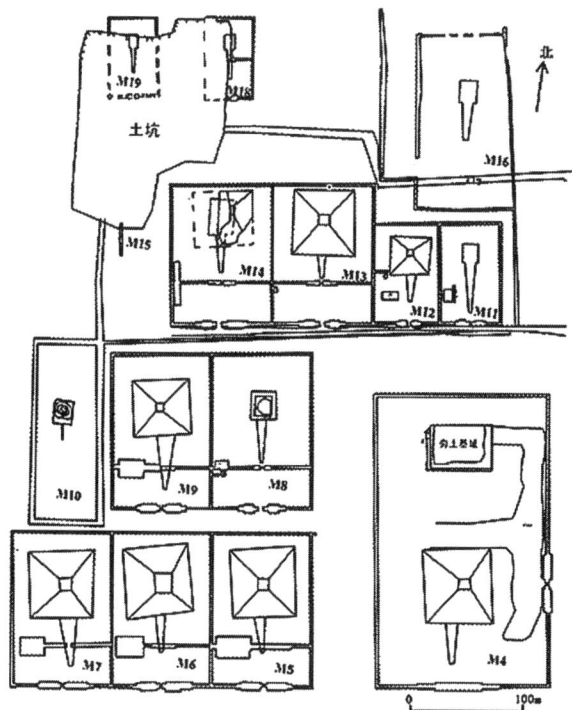

图五 延陵祔葬墓园的墓葬朝向

综上,西汉帝陵墓葬朝向虽然没有像外陵园朝向那样出现大的变化,原因可能是承袭了西汉高祖刘邦以来墓葬东向的传统。至西汉中期之后,随着陪(祔)葬墓区的出现,陵园内墓葬的朝向出现了东(帝陵朝向)、南向(陵园内祔葬墓朝向)杂糅的格局,这样的变化与西汉后期尊卑有序观有一定的关系。

四、祔葬墓朝向的内涵刍议

《三辅黄图》载:"武帝求仙起明光宫,发燕赵美女二千人充之,率取二十以下,十五以上…掖庭令总其籍,时有死者随补之。"[28]武帝时期,因为国力的增强,帝王个人奢侈欲也不断增大,后宫嫔妃数量随着他修建离宫别苑不断增多,这使得西汉初期的妻妾名位制度越来越不能满足管理的需要。于是,汉武帝在前代名号的基础上,增加了婕妤、㜏娥、倢华、充依。至汉元帝时,又增加了昭仪,从此确定了十四等名号,据《汉书·外戚传》载,西汉昭仪以下十四等名号,其地位完全按照外朝官员的等级、爵位和俸禄来编排。与其相对应的是,祔葬墓的数量开始增多,独立陵园出现,陵园内祔葬墓的形制、方向基本保持一致,排列整齐有序,规模各异的同时也体现出了等级上的高低之分。

西汉武帝时,以董仲舒为"群儒之首"的一批才学之士,提出了"教民化俗"的移风易俗思想,系统地讲述了儒家"三纲五常"的伦理道德规范,并强调教化是维护封建统治秩序的根本,他们用阴阳学说和天人感应的理论,解释了君臣、父子、夫妻之间的伦理尊卑关系。到了西汉后期,伴随着以德治国的儒学经典作为主要社会治理模式,儒家学说的社会化,儒家教化理念不断地向社会渗透,"教民化俗"成为了封建统治者的重要治国理念[29]。在"三纲五常"的影响下,新一代的儒生们,希望统治阶级把儒家的伦理道德和社会秩序联系在一起,以等级关系森严的伦理规范来限制约束民众的行为,从而形成一套"事君忠、事亲孝"的文化价值取向。此外,董仲舒认为,"阴者阳之合,妻者夫之合,子者父之合,臣者君之合……君臣、父子、夫妇之义,皆取诸阴阳之道"[30]。"君为阳、臣为阴,父为阳,子为阴,夫为阳、妻为阴",从阴阳五行方位来讲,阴,一般指北方,阳,指南面。笔者发现,西汉中后期帝陵外陵园内,如渭陵、延陵的祔葬墓园均位于帝陵的北侧,因此这种特殊的布局模式不排除受阴阳思想的影响,加之"夫为妻纲""尊卑有序"价值观念的影响,陵园内的祔葬墓选择了均朝向帝陵的方位,也就是南向作为墓葬的朝向,进一步表明了与帝陵本体的从属关系。

五、墓道位置的选择与"居中"理念

前引墓道特点,我们可知汉陵墓道几乎位于封土正中,正对帝、后陵陵园门阙处。从平面布局来看,四条墓道与封土组成的"亞"形,与垣墙、门阙与组成了"田"字形。笔者认为,这样的"中心对称"特点,是中国古代"居中""择中"理念的重要表现。

所谓的"择中",最早是通过观察夏至日太阳照射地面的影长,来确定都城所在的位置。影长的具体数据、观测的办法,只有王和历法官知道。进一步说,统治者通过观测天象,掌握天体的运行规律(历法),获得"绝地天通"绝对权威(通天之神权),从而为统治阶层的合理合法性服务,也可理解为(王)皇权的政治实践。"地中"概念是中国古人"地平"大地观的产物,在"地中"观象与祭天是最高统治者独享的特权,显示王不仅是尘间最高的统治者,更是天命的唯一传达者和执行者,拥有无可置疑的通天法力[31]。所以一开始,"择中"就被赋予了重要的政治内涵,并逐渐在王国时期形成了"居(择)中而治"的政治观念。

汉陵外垣内的帝、后陵园系模仿未央宫、长乐宫而修建的。未央宫是都城政治中枢,大朝正殿又是未央宫的主体建筑,考古发现前殿基本位于未央宫中央。虽然学界对汉长安城的朝向尚存争议,但都城内确实存有东西两大轴线[32]。以都城的南北轴线为例,汉长安城的南北中轴线向南经西安门穿过南郊礼制建筑,宗庙与社稷分列其东西两侧,向北至横门。这一段中轴线的南部北宫与桂宫、北部东市与西市分列其东西[33]。

秦汉"陵墓若都邑"的理念,对后世陵墓制度具有重要影响,以考古工作最全面的汉阳陵来看,西汉中期之后,陵墓"居中"的设计思路十分明显。除了帝、后陵墓封土陵位于各自陵园正中之外,帝陵

陵园的四门正对着帝陵墓道,后陵亦如此;除了南北门之外,阳陵两重陵园中的东、西门阙均位于垣墙正中,二者位于同一中轴线[34]上。笔者认为,此时汉陵建筑布局的"居中",更多地是受到都城布局的影响,"择中而治"的政治影响已不如王国时期那么强烈,或可认为仅仅是一种象征而已。

注释:

① 段清波、朱晨露:《古代陵墓墓道研究——中国古代陵墓制度研究之四》,《考古与文物》2019年第5期。

② [汉]司马迁:《史记·秦始皇本纪》:"闭中羡,下外羡门"。中华书局,1982年,第265页。

③ 《类编长安志》:"新说曰:至元辛卯秋,霸水冲开霸陵外羡门,吹出石板五百余片。"笔者对标点略有调整。

④ 为便于行文,这里的"汉陵"特指西汉帝陵。

⑤ 陕西省考古研究所阳陵考古队:《汉景帝阳陵考古新发现(1996年-1998年)》,《文博》1999年第6期。

⑥ 陕西省考古研究院、咸阳市文物考古研究所:《汉武帝茂陵考古调查、勘探简报》,《考古与文物》2011年第2期。

⑦ 据上个世纪80年的勘探结果,可知汉宣帝杜陵帝陵平面形制为"亞字形",封土四侧正中各有一条墓道,形制、大小基本相同,封土外部分长20、宽8米,底部为斜坡状,填土夯筑,因后代盗掘严重,墓道被破坏的不甚规整。见中国社会科学院考古研究所:《汉杜陵陵园遗址》,科学出版社,1993年,第6页。

⑧ 陕西省考古研究院、咸阳市文物考古研究所:《汉哀帝义陵考古调查、勘探简报》,《考古与文物》2012年第5期;笔者曾撰文探讨简报中的傅皇后墓园实为"董贤墓",故这里不再列举该材料。

⑨ 陕西省考古研究院、咸阳市文物考古研究所:《汉平帝康陵考古调查、勘探简报》,《文物》2014年第6期。

⑩ 景帝王皇后陵,其墓道情况与帝陵基本一致。后陵平面呈亞字形。四条墓道分别位于后陵封土的中间处,平面呈梯形,靠近封土一侧较宽。墓道为斜坡状,东墓道长70、宽9-26、深2.8-15.7米,西墓道

长 65、宽 4-17、深 3.2-13.4 米;南墓道长 20、宽 5-16、深 2.8-8.4 米;北墓道长 28、宽 6-19.5、深 2.8-13.5 米,墓道内填有五花夯土。见陕西省考古研究所阳陵考古队:《汉景帝阳陵考古新发现(1996 年-1998 年)》,《文博》1999 年第 6 期;杨武站等:《考古陕西·永受嘉福——陕西古代帝王陵墓》,陕西人民出版社,2016 年,第 44-45 页。

⑪ 陕西省考古研究院、咸阳市文物考古研究所:《汉元帝渭陵考古调查、勘探简报》,《考古》2013 年第 11 期。

⑫ 中国社会科学院考古研究所栎阳发掘队:《秦汉栎阳城遗址的勘探和发掘》,《考古学报》1985 年第 3 期。

⑬ 段清波:《秦始皇帝陵园考古研究》,北京大学出版社,2011 年,第 132 页。

⑭ 济南市考古研究所等:《山东章丘市洛庄汉墓陪葬坑的清理》,《考古》2004 年第 6 期。

⑮ 山东省文物考古研究所等:《山东定陶县灵圣湖汉墓》,《考古》2012 年第 7 期。

⑯ 河北省文物研究所:《献县第 36 号墓发掘报告》,《河北省考古文集》,东方出版社,1998 年,第 242-244 页。

⑰ 焦南峰:《两汉帝王陵封土研究的新认识》,《文物》2012 年第 12 期。

⑱ 焦南峰:《两汉帝王陵封土研究的新认识》,《文物》2012 年第 12 期。

⑲ 有关墓葬朝向的判断,笔者是以帝、后陵中四条墓道中最长或最宽的一条朝向为准的。由于汉陵的勘探材料中,特别是西汉后四陵,部分墓道完全叠压于封土之下,无法判断其准确长度和深度。对于上述现象,以勘探材料中墓道的宽度为判断依据。

⑳ 印群:《黄河中下游地区的东周墓葬制度》,社会科学文献出版社,2001 年,第 63 页。

㉑ 宋兆麟等:《中国原始社会史》,文物出版社,1983 年,第 479 页。

㉒ 焦南峰:《西汉帝陵的考古发掘的历史与收获》,《西部考古》(第一辑),三秦出版社,2006 年,第 289-303 页。

㉓ 受考古材料所限,陵园外帝陵陪葬墓的具体时代、墓主并不清楚,有待考古工作进展后撰文讨论。

㉔ 焦南峰:《西汉帝陵"夫人"葬制初探》,《考古》2014 年第 1 期。

㉕ 相关成果见:焦南峰:《西汉帝陵"夫人"葬制初探》,《考古》2014 年第 1 期;马永赢:《汉元帝渭陵陪葬墓墓主身份推测》,《考古》2014 年第 5 期。

㉖ 陕西省考古研究院、咸阳市文物考古研究所:《汉成帝延陵考古调查、勘探简报》,《考古与文物》2019 年第 4 期。

㉗ 陕西省考古研究院、咸阳市文物考古研究所:《汉哀帝义陵考古调查、钻探简报》,《考古与文物》2012 年第 5 期。

㉘ 何清谷:《三辅黄图校释》,中华书局,2005 年,第 184 页。

㉙ 贺科伟:《移风易俗与秦汉社会》,中国社会科学出版社,2014 年,第 53-54 页。

㉚ [汉]董仲舒著、张世亮、钟肇鹏译注:《中华经典名著全本全注全译丛书·春秋繁露》,中华书局,2012 年,第 464 页。

㉛ 段清波:《先秦宇宙观与政治实践》,《中国社会科学报》2017 年 7 月 24 日。

㉜ 相关研究成果,见刘瑞:《汉长安城的朝向、轴线与南郊礼制建筑》,中国社会科学出版社,2010 年;段清波:《汉长安城轴线变化与南向理念的确立——考古学上所见汉文化之一》,《中原文化研究》2017 年第 2 期。

㉝ 刘庆柱:《汉长安城的考古发现及相关问题研究》,《古代都城与帝陵考古学研究》,科学出版社,2000 年,第 132 页。

㉞ 这条中轴线,即连接外垣的司马门道和陵园内的东西向神道。

(作者单位:陕西省考古研究院)

东汉洛阳城"郭区"性质小议

◇ 翟景宣

内容提要：东汉洛阳城在中国都城史上具有重要地位，其双宫制在都城制度史上独树一帜。因此关于其是否存在"郭区"以及郭区的范围，学术界众说纷纭。自1962年对汉魏洛阳城遗址的田野勘察工作开始，大量考古学材料陆续发表。本文以现有考古资料和历史材料为基础，先对东汉洛阳城及周围布局进行梳理，再对其进行功能上的分区，以此说明"郭区"的存在以及其大致范围。

关键词：东汉洛阳城 城郭郭区 功能分区

从奴隶社会到封建社会，在生产力的不断发展下，农业、商业、手工业等都日趋繁荣。为适应当下社会状况，"城"的功能与性质也在不断转变。贺业钜先生认为经济因素对于城市格局的变化具有重要作用，其实质是由政治中心"城"转化为兼备政治经济双重职能的"城市"①。自春秋开始，都城大体形成了宫城、郭城分工的格局，郭城置于宫城外围或一角。从北魏洛阳城起，多重城制逐渐成为范制，后世愈加规整。而在二者之中，东汉洛阳城却采用了独树一帜的双宫制，且未在旧城的基础上另建外郭。与西汉长安城"综合大城"的布局不同，东汉洛阳城宫廷区占比则小上许多，更肖似向"城中之城"的过渡产物。1962年，中国科学院考古研究所洛阳工作队开始了汉魏洛阳城遗址的田野勘察工作②。此后，有关东汉洛阳城研究日渐丰富。关于东汉洛阳城"城"之性质以及是否存在"郭区"，学术界众说纷纭，本文将从功能的角度分析东汉洛阳城"郭区"的范围及其与宫城的关系。

一、东汉洛阳城及周围布局

关于东汉洛阳城的城制，双宫城制和一城双宫的观点皆存在。笔者看来，二者并不冲突，只是与"宫城"的视角不同有关。从我国城市制度发展史来看，整体上经历了从多宫城向单一宫城的转变。多宫城最早见于二里头，从城垣围出的城的范围来看，以复道相连的南北二宫为城中之宫城。如果扩大视野范围，将城之周围的城郊部分也纳入讨论，并以功能分区，则东汉洛阳城内分散的宫廷区更贴近于内含双宫的综合大城。由此，通过考古发掘资料以及文献材料，大体对东汉洛阳城及周围的布局梳理如下（图一）。

（一）宫殿区

南宫和北宫在东汉之前就已存在。《史记·高祖本纪》载："高祖置酒雒阳南宫。"③汉高祖刘邦曾在洛阳故城的南宫宴请诸将，即南北二宫至晚在西汉就已存在。《后汉书·光武帝纪上》有云："更始将北都洛阳，以光武行司隶校尉，使前整修宫府……冬十月

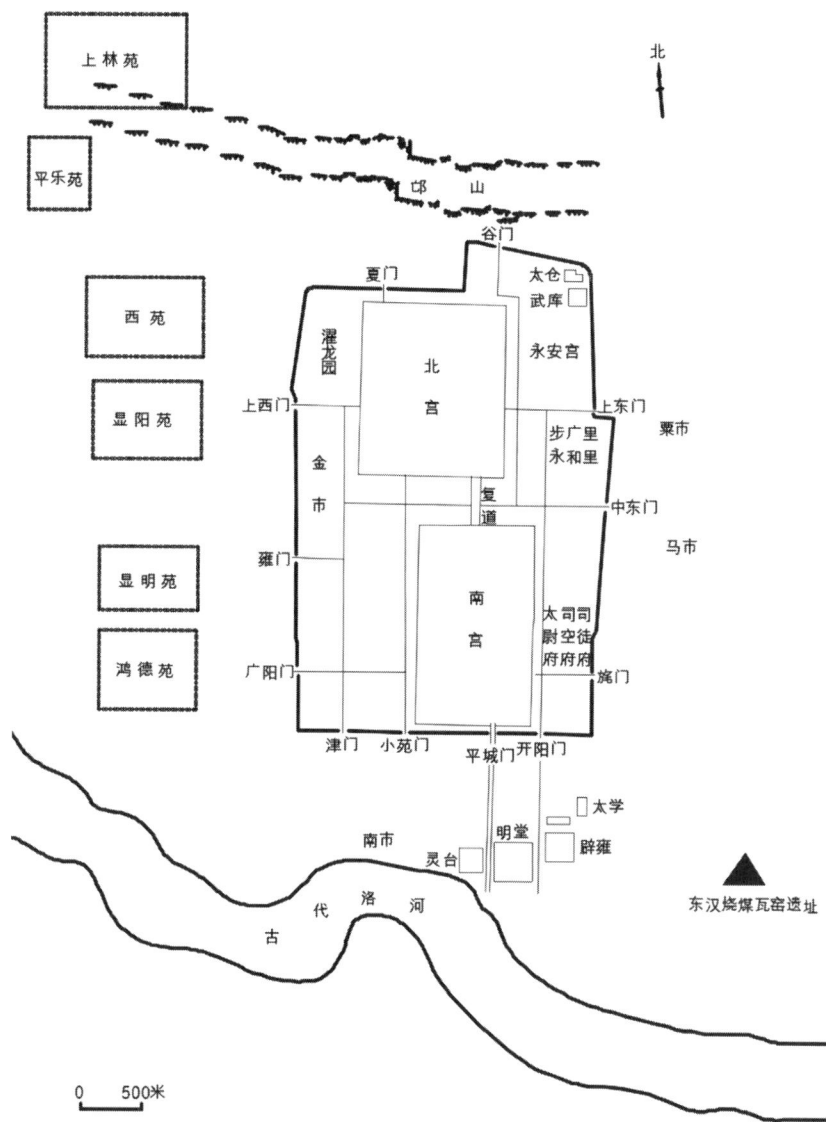

图一 东汉洛阳城平面示意图

(改自刘庆柱:《中国古代都城考古发现与研究》图 9-2,参考中国社会科学院考古研究所洛阳汉魏城队:《汉魏洛阳城发现的东汉烧煤瓦窑遗址》等)

癸丑,车驾入洛阳,幸南宫却非殿,遂定都焉。"④而后,洛阳城成为了新统一王朝之都城,光武帝以南宫作为政治中心,对前代洛阳城进行重新扩建改造。上述两段史料均为政权伊始时期,高祖与光武都选择了南宫,可见南宫的建造完善程度应为最优选择。北宫的大规模修缮与频繁使用都在明帝之后,同期南宫的政治活动使用则明显减少⑤。因此,虽然东汉洛阳城为双宫城,但同一时期的主要政治活动中心仅有一个,即单一宫城就可以满足政治中枢功能。至曹魏时期,在北宫的基础上营建宫城。而南宫的使用段鹏琦先生考证认为,即使没有完全废弃,也已大大衰落⑥。既证明了东汉后期北宫较南宫

的完善程度,又可证明此时正是向单一宫城过渡且偏于后者的时期。除南北二宫外,北宫东北部还有永安宫、东宫等小型宫苑。整个宫殿区居于城中部偏北的位置,占据了城中较大空间。

(二)园囿区

城内西北部有濯龙园。此外,《后汉书》中载汉灵帝"是岁帝做列肆于后宫……又于西园弄狗"以及"造万金堂于西园"⑦,可见城中在灵帝时应还有一个西园,即东汉末年城中至少有二园。城外还建置上林苑、西苑、平乐苑、鸿德苑等多处园苑,大部分聚集在城外西郊的位置,组成了一片园囿区,供统治者娱乐。

(三)商业区及手工业作坊区

市场与手工业作坊相生,市场提供平台,手工业作坊提供商品,两者一起构成了城内外的各种商业活动。

就现有资料来看,洛阳至少有四个市。除城内西侧的金市,东城门外马市和南郊礼制建筑左侧的南市外,《晋书·食货志》中载,汉明帝永平五年"立粟市于城东"⑧。四市中仅金市置于城内部,显然为城内居民而设。而城中居民多为贵族、官宦及仆役人员,所以金市主要服务于前二者。其余三市及未发现的其他若干市则主要为百姓而设,在其附近地区会形成百姓聚集区。

东汉经济发展虽未及前代鼎盛时期,但手工业也有新的发展。城东南郊有一批烧煤瓦窑遗址⑨,这批窑址非常密集且规模宏大,以煤作为燃料,应非民窑。此外,大部分的私营手工作坊和里居也分布在城郊。城四围发现了大量分散分布东汉时期的砖瓦窑遗址,以柴草作为燃料,应为民营砖瓦窑。由此在洛阳城周围聚集起了大量的手工业劳动者。另有少量的官营手工业作坊和里居分布在洛阳城中⑩。

(四)礼制建筑区

灵台、太学、明堂和辟雍聚集在城南郊偏东侧。20世纪70年代到90年代,对四处遗址进行了多次发掘⑪。《后汉书·儒林列传第六十九上》中载:"中元元年,初建三雍。明帝即位,亲行其礼。"⑫灵台、明堂、辟雍合称三雍,灵台为天文观测地点,明堂为帝王帝天与祭祖的地点,辟雍为帝王行典礼、尊孔子的重要场所。太学系皇家学府,光武帝刘秀于建武五年在开阳门外兴建,招太学生,成为东汉时期重要的文化场所。四者相隔不远,在城南郊形成了一个清晰的礼制建筑区域。

二、东汉洛阳城功能分区

综合来看,其功能区混合建置,有关政治活动的区域主要分布在城内、西郊和南郊。由城内宫廷建筑、园囿、府衙等以及城南郊礼制建筑和城西的园苑共同构成了政治活动区。就"卫君"而言,城内的防御体系较为完善。城四围立城墙,外有护城河环绕⑬。西、北、东三面仍有残留,从地层上来看,与后代相比,东汉层夯土最为夯实⑭,东汉洛阳城时

期的城垣是宫廷区即皇族居所外的唯一防护,从这点解释即具有合理性。南北宫之间以复道相连,既可保证隐秘性,又可作应急通道,方便紧急状况下的转移。大城东北角似为汉魏时期的太仓和武库遗址⑮,即粮储及兵器仓库。军队驻扎城北缘,城北依邙山,构成有利防御地形。西郊分布大量园囿,虽为娱乐场所,但其核心还是服务于贵族,因此笔者将其归于政治活动;南郊为礼制建筑区域,本质供政治服务。换言之,城垣并没有完全将具有政治功能的建筑囊括在内,城郊也成为了政治功能的扩展区域。

经济活动的主要构成为市和手工业作坊。东汉经济较前代有新的发展,定都洛阳后,其经济中心也从长安转移至洛阳。尤其此时延"丝绸之路"的中外经济交流更加刺激洛阳地区的商业和手工业发展。城郊分布着大量私营手工业作坊以及一些疑似为官营的手工业遗址,在城外形成了一片经济活动区,且城郊为经济活动的主要区域。东汉之后,里坊制度趋于成熟,城中的里中,除了贵族外,还应有少量类似于小地主阶级的居民。加之城中置有金市,除了正常的经济职能外,还可以为统治者提供一部分经济来源,巩固统治,因此城内分担着少量的经济功能。换言之,经济活动区域没有严格的边界,城垣也并非隔断。相较政治功能来说,经济活动区域是一个更为分散的区域。

此外,城南郊有一片刑徒墓地,1964年洛阳工作队共发现522座⑯。这批刑徒同时是官府手工业中的劳动力。虽然为手工业作坊中的劳动者,但其服务于贵族,亦可以说是政治辐射区域。而其如果参与外贸,则其又具有经济功能。但由于资料缺乏,目前无法进行进一步论证。

综上所述,城垣并不是严格的功能分区的界限,其政治活动和经济活动区域呈散状分布。但相对来说,政治活动主要集中在城内,即洛阳城为政治中心,而经济活动则聚集在以城为辐射中心的城郊。

三、东汉洛阳城之"郭区"

东汉洛阳城营于周、秦、汉故城之上,加之四周有天然的防御屏障,并未扩建外郭,因此并未形成

以城墙为界限的城——政治中心、廓——经济中心的分区。因此，本文讨论的重点则放到了是否存在"郭区"，即有郭之含义，未有郭之形态的功能区。

有关城郭，《吴越春秋》载："筑城以卫君，造郭以守民。"郭以守民，既要盛民，就与集市和手工业作坊区密不可分，或者说民与经济活动是一体的。所以"郭区"的范围事实上就是经济活动的主要区域。观前代城、廓分区，如齐临淄城，经济活动的主要区域位于外廓，廓中涵盖了商业区、手工业作坊区、居住区等；而政治活动及其建筑就集中在宫城中。同时，宫城之中还可见到少量冶铁、冶铜、铸钱和制骨遗址，似乎宫城除了是宫庙分布的主要区域，也兼具了经济功能。但其数量与廓城相比较少，且城内的主要建筑为桓公台和金銮殿，即宫城内以"卫君"为主要目的，居住的为贵族以及其奴仆。也就是说，上述手工业遗址应为城内贵族服务，而不具有物品交换的功能。因此，宫城基本不具有经济功能。

东汉洛阳城内的居民区划为里，也被称为闾里，现已知有步广里、永和里等。闾里与街道均成方形，城内共有24条街道。有学者认为，若以此估算，约有140闾里[17]。城内是存在居民的，但是单看洛阳城内宫廷、园囿以及还应存在的官署以外的区域，有记载的集市一座、少量官营手工业作坊等。宫殿区占据了城内大部分空间，因此城内主要居住的为贵族和军队。即使以上述方法估算出有140闾里，也是夹杂在宫、园囿与官署之间，并非大量而集中建置，"盛民"的作用在城市功能中只占据较少部分。且洛阳城的规划和建设初衷就是为统治者的政治需要服务的，自然不会过分在意城内是否具有足够的盛民空间。所以首先排除了东汉洛阳城的性质为郭城的可能性。起初，郭城最主要的功能就是容纳百姓，这里说的"郭区"虽不具备城的城垣规模，但仍以"盛民"作为主要功能。反观洛阳城城郊部分，分布着大量手工业作坊、集市以及墓葬，加之东汉时期商业的畸形发展，吸引并承纳大量人口。至少在城外三市、手工业作坊和太学附近形成多个人口聚集区。除上述因经济活动留住的人口外，自光武帝建立太学初始，从全国各地而来的学子汇聚于此，至汉顺帝下令修缮后共留有千余间太学生的屋

室，而后，游学增盛，共有学生三万多人[18]，可以称得上是人口最为密集的区域。虽然太学生为流动人口，但在其入学出学的相对变化中保持稳定。众多居民以洛阳城为辐射中心，分布在城的周围，形成了一个虽无城墙，但以天然屏障围住的"郭区"。

从上述布局可见，虽城内以政治功能为主，但也具有一定的经济功能，所以笔者认为东汉洛阳城也并非一个单纯意义上的"宫城"，而且所谓宫庙之庙也转移到城外的位置，政治中心虽在城中，但政治活动却已经延伸到城郊，所以比之城的范围，以区论之更为清晰。也因此，"郭区"不是洛阳城城垣与四维自然屏障围出的区域。如上文所说，"郭区"与"郭城"最重要的区别就是是否有城墙将其围住，所以"郭区"并没有清晰确切的边界，它以城为中心向外围辐射，愈到外围愈加模糊。

郭之初始，便是以山川湖泊作为天然屏障，而后依靠人类夯筑形成郭城。因此"郭"的作用是丰富城市空间，扩展城市功能。但并非只有洛河以北才是所谓"郭区"范围，古洛河将南郊礼制建筑围扩在内，如同天然边界，在城垣与护城河之间，形成一块供居民居住生活和为政治服务的功能混置的场所。况且洛河的作用远不止护城而已，引洛水灌溉、通漕，也为岸侧以及全城居民生产生活提供了便利。

综上所述，笔者认为"郭区"的范围就是与经济活动有关的区域，既包括了城内居民居住、物品交换的部分，还包括了围绕城的城郊与居民生产生活息息相关的大片区域。

四、结语

本文通过对东汉洛阳城及周围地区构成要素的梳理，对其进行功能分类，初步描摹了两大功能区的轮廓，以此判断，东汉洛阳城确有"郭区"之存在。虽然文中用"区"进行了功能分类，但实际上许多并未集群建置。政治活动区与经济活动区并非呈同心圆状分布，事实上东汉洛阳城的性质既非郭城，也非全然宫城。从功能上说它承担了大部分的政治功能和少部分的经济功能，并且由于城垣阻隔，"郭区"是一个不连贯的区域。政治活动区同理。

东汉洛阳城是汉魏洛阳城按时间段划分的前

半部分形态，从实际存在来说二者是不可分割的。东汉之后，曹魏、西晋、前赵、北魏政权分别建都于此。北魏将东汉以来的洛阳城作为内城，第一次以其为中心筑外郭城。从时间维度和城市制度的角度来说，外郭城是一个从无到有的过程。抛开名称上的定义，外郭城所囊括的范围一直是变化的客观存在。本文所指的"郭区"在地域上与北魏外郭城是被包含关系，在时间上具有继承关系。由此可见，"郭区"的合理性也就存在了，在形成外郭城前，"郭区"是具备外郭城的部分组成条件的地域范围与行政区划上的概念。

注释：

①贺业钜：《中国古代城市规划史》，中国建筑工业出版社，1996年，第6页。

②中国科学院考古研究所洛阳工作队：《汉魏洛阳城初步勘查》，《考古》1973年第4期。

③[西汉]司马迁撰、[南朝]裴骃集解、[唐]司马贞索隐、[唐]张守节正义：《史记》卷八《高祖本纪第八》，中华书局，1999年，第268页。

④[南朝]范晔撰、[唐]李贤等注：《后汉书》卷一上《光武帝纪第一上》，中华书局，1999年，第7、18页。

⑤方原：《东汉洛阳宫城制度研究》，《秦汉研究》2009年，第162-164页。

⑥段鹏琦：《汉魏洛阳城的几个问题》，中国考古学研究编委会：《中国考古学研究——夏鼐先生考古五十年纪念论文集》，文物出版社，1986年，第247-248页。

⑦[南朝]范晔撰、[唐]李贤等注：《后汉书》卷八《孝灵帝纪第八》，中华书局，1999年，第228、233页。

⑧[唐]房玄龄等撰：《晋书》卷二十六《食货》，中华书局，2000年，第506页。

⑨中国社会科学院考古研究所洛阳汉魏城队：《汉魏洛阳城发现的东汉烧煤瓦窑遗址》，《考古》1997年第2期。

⑩雷从云、陈绍棣、林秀贞：《中国宫殿史》，百花文艺出版社，2008年，第99页。

⑪中国社会科学院考古研究所：《汉魏洛阳故城南郊礼制建筑遗址》，文物出版社，2010年。

⑫[南朝]范晔撰、[唐]李贤等注：《后汉书》卷七十九上《儒林列传第六十九上》，中华书局，1999年，第1717页。

⑬中国社会科学院考古研究所洛阳汉魏城工作队：《北魏洛阳外廓城和水道的勘查》，《考古》1993年07期。

⑭中国社会科学院考古研究所洛阳汉魏城工作队：《汉魏洛阳故城城垣试掘》，《考古学报》1998年03期，第386页。

⑮《后汉书·百官志四》："武库令一人，六百石。本注曰：主兵器。丞一人。"

⑯中国科学院考古研究所洛阳工作队：《东汉洛阳城南郊的刑徒墓地》，《考古》1972年第4期。

⑰同济大学城市规划教研室编：《中国城市建设史》，中国建筑工业出版社，1982年，第19页。

⑱[南朝]范晔撰、[唐]李贤等注：《后汉书》卷七十九上《儒林列传第六十九上》，中华书局，1999年，第1718页。

（作者单位：南京大学历史学院）

开皇三年徐进荣造老君像调查与研究 *

◇ 王俪达　于　春

内容提要：陕西咸阳三原县城隍庙中藏隋开皇三年(583)老君像，雕刻精良，保存状况良好。该造像沿袭了南北朝时期关中地区佛道造像的样式，添加了隋代道教文化的新因素，对后世道教造像影响巨大，反映了隋初老君地位在上层和民间的差异性。造像主是关中地区有相当经济实力的氐族徐氏家庭，线雕供养人像可能包含道教供养仪式，对于研究关中地区南北朝晚期至隋初的道教信仰有独特的参考价值。

关键词：关中　道教　隋代　老君　氐族

前言

关中地区是我国早期道教盛行的区域之一，南北朝时期新天师道与楼观道先后活动于这一地区。这些教众结邑社、造神像，留下了大量的道教文化遗存①。北魏至隋代，泾渭流域出现了我国最早且最集中的一批道教雕刻②。佛教造像艺术是道教造像产生的重要外界因素③，道教造像在技巧和风格上均受到佛教造像的很大影响④。松原三郎曾梳理了北齐北周以来的道教造像，认为"道教像的形式在北周时已经大致成立，但要经过长期岁月才能定型，而且应考虑，在这期间中，隋唐时期进而还有局部的变化"。隋代以来，关中地区的道教造像比北朝更加精致成熟，逐渐与佛像拉开距离。

长安作为这一时期的政治和文化中心，向全国释放出强烈的文化辐射力，各地诸如四川、山西、河南、山东等地的造像都体现了关中造像的影响。此时期典型的关中道教造像之一就是隋代开皇三年(583)徐进荣造老君像。1982年8月，该造像发现于三原县徐木乡桃沟村，现藏于陕西三原县城隍庙⑤。该造像保存好，题记清晰，曾多次被学者提及。因题记遭到后代凿毁，造像主姓氏"徐"又被识别为"仵"或者"忤"。马琴莉《三原开皇三年造老君像》对该尊造像进行简要介绍，并附有各部位黑白图片；李淞在其《以长安为中心的早期道教造像·中国道教雕塑述略之一》以及《泾渭流域北魏至隋代道教雕刻详述》中强调该造像的重要地位，并对造像进行了简要描述，但不尽完整。笔者在对该造像进行科学考古调查的基础上，对造像装饰、铭文和造像背景进行阐释，管窥道教造像在隋代的发展情况。

一、造像描述

开皇三年徐进荣造老君像为单尊圆雕造像，青黑色石灰岩质石料雕刻而成，保存状况良好，基座有纪年铭文。通高90、宽47、厚28厘米(图一)。

* 本文是陕西省教育厅哲学社会科学重点研究基地"丝绸之路文化遗产保护与考古学研究中心"项目"川北广元地区唐代佛教造像中的长安因素研究"(项目编号19JZ057)成果。

图一 开皇三年徐进荣造老君像

老君结跏趺坐于方座基上,体态匀称。头戴小平巾帻,面部丰润,额际方圆,闭目,中庭高长,鼻翼宽丰,嘴角微翘,留有锯齿状络腮胡须,两耳贴脑,耳大长垂,颈上有三道横纹。着道服,共三层:外层衣披覆双肩,系带在胸前打结,系带两端下垂至腿上;中层为右衽交领衣,宽袖;内层为圆领袍。

老君右手持椭圆形麈尾,手柄上有四枚乳钉,羽毛以手柄为中心呈放射状;左手自然下垂,搭在

右足上。造像跣足,右足在上且露部分脚心和脚趾。方座基正面、左侧面较平整,右侧面、背面上凸下凹,四面皆有线刻,有后代凿毁痕迹。

座基正面线雕七人,中间以大树相隔,树左侧三人、右侧四人,以树为界分为两种服饰。右边四人从左至右题名为"徐进荣、息文朕、息文伯",最右人物无题名,根据衣着推测同为男性;左侧三人从右至左题名分别为"妻房耆如、发妻□□、女面□",均为女性(图二)。

图二 开皇三年徐进荣造老君像线图

座基左侧面为左起竖行发愿铭文,左至右竖读为"开皇三年四月/五日道民徐进/荣造老君像区/为家中大小/……/……",后两行漫漶不清。值得注意的是现所见铭文下有字迹,可能是将原有的铭文磨去后重刻的。

座基右侧面人物分上、下两层。上半部分刻画四人,中间两人有题名,左为"母迪南",右为"父善得",二人手持物相同;外二人手持物与中间二人不同;下半部刻画三人,左侧两人之间有题名"弟荣保"。

座基背面人物分上、下两层。上半部分线雕七人,均为女性,右边六位女性均有题名,从左至右依次为"妹阿石、妹荣妃、姐□琼、姐□尚、姐琼□",七人服饰及手持物一致;下半部分从左至右为一树、一马、牵马人,牵马人右侧还有两人,两人均有手持物,三人皆无题名。树比人和马稍高,马作低头状,前蹄抬起状,马头上延伸出一缰绳至右侧由牵马人牵引,马上有一只仙鹤。

二、造像的样式特征

关于老君的模样,葛洪的《抱朴子》描述言:"老君真形者……身长九尺,黄色,鸟喙,隆鼻,秀眉长五寸,耳长七寸",虽然这一描述将老君形容得十分怪异,但徐进荣造老君像的鼻、眉、耳符合后三句的比例,造像闭目的形象可能是为了强调道教的"闭目塞听"。徐进荣造老君像的样式反映出典型的道教造像因素和典型佛教造像因素相结合。

戴冠、生有胡须、右手持麈尾等道教造像典型特征最早可溯源到北魏时期的关中道教造像碑[⑥]。徐进荣造老君像的锯齿状胡须,与铜川博物馆在宜君县征集的一尊北朝时期天尊像的锯齿状络腮胡几乎一致(图三)。另有一尊头部残缺的隋代□石凤造天尊像,可以明显看到残存的五撮锯齿状胡须。

徐进荣造老君像的冠饰为平巾帻,又名小冠,与于开皇三年下葬的折娄黑墓出土的彩绘小冠俑(图四)为同一类型冠饰,北周时期的傅迎男造阿育王塔的线雕供养人也有大量佛弟子服平巾帻。《宋书》卷十三载:"晋末皆冠小冠,而衣裳博大,风流相仿,舆台成俗"[⑦],可以将其看作是魏晋风流的体现。

图三　宜君县套官村征集老君像

造像的颈部有明显的三道横纹,这与佛教造像相似。该尊老君像着三重道服,与佛教造像的三重衣结构类似,但是更强调中国传统服饰的特征,如系带、交领、大袖等。南朝宋《洞玄灵宝道学科仪》敬法服品中记载:"科曰:凡是道学,当知入道,上衣、中衣、下衣,皆当尊敬,不得漏慢。出家之人,若道士,若女冠,上衣褐帔,最当尊重。何者,天尊圣人,皆同此服。"[⑧]可见,最迟在南朝时期三重道服制度已经基本确定。

关于三重道服的颜色和样式,约出于东晋南朝时期的上清派经典《太真玉帝四极明科经》记载:

图四　折娄黑墓出土彩绘小冠俑

"凡修上清道经,《大洞真经三十九章》,入室之日,当身冠法服,作鹿皮之巾,不者葛巾亦可,当披鹿皮之被,无者紫青可用,当以紫为表,青为裹。"可见老君外衣可能为鹿皮或者紫青色的帔。"若中衣法衫,筒袖、广袖,并以黄及余浅净之色为之,皆大领,两向交下,拚心已上,覆内衣六寸。"[⑨]说明中层衣服为黄褐色交领广袖;"若内衣法裙,听以余浅深色为之内,以黄为外。若有相,听以浅为外,皆垂及踝"[⑩]。法裙为下装,内衣上装(即最内层衣服)应该是圆领袍,如北周天和三年杜崇□造老君像的内衣即为圆领袍,可见徐进荣造老君像的颈部五层褶皱应该表现的是圆领袍的领部褶皱。

老君的手持物为麈尾，汉晋时期是贵族持有的物品，南北朝佛教造像中的维摩手持类似物品，总而言之不是普通人可以使用的器物⑪。老君的左手雕刻成中指无名指蜷曲，其余三指自然放置的样子，可能是表达类似于三山诀等手诀，但现今留下的资料中并无此手印的记载。

供养人几乎均有手持物，类似佛教造像中的三瓣式折枝莲花，但实际花瓣数量2-4瓣不等。供养人像部分出现了两棵树，分别在座基正面中部和背面下部左侧，这两棵树应为同一品种，类似松树等针叶树种。树的出现是徐进荣老君像较为典型的特征。曾维加总结了树在道教崇拜中的重要地位⑫，引用《真诰》载"昔有一人好道，而不知求道之方，唯朝夕拜跪，向一枯树辄云，乞长生，如此二十八年不倦。枯木一旦忽然生华，华又有汁，甜如蜜，有人教令食之，遂取此华及汁并食之，食讫即仙矣。"可见座基上雕刻的两棵树有可能是记载中"食讫即仙"的仙树。

座基背面人拉马图像占据很大一部分画面。北朝关中地区造像碑中经常出现骑马人物，一般认为是身份象征，也有学者认为马可能是祭祀的牺牲⑬。马背上的仙鹤，是汉晋时期陕西和山西的墓室壁画中常见的形象，一般认为仙鹤是升天队伍中必不可少的因素，具有助人成仙的功能⑭。

三、供养人家族

根据发愿文和题名，造像主为徐进荣，座基四面线刻包含徐进荣的父母、两位妻子及诸多兄弟姊妹和儿女，以及几个无题名的人物。可以看出，这尊造像与北朝时期常见的以"邑""治"为单位的造像不同，是以家庭为单位的造像。供养人在画面中形成男性在右、女性在左的布局，男女分置，与北朝佛教造像类似，如北周时期傅延周造阿育王塔正面供养人即区分男女。比较特殊的是正面徐进荣的两位妻子"发妻□□"和"妻房春如"的题名两侧刻有竖线。

座基右面上半部分四人中，只有中间二人附有题名，为像主徐进荣的父母，旁边二人衣着与徐进荣父母无明显差异，但均手持上、下两个圆锥状物；下半部三人仅有最左一人有铭文，为徐进荣的弟弟徐荣保，其右二人冠饰与徐荣保明显不同，最右人持的手

持物与上半部最左侧无名氏同样，中间一人持折枝莲花。推测无题名而手持物的四人为道人或侍者。

值得注意的是，供养人的服饰不是当时的汉民族服饰，男性和女性衣着有同有异。相同之处是男女上衣为窄袖拼贴对襟服饰，几乎都着百褶裙；不同之处是男性腰有蹀躞带，女性腰部为略微下垂的包裹状腰封，女性头部比男性多两道坠饰。四至六世纪的陕西关中地区是我国民族迁徙和融合的重要区域。这一时期，以长安为中心的关中地区成为民族杂糅的典型地区，形成了"关中之人百余万口，率其少多，戎狄居半"⑮。这里的戎，主要指氐、羌、狄、匈奴等族。这些少数民族在各自的生活过程中，出于宗教信仰和丧葬的需要，家族或者合邑子建造了不少佛教和道教造像碑。例如荔非氏造像碑与姚伯多造像碑就是北魏时期氐、羌族接受新天师道和楼观道的例子⑯。

杨铭在《氐族的姓氏及婚姻》中整理了北朝时期的氐族，其中即有徐氏，历史文献中多处提及。如晋穆帝永和六年(350)八月，"氐酋毛受屯高陆，徐磋屯好畤"。又，"北魏泰常二年(417)十二月，氐豪徐骏奴等拥部落三万遣使附魏"⑰。《魏书·刘藻传》载"氐豪徐成、杨黑等"⑱。前秦《广武将军碑》内容为前秦时期渭北疆域的划分、部族的分布、职官的设置、碑主所统治的吏民数目等，碑阴有"书佐徐双"，似为氐人⑲。

氐人信仰道教的传统可能来自四川西北部。有学者认为早期道教五斗米道是西南民族的巫术大杂烩，如向达认为张陵学习的是氐羌的宗教信仰，王家佑和王纯五也强调五斗米道与西南夷、氐、羌等民族之间的密切关系。三国时期即有氐羌民族自四川西北大量迁入关中，可能将五斗米信仰带入关中⑳。可见氐羌民族具有浓厚的道教信仰基础。结合造像供养人服饰及马的出现，造像主一家应为关中地区氐族徐氏的一支，具有一定社会地位。

四、隋代道教信仰

隋以前，道教神系已经形成了南、北两大系统㉑，南朝神系以《真灵位业图》记载的诸神为中心，奉元始天尊为第一神灵，其道派背景主要是上清派茅山宗；北朝神系以《魏书·释老志》所载诸神为主，奉老

子为创教始祖,其道派主要为正一派天师道㉒。

自东汉末年张道陵创立道教以来,老子就已经成为太上老君,是大道的化身,称"一者道也……一散形为气,聚形为太上老君,常治昆化,或言虚无,或言自然,或言无名,皆同一耳,今布道诚教人,守诚不违,即为守一矣;不行其诚,即为失一也"㉓。两晋时期北方以张陵的天师道为主,把老君当作道教的最高尊神㉔。至北魏奉老子为创教始祖,此时道教人物代表寇谦之也自称是太上老君及其玄孙的弟子,《魏书·释老志》载:"后魏之世,嵩山道士寇谦之,自云尝遇真人成公兴,后遇太上老君,授谦之为天师,而又赐之《云中音诵科诚》二十卷……其后又遇神人李谱,云是老君玄孙,授其图箓真经,劾召百神,六十余卷,及销炼金丹云英八石玉浆之法。太武始光之初,奉其书而献之。帝使谒者,奉玉帛牲牢,祀嵩岳,迎致其余弟子,于代都东南起坛宇,给道士百二十余人,显扬其法,宣布天下。太武亲备法驾而受符箓焉。自是道业大行,每帝即位,必受符箓,以为故事,刻天尊及诸仙之象而供养焉。"㉕寇谦之托老子之名大兴道教,在寇谦之的影响下,北魏统治者不仅支持道法斋醮,还推进关于天尊及诸神仙的造像活动,最早的道教造像也是因此而产生。

但南朝齐梁时期,南方上清派著名道士陶弘景将道教神仙谱系整理成系统,其著作《真灵位业图》中,将太上老君放在第四个等级,而元始天尊成为第一等级的神,试图降低太上老君在上清派的地位。唐释玄嶷《甄正论》中说:"近自吴蜀分疆,宋齐承统,别立天尊,以为教主",也可以说明这一时期老子和元始天尊的分离,南、北形成两大不同的神系。

北周一朝,疆域扩展到四川等南方地区,南方上清派的思想逐渐进入关中地区,并且为上层人士所接受。值得注意的是,这一时期关中地区流行的楼观派道法成了南北道教的融汇。楼观派在吸收新天师道、上清派教义教规的同时,直接以《老子》为根本经典,更强调返本归真之道,主张以性命清修为主㉖。楼观道士修上清经法,但又尊崇太上老君,为神仙道教与北方新天师道的结合体,同样受到统治者支持。如北周武帝废佛、道后,曾选王延、严达等数十名楼观道士入通道观习道。

隋唐时期,楼观道更趋兴盛。隋代楼观道的兴盛受到统治者的大力支持,其思想为统治者接受。杨坚建立隋朝之初,就自称"朕祗奉上玄,君临万里",其开国年号"开皇"即是取材于道教灵宝派。《隋书·经籍志》云:元始天尊开劫度人,"然其开劫,非一度矣,故有延康、赤明、龙汉、开皇,是其年号"㉗。依此,则"开皇"为道教的一"劫"之始,表明天地间又一个新纪元的到来。杨坚取此为年号,正是力图证明他依天运而开创了一个新纪元,而他则像至高无上的元始天尊那样济度众生,开劫度人。时朝臣王劭在上杨坚的书中曾说:"又年号开皇,与《灵宝经》之开皇年相合。"这些都说明,隋文帝杨坚的开皇年号具有道教神学的象征意义,并直接取自《灵宝经》文。同时杨坚还封赏楼观派道士,为众多著名道士修建宫观㉘。

隋文帝开皇初,严达又重修楼观宫宇,一度道士满120员,楼观道的规模和影响更加扩大。《隋书·经籍志》记载:"云有元始天尊……每至天地初开,或在玉京之上,或在穷桑之野,授以秘道,谓之开劫度人。然其开劫,非一度矣,故有延康、赤明、龙汉、开皇,是其年号……所度皆诸天仙上品,有太上老君、太上丈人、天真皇人五方天帝及诸仙官,转共承受,世人莫之豫也。"可见,隋代统治者受到了道教上清派思想的影响,认为太上老君已经成为元始天尊所度化的弟子之一,太上老君地位较元始天尊低。

但即使社会上流人士接受了上清派思想,民间信仰的非系统性和随意性依然不可忽视㉙。李淞曾经统计过关中地区北朝至隋代的道教造像,总结出道像命名的发展线索:道像主尊在北魏为比较笼统的"道",进而为北周具体的老君,再进而为隋之天尊。随之,老君和天尊"和平共处"了一段时间——这大概与隋唐统一中国后南北宗教文化的交汇融通有关㉚。并在著作中提及该造像"值得注意的是在发愿文之下原还有一层被凿去的文字,可以认为,老君像与供养人仵(徐)氏家人像并不是同时或相同工匠完成,也就是说,老君像可能要早于隋开皇三年,因某种原因像主易人,而将徐进荣一家重刻"㉛也可以反映出当时民间信仰中造像的流通情况。

结合氐羌民族长期接受楼观道思想的历史基

础,开皇三年徐进荣造老君像应该是隋初民间少数民族道教信仰的重要实物资料,反映了老君的地位在上流社会和民间信仰中的差异性。

注释:

① 张方:《略论关中地区道教造像碑的史料价值》,《中国道教》2009年第3期,第31页。

② 李凇:《长安艺术与宗教文明》,中华书局,2002年,第364页。

③ 徐振杰、窦志强:《浅析早期道教美术与早期佛像的关系》,《新美术》2006年第3期,第71页。

④ 毛小平:《宋代以前道教太上老君石刻造像形象初探》,四川大学硕士学位论文,2007年。

⑤ 马琴丽:《三原开皇三年造老君像》,《文博》1997年第4期,第43页。

⑥ 李凇:《美国收藏道教造像最多的博物馆》,https://dao.qq.com/a/20151204/026715.htm,2015 年 12 月 7 日。

⑦ [梁]沈约:《宋书》卷三十,中华书局,1974年,第890页。

⑧ 太极太虚真人:《洞玄灵宝道学科仪(上)·敬法服品》,中国哲学书电子化计划 http://www.daorenjia.com/daozang27-1387

⑨ 太极太虚真人:《洞玄灵宝道学科仪·太真玉帝四极明科经·卷四》,中国哲学书电子化计划 https://ctext.org/wiki.pl?if=gb&res=650940&searchu=%E4%BD%9C%E9%B9%BF%E7%9A%AE%E4%B9%8B%E5%B7%BE&remap=gb

⑩ 太极太虚真人:《洞玄灵宝道学科仪·制法服品》,中国哲学书电子化计划 https://ctext.org/wiki.pl?if=gb&res=549412&search=%E8%8B%A5%E5%86%85%E8%A1%A3%E6%B3%95%E8%A3%99&remap=gb

⑪ 张清文:《麈尾的起源功用与诸杂事考》,《南京艺术学院学报(美术与设计版)》2019年第1期,第44页。

⑫ 曾维加:《树崇拜与道教》,《中国道教》2006年第4期,第41页。

⑬ 郑文:《魏晋南北朝时期关中地区氐羌民族的宗教信仰——以造像碑为中心的考察》,陕西师范大学硕士学位论文,2006年,第32页。

⑭ 瞿鑫:《山西九元岗北朝壁画墓研究》,兰州大学硕士学位论文,2019年,第31页。

⑮ [唐]房玄龄:《晋书》卷五十六,中华书局,1974年,第1553页。

⑯ 郑文:《魏晋南北朝时期关中地区氐羌民族的宗教信仰——以造像碑为中心的考察》,陕西师范大学硕士学位论文,2006年,第32页。

⑰ [宋]司马光:《资治通鉴》卷九十八,中华书局,1956年,第3108页。

⑱ [南北朝]魏收:《魏书》卷七十,中华书局,1974年,第1549页。

⑲ 杨铭:《氐族的姓氏与婚姻》,商务印书馆,2004年,第243页。

⑳ 郑文:《魏晋南北朝时期关中地区氐羌民族的宗教信仰——以造像碑为中心的考察》,陕西师范大学硕士学位论文,2006年,第32页。

㉑ 樊光春:《陕西道教两千年》,三秦出版社,2001年,第35页。

㉒ 王家祐:《道教论稿》,巴蜀书社,1987年,第42页。

㉓ 张陵:《老子想尔注》https://zh.wikisource.org/wiki/%E8%80%81%E5%AD%90%E6%83%B3%E7%88%BE%E6%B3%A8

㉔ [南北朝]魏收:《魏书》卷一一四,中华书局,1974年,第3048页。

㉕ [宋]马端临:《文献通考》卷二二四,中华书局,1896年,第1801页。

㉖ 樊光春:《陕西道教两千年》,三秦出版社,2001年,第35页

㉗ [唐]令狐德棻:《隋书》卷三十五,中华书局,1973年,第1092页。

㉘ 胡孚琛、李希琛:《道学通论道家·道教·丹道》,社会科学文献出版社,2009年。

㉙ 郑文:《魏晋南北朝时期关中地区氐羌民族的宗教信仰——以造像碑为中心的考察》,陕西师范大学硕士学位论文,2006年,第48页。

㉚ 李凇:《关中一带北朝道教造像的几点基本问题》,《新美术》1997年第4期,第44页。

㉛ 李凇:《长安艺术与宗教文明》,中华书局,2002年,第421页。

(作者单位:西北大学文化遗产学院)

从贞观到天宝——唐前期女子着袍现象再探索

◇ 洪 玉

内容提要：唐代女子着袍现象作为一种常见于实物资料的图像,形象历来备受瞩目,已有研究在时间段上集中于贞观至天宝年间的唐前期。本文于前人研究的基础上,以两京地区唐墓随葬的袍服女俑为出发点,结合壁画、石椁线刻材料进行比较分析,针对女子着袍现象进行系统探讨。本文认为唐前期女子所着袍服的主要模仿对象经历了"汉胡并行——胡——汉"的变动,且在汉胡并行时期存在显著的"燕居"与"出行"的场合划分;在袍服侍女群体中,裹幞头、穿着男装的侍女仅在皇室勋戚家中出现,形成隐性的阶级划分;袍服长度也能显示其地位的高低。

关键词：唐代 女子着袍 袍服性质

一、引言

有唐一代,传世史料中多见妇女服"丈夫衣衫"者,历来受到社会史、妇女史、服饰史、考古学等不同角度多方面关注。事实上,这种袍衫存在男装与胡服的区分:与汉人男子所着形象相近的圆领袍大体可以认定为男装,而装饰繁复精细、多以翻领袍样式出现的可认为是胡服。前人研究中,女着男袍现象与女着胡服现象往往显示为两种不同体系;现有讨论里,又多以"女着男装"概之。究其实际,为求确切,现在本文中对该现象做统一称呼,即"女子着袍"。

社会史领域里,女子着袍现象常被视为唐代社会风气开放包容、妇女地位较先前社会动荡时期有所回升的体现。妇女史研究中,高世瑜先生《唐代妇女》一书将此现象归纳为当时礼教在某一方面松弛的表达①;新世纪以来,孙机先生作《唐代之女子着男装与胡服》②,又认为女子着袍现象主要发生在身处社会阶级中下层的侍女群体间,与整体女性地位是否提升无关;服饰史研究则更侧重于探究该风气是否存在西来因素,意在溯源中古语境中"胡服"的发祥地。

在考古学研究领域,研究者多将女子着袍与着裙并举进行比较分析,以期窥看当时社会妇女群体生活状态之豹斑。现有针对着袍女性形象特征做出的观察与总结,其观察对象往往以壁画、石椁线刻等清晰图案为主。钮小雪在《唐代女著男装现象再考察》一文中,选取了具有典型特征的一部分纪年墓素材,将胡服装扮作为男装的一种进行考虑;又因当中着袍女子形象多为宫官身份,认为袍服的兴衰与宫官政治的兴衰相始终③。

就陪葬俑而言,现有研究常将其作为整个丧葬语境的一环加以考虑,较少专门讨论其中出现女子着袍现象的形象含义。李晓筠《西安地区唐墓壁画与雕塑女像艺术研究》④与马哲《隋唐两京地区侍女俑研究》⑤二文均将塑、俑形象作为一个大类进行甄别，以发髻与体态的变化作为分类或分期的标准。针对特定墓葬内具有鲜明特色的石椁线刻或壁画的探讨也相对常见，相关研究聚焦高规格、高等级墓葬，如薛儆石椁、武惠妃石椁、韩休夫妇墓壁画、永泰公主墓壁画等。

本文以袍服女俑形象为出发点，重新梳理其发展脉络，以墓葬壁画、石椁线刻中所示有关形象为参考对照，对其中展现的差异化成分进行讨论，从而对女子着袍现象中的区别与转化做出分析、解读。

二、女子着袍形象的梳理

尽管唐王朝幅员辽阔，作为政治中心的两京地区仍是当时经济、文化的核心地带。是故本文选取讨论的女子着袍形象，以两京及其周边地区墓葬出土的袍服女俑为主，并参考文化发展的次重点河东地区之遗存。在随葬袍服女俑的墓葬选取方面则以有明确纪年者为主，无明确纪年者作为辅助参考。

现有文字资料中，明确记载唐前期女性身着袍服之形象，只《新唐书·五行志》所录"太平公主歌舞于帝前"一例⑥而已。鉴于其行为有着特殊的求偶含义，不具有普遍性，因而远不足以形成"流行"。实物资料方面，则无论墓葬壁画、石椁线刻或陶俑，着袍服形象者之身份皆是侍女。基于此，本文认同孙机先生之见，将待梳理的女子着袍形象认定为侍女群体，并作进一步探讨。

首先需要明确，何种穿着袍服的人物形象属于女子着袍形象。

孙机先生《唐代妇女的服装与化妆》中认为，图像所示女着男装像共有三类，其一露出女子发髻，其二作男装打扮而着花袴和女子线鞋，其三为着装与男子完全一致，仅从面型、身姿而见与男子有异者⑦。在《唐代的男装女子像——以墓葬壁画和石椁线画为中心》一文里，傅江先生同意了该观点并加以补充，认为除上述三类之外，头

束发带或戴胡帽者、着条纹袴者、佩华丽香囊或菱形饰物者、持生活用品者皆为女性；从图像位置上看，则与裙装女子形象杂处者为女性。本文据二位所述，结合实际情况，针对陶俑整理出下述特征：

1.束抹额(发带)或戴胡帽者，发型无法判定性别、其发式又见于女装俑者；

2.着条纹袴者；

3.着锦履、线鞋者；

4.手部或袖手位置似持物但已佚者；

5.如未经盗扰，所在位置杂于女俑之中，或处于男俑、女俑序列之间者。

通过交构对照，本文认为满足上述任何两个条件即可视为袍服女俑。以此为据，则大致可以构建起袍服女俑的图像序列(图一)，并得出袍服女俑形象的演变规律：随着时间推移，女性所穿袍服有着从短渐长的演变，直至曳地；袍袖也由起初的紧窄向宽博扩展，直到普遍意义上的中晚唐时期呈现出无限近于当时女装宽度的袖型。又从发式上讲，除了一以贯之的胡帽或幞头俑形象，梳有发髻之造型俑的发髻越来越高、越来越蓬松，及至中晚唐时期，才又重回简单的低髻流行。这一过程所体现出的变化，与傅江先生在壁画、石椁线刻材料中总结出的"与男子服装相同并同步发展的因素"和"女性特色不断加强的趋势"⑧两点一致。

同时也容易得见，中晚唐时期的材料年代上跨度巨大，很难形成具有普遍意义的结论。因此，本文暂将研究年限划定为唐前期，即天宝十四载(755)及以前。据此年限，再对两京及其周边地区唐墓壁画中出现的典型形象出现时间作一排序(图二)。

梳理这一发展过程并作详细区分，则可以获得三个认识：其一，女子着袍与同时期男子形象相比，模仿对象存在着显著的变动。其二，女子着袍陶俑中立俑与骑俑相比，一度存在着显著的场合划分。其三，女子着袍陶俑本身及与壁画形象相比，存在隐性的阶级划分。这三个认识，将在下文进行详细分析。

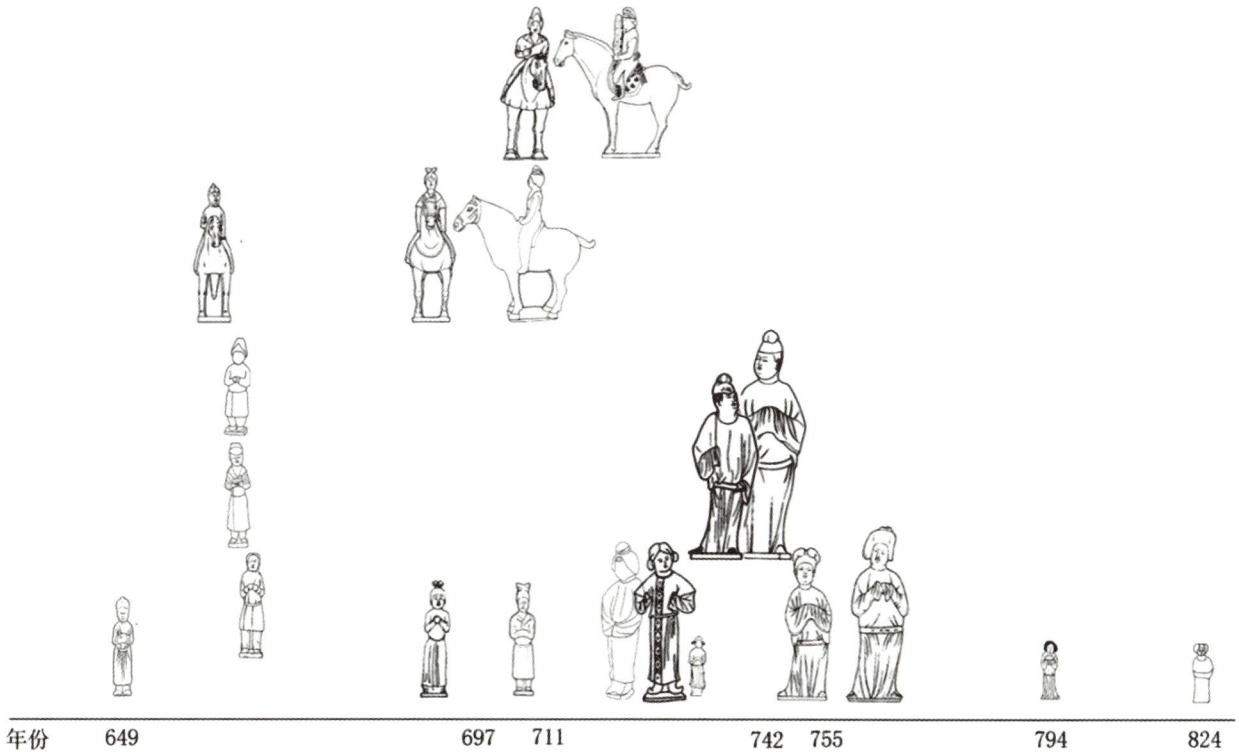

年份	649		697	711		742	755		794		824

图一　袍服女俑的年代序列⑧

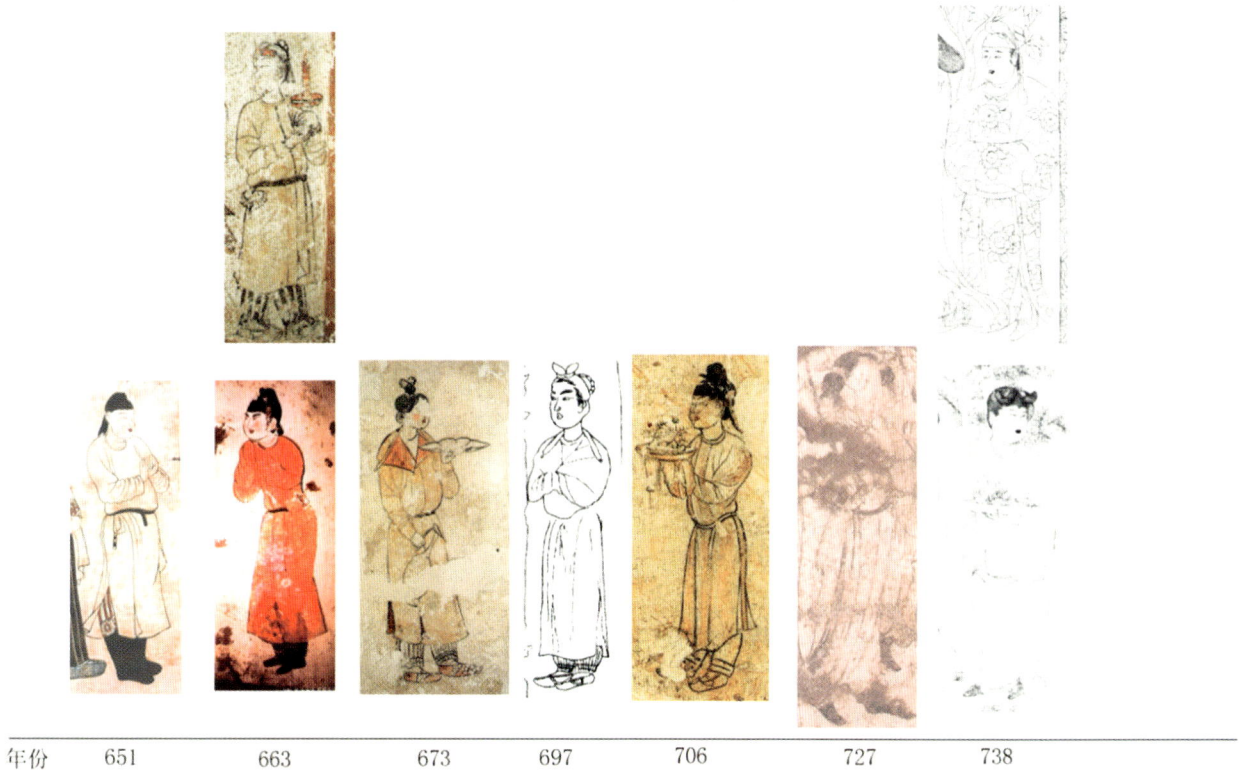

年份	651	663	673	697	706	727	738

图二　两京及其周边地区壁画、石椁线刻中女子着袍形象出现的时间序列⑩

三、女子所着袍服模仿对象的变化与袍服属性认识

从服饰传统来看,男子袍服的起源更早。《旧唐书·舆服志》载:"(太宗时)其常服,赤黄袍衫,折上头巾,九环带,六合靴,皆起自魏、周,便于戎事。"⑪既强调"便于戎事",这种袍必然是窄袖袍。在潼关税村隋

代壁画墓中,这一袍服形制已经十分成熟(图三)。

图三　税村隋墓男子袍服⑫

图四　司马睿墓袍服女俑⑬

目前可见陶女俑中最早的着袍形象出于贞观二十三年(649)下葬的司马睿墓⑭中,正穿着窄袖圆领袍(图四)。从贞观到武周神功年间,女子袍服立俑的形象基本以圆领袍为主⑮。显然,女子着袍最早的模仿对象正是这一阶段的主流男装。

然而,观察同时期的女骑马俑便可发现其衣着的显著不同。女骑马俑所着袍服大多将衣领翻折,露出内襟;部分袍服衣领、门襟、袖头添饰各种花纹,腰间多束以变形后的蹀躞带。这种袍衫的翻领穿法、"锦褾袖"的装饰风格并不见于稍早的税村隋墓,当是唐

时传入的新的服装品类,具有当时的"胡服"意义。

荣新江先生认为,贞观年间对西北用兵使得唐人接触到域外的粟特男女袍服形象,其中多见的粟特男装形象即为唐代女子袍服形象的来源⑯。学者Sergey A.Yatsenko 在对粟特服饰的论述中总结,在开襟类袍衫中,双侧翻领的男袍由成年男子穿用,长度往往稍微超过臀部或在膝盖附近;女袍的翻领对开襟形制受到突厥传统的影响,长度一般在脚踝附近⑰。若将此时显示出的与前期不同的袍服特征——即袍服的翻领穿法或"锦褾袖"装饰——视为"胡服"的基础特征,那么显而易见,女骑马俑所着基本上是胡服。根据骑马俑袍摆下露出多半靴身的细节(图五)来看,这款胡服长不及踝,应当源于粟特男装。

图五　袍服女骑马俑衣长细节⑱

因此,贞观—神功时期,女子袍服的发展存在着两个学习对象,一是主流男装袍服,二是源于粟特男装的胡服。且男装袍服仅在立俑中出现,骑马俑中基本全为胡服打扮。

在其后的神龙—景龙时期,女子袍服形象在骑俑、立俑乃至于壁画上发生了高度的统一:梳盘桓髻、着胡服,下穿线鞋或履。在这短暂的数年内,女子着袍形象几乎形成了统一的模式,全面转向对胡服的学习,在一定程度上影响了开元初年的风尚⑲。

到玄宗时期,女子着袍风尚又再次发生变化。这一时期的袍服女性形象抛弃了紧窄的袖样,也不再翻着衣领,而在衣衫塑出柔软流畅的线条,不少内衬半臂,显示出对主流男装袍服的效法。所谓"女性特色加强",从袍服上看,也主要发生在这一时期:袍衫大身开始出现团花,半臂也于天宝年间逐渐消失。

由此可见女子着袍现象在唐前期同时存在两

个效仿对象,即胡服与主流男装。胡服风尚曾短暂领先于男装袍服流行,成为女性着袍主流,后于短时间内急剧衰落。其中,以神龙到景龙年间最为推崇"胡样",开元初年"胡样"即已过时,这与普遍认识中胡风在安史之乱后衰落并不相符。尽管有学者认为,安史之乱前即呈普遍化的反胡情绪是导致胡服之风衰落的主因,但就其引证的文献来看,除两京贵族阶级对安禄山集团及其本人的反感外,并无其他因素影响时习的记载[20]。由此可知,在胡服风潮的突强与突弱上,显然存在着更大更多角度的讨论空间,并不能武断得出结论。

又据前文所述,贞观到神功时期,着袍女俑中,骑俑全部穿着胡服,而立俑往往穿着男装袍服。只论身份,此两类俑无分高低,俱是侍婢;但就其日常工作环境分析,二者不论职业功能还是主家地位都不尽相同。

墓葬中陶俑的位置排列,一般表明了该陶俑所代表的侍从在其时的侍奉状态。骑马俑的空间位置往往更靠近墓门或存放于墓道的壁龛中,具有"随从出行"的涵义。而立俑被放置在墓葬空间内更靠近棺床处,则明确表现出了"近身侍奉"的职能。

观照壁画,骑马出行图一般绘制在斜坡墓道部分,侍立的侍女则往往绘在墓道中段之后的"内宅"位置中,这也清晰地体现出了"出行"与"燕居"的区分。"出行"显然不是常态的。在日常出行情况下,可以想见,能获得骑马待遇的侍女在主家地位相对较高。这一群体极有可能在日常生活时并不穿用胡服,仅外出中为"便宜从事"作如此装扮。

由是可知,这一时期,主流男装袍服作为部分侍女的日常穿着出现,胡服的存在,似乎更多地作为功能性服饰应用在外出场合中。倘使对于地位较高的侍女而言,胡服仅作外出用途,加之胡服装扮单独出现在妇女穿着的袍服中,那么胡服本身则有可能并不具备性别属性。换言之,在其时唐代上层社会的主流认识中,女性身着胡服可能不具有穿着男装袍服的权宜性质。此种风气并不等同于"尊卑内外,斯一贯矣"的"衣丈夫靴衫",乃是追求审美与轻便从事此两种因素结合下的流行。

因此可以大胆推测,神龙到景龙年间所见女子着袍形象全着胡服,也有可能是宫廷中女性地位抬升的一个剪影。在这段时期,上荫武周遗绪,韦后,安乐、太平二公主对朝政产生庞大影响。政治权威上的"颠倒",致使礼教约束相对弱化,从而使承担沟通内外消息职责的侍女不必再穿用男装袍服,只需以袍服这种"去性别化"的形式表示对礼教的遵从。

此外,侍女服着往往也具有炫耀主家权力与财富的功能。就发式而言,梳高髻的侍女显然并不能轻盈地以供奔趋,配合繁复华丽的胡服,本身提供的审美价值远大于其实用价值。在这一时期,宗室的奢靡也往往见诸史端。中宗女长宁、安乐二公主竞相建筑府第,史载长宁公主"东都废永昌县,主丐其治为府,以地濒洛,筑郭之,崇台、蜚观相联属。无虑费二十万"[21],足可显现出当时贵族阶级穷奢极欲之风气。因此,本时期侍女袍服全面倒向胡服,亦可能包含有攀比、夸富的因素。

四、女子着袍形象的等级与源流

陶俑与壁画、石椁线刻中的人物形象是各自存在着等级的。

陶俑人物在等级上的区分,一般通过尺寸展示。《唐令拾遗》中复原的丧葬令有:"四神、驼马及人,不得过一尺;余音乐卤簿等,不过七寸。三品以上帐高六尺,方五尺,女子等不过三十人,长八寸。"[22]实际而言,开元之前绝大多数立俑高在21—25厘米之间,符合"八寸"要求,其后开元天宝时期偶见的大型陶俑,高度往往超过40厘米,远高于一尺,显现出逾制特点,以此强调、抬高墓主人身份。玄宗长兄李宪之墓所出的12件戴幞头袍服女俑,形体特大,其高度皆在75厘米以上。李宪以皇帝礼下葬,这样的袍服女俑的身份亦不能以寻常婢女视之,应为具有宫官身份的女性。

在我国传统绘画的习惯中也往往不甚讲求透视因素,人物画中人物尺寸的大小代表了身份地位的高低。一般来说,体量越大,地位越为尊崇,反之则卑下,这一点亦沿用在壁画中。在墓室内的屏风画或群像画中,人物体量区别较为显著。现今发表报告的壁画墓与石椁线刻中,有女子着袍形象的,壁画多集中于贞观末年到天宝年间,石椁线刻则多见于武周末期至天宝中。以规格论,上述绝大多数壁画、石椁线刻墓处于唐代墓葬等级序列中的顶端位置。因此,陶俑与墓室壁画、石椁线刻中侍女服着表现出的差别,与墓葬之间的等级差异有着一定联系。

贞观—神功年间,壁画中的女着男装形象大致可按发式区别为两类。一类戴幞头,仅从面部妆容及动作体态上与男子作出区分,体现出较为直观的"衣丈夫衫"(图六);另一类脑后梳圆髻,扎抹额,装束明显有异于男子(图七)。陶俑中所见初唐时期于脑后正中梳鸡冠状或条状髻者,并不见于壁画之中;而壁画中较常见的戴幞头者,亦少见于陶俑㉒。

图六　韦贵妃墓的男侍与女侍㉑

图七　新城长公主墓袍服侍女像㉕

另外,从一些服饰上的细节也可以管窥这种身份等级的不同。在开元以前,以太宗韦贵妃墓为例,女侍着袍者有头戴幞头、身穿襕袍的形象,与男性侍者完全相同(图六)。此类形象绝大多数出现于后妃、宗室墓葬中,以身份论应属于宫官群体,远高于八寸高陶俑所代表的侍女地位。陶俑中所见戴幞头的女俑,则几乎皆出于高等级墓葬中㉖。故壁画所表现的这一类戴幞头的侍女形象,大多出自具有宫官身份、群体中地位却相对较低的侍女;壁画中未出现的低髻袍服侍女,身份则更低,多为高级官员或世家的奴仆。

值得注意的是,这一段时间内壁画中所表现的低髻的女子着袍形象,多半配着条纹袴与履,而在陶俑中通过明确线条表现此形态者寥寥。一方面由于当时使用的陶俑多为彩绘俑,时至今日色彩脱落,以致许多服饰细节无法展现;另一方面,则很可能因为陶俑本身并不曾身着条纹袴——条纹无论是染或缝,俱靡费工时,造价更贵,并不能提供给所有侍女穿用。所以,即便是造型相似的壁画与俑,其地位上也依然具有观察可得的高低之别。总体来说,壁画中描绘的袍服侍女形象,其等级一般高于俑所代表的侍女形象。

在其后的神龙—开元天宝年间,壁画与石椁线刻中表达的女子着袍形象与同时期陪葬俑中所见表现出了较高程度的统一,翻领胡服风尚在壁画与线刻中延续的时间相较陶俑稍长。

由开元中期始,女性所着袍服在配饰上出现了新的变化,即开始使用銙革带。开元十二年金乡县主墓中,袍服伎乐俑和大立俑造型多束五銙革带,穿着搭配则显示出多种类、多款式等特点,甚至仍存有胡风之孑遗,沿袭了"锦褾袖"的装饰手法(见图一);到天宝元年李宪下葬,墓中壁画及大立俑形象已全部转变为着男装袍服、裹官样巾,同样可见其所束革带描绘带銙的情况。

《新唐书·车服志》载:

(显庆元年)自是鷩冕以下,天子不复用,而白裕废矣。其后以紫为三品之服,金玉带銙十三;绯为四品之服,金带銙十一;浅绯为五品之服,金带銙十;深绿为六品之服,浅绿为七品之服,皆银带銙九;深青为八品之服,浅青为九品之服,皆鍮石带銙八;黄为流外官及庶人之服,铜铁带銙七㉗。

这一法令的颁布,早于具有"东园祕器"㉘性质的金乡县主墓伎乐俑出现近七十年,早于李宪墓壁画八十多年。以此两座墓葬的规格等级来看，自营造始，必有娴于礼法的中高级官员主持、监督墓葬的修造工作㉙。在这些营造过程受到严格管理的墓葬中，特意或塑、或绘出了女着袍服形象佩用带銙的状态，则此时期有銙革带已经进入了女性穿着袍服的应用范畴内，且官方并不以其为忤。而这种全然的效法，极有可能意味着当时自宫廷而及勋贵之家以宫官为首的高级侍婢群体中，完全换着男装的情况已经成为一种惯例。

如果将贞观二十三年司马睿墓中女子袍服俑形象视为女着袍服风气的初展示，那么显然该类袍服侍女形象的身份与所谓"裹头内人"称呼所代指的侍女身份完全不符。基于此，我们能够清晰地认识到，在女子着袍流行风潮中，社会中上阶层家庭侍女与内官、宗室、勋戚之家侍女着袍的流行源头存在一定区别，二者作如此打扮的动机也有所不同。

观察这种区别，回归到图像上，首先能够确认的一点，即袍服相对长度上的不同。在壁画、陶俑形象同穿圆领袍时，陶俑袍长时常出现刚刚过膝的形态，而壁画中显现出的衣衫长度则明显更长，通常都能遮住勒靴的上缘。在与太宗韦贵妃同年入葬的济州司马夫人达奚令婉墓中，着袍女俑的袍长便呈现出了这一特点(图八)。显然，这种选择区别于"裹头内人"遵从礼教而从权变通的原因，极有着仅为追求简便的可能。

图八　乾封二年(667)达奚令婉墓圆领袍服立俑㉚

又以荣新江先生论，"贞观初身着胡服的粟特男女大量进入中国，可能是男装，特别是男式胡服被唐朝妇女当作时髦装束的原因之一"㉛。

不难想见，在这一时期，外族人与唐人社会生活接触且更为频繁密切的群体大致可分为两类，即质子与奴婢。中上阶层侍女穿用此种短袍的风气，则更有可能来源于粟特奴婢着装习惯。短袍轻巧便捷的属性受到广大唐人主家或侍女的青睐，内官、宗室及勋戚家庭以外女性群体的时兴打扮极有可能脱胎于此。

由是我们大致可以推论：在同阶级家庭侍女地位等级中，一般来说，着裙装的侍女地位高于着袍侍女，而着袍侍女之间，袍长较长的侍女地位高于袍长较短的侍女。完全穿着主流男装袍服、戴幞头的侍女则更多地存在于皇室高门之中，极可能拥有宫官身份，对应着史料中所记载的"裹头内人"，其身份高于其他着袍侍女。至神龙年间之后，这种区分日渐模糊。

五、余论

综上所述，从现存实物资料观察唐代女子着袍形象的变化，则不难看出此类流行的发展与统一实与唐王朝的兴衰相始终。开元之前，不仅是政治与文学意义上的初唐时期，也是社会审美与风俗上的初唐时期。在这一时期内，女子着袍现象主要发生于侍女群体之中。女子穿着的袍服样式经历了粟特样式男装胡服与主流男子袍服的并行与两次大的风尚变化，最终在开元天宝年间合为一体，并不断向着女性化方向发展。起初，胡服具有一定程度的"出行"场合特征，在神功年后，这一特征基本丧失。

侍女身份对主人具有绝对的依附性，所以主家地位是着袍女性身份高低的先决因素。这种地位区别折射在侍女穿用的袍服形制上，表现为服役于皇室高门的袍服侍女拥有特殊的打扮，即着男装袍服，戴幞头，同史料中的"裹头内人"。整体来看，袍服长短与侍女的地位高低有一定正向关联。

注释：

①高世瑜：《唐代妇女》，三秦出版社，1988年，第167页。

②孙机：《唐代之女子着男装与胡服》，《艺术设计研

究》2013年第4期，第26-27页。

③钮小雪：《唐代女著男装现象再考察》，《艺术史研究》（第十二辑），中山大学出版社，2010年，第61-82页。

④李晓筠：《西安地区唐墓壁画与雕塑女像艺术研究》，山东大学硕士学位论文，2007年。

⑤马哲：《隋唐两京地区侍女俑研究》，郑州大学硕士学位论文，2015年。

⑥[宋]欧阳修、宋祁：《新唐书》，中华书局，1975年，卷三十四，第878页。

⑦孙机：《唐代妇女的服装与化妆》，《中国古舆服论丛》（增订本），上海古籍出版社，2013年，第229页。

⑧从左至右、先横后纵，图像来源依次为：李嗣本墓，中国社会科学院考古研究所：《偃师杏园唐墓》，科学出版社，2001年；金乡县主墓，西安市文物保护考古所：《唐金乡县主墓》，文物出版社，2002年；西安航天城M13，杨军凯等：《西安航天城两座唐代壁画墓发掘简报》，《文博》2015年第2期，第3-16页；阎识微夫妇墓，杨军凯等：《西安马家沟唐太州司马阎识微夫妇墓发掘简报》，《文物》2014年第10期，第25-48页；安菩夫妇墓，洛阳市文物考古研究院：《洛阳龙门安菩夫妇墓》，科学出版社，2017年；郑仁泰夫妇墓；张文俱墓，司马俊堂等：《唐代张文俱墓发掘报告》，《中原文物》2013年第5期，第4-16页；孙承嗣夫妇墓，张全民等：《唐孙承嗣夫妇墓发掘简报》，《考古与文物》2005年第2期，第18-28页；李宪墓，陕西省考古研究所：《唐李宪墓发掘报告》，科学出版社，2005年；薛元嘏夫妇墓，段毅等：《唐薛元嘏夫妇墓发掘简报》，《考古与文物》2009年第6期，第3-10页；达奚令婉墓，张小丽等：《唐代故济州司马郝君夫人达奚令婉墓发掘简报》，《文博》2013年第4期，第11-17页；屈突季札墓，310国道考古队：《洛阳孟津西山头唐墓发掘报告》，《华夏考古》1993年第1期，第52-68页；阎识微夫妇墓，同前；安元寿夫妇墓；金乡县主墓，同前；张夫人墓，张小丽等：《西安南郊唐代张夫人墓发掘简报》，《文博》2013年第1期，第11-17页；高夫人墓，李岗：《西安南郊唐渤海郡君高夫人墓发掘简报》，《西部考古》（第七辑），科学出版社，2013年，第25-38页；突骑施光绪墓，张翔宇等：《西

郊唐突骑施奉德可汗王子墓发掘简报》，《文物》2013年第8期，第4-19页；杜江夫妇墓，张小丽等：《唐代杜江及夫人翟氏墓发掘简报》，《文博》2016年第4期，第10-18页；马腾空M18，肖健一等：《西安市南郊马腾空唐墓发掘简报》，《江汉考古》2006年第3期，第37-49页。

⑨傅江：《唐代的男装女子像——以墓葬壁画与石椁线画为中心》，《艺术史研究》（第十一辑），中山大学出版社，2009年，第209-226页。

⑩从左至右、先纵后横，图像来源依次为：段简壁墓，昭陵博物馆：《昭陵唐墓壁画》，文物出版社，2006年，第58页；新城长公主墓，冀东山主编：《神韵与辉煌—陕西历史博物馆国宝鉴赏：唐墓壁画卷》，三秦出版社，2006年，第55页；韦贵妃墓，《昭陵唐墓壁画》，第133页；房陵大长公主墓，《神韵与辉煌—陕西历史博物馆国宝鉴赏：唐墓壁画卷》，第79页；契苾明墓，解峰、马先登：《唐契苾明墓发掘记》，《文博》1998年第5期，第11-15页；章怀太子墓，《神韵与辉煌—陕西历史博物馆国宝鉴赏：唐墓壁画卷》，第162页；嗣虢王李邕墓，陕西省考古研究院：《壁上丹青：陕西出土壁画集（下）》，科学出版社，2008年，第314页；贞顺皇后陵，陕西历史博物馆编：《皇后的天堂：唐敬陵贞顺皇后石椁研究》，科学出版社，2015年，第51页（上下两幅）。

⑪[五代]刘昫：《旧唐书》，中华书局，1975年，卷四十五，1952页。

⑫陕西省考古研究院：《潼关税村隋代壁画墓》，文物出版社，2013年，第104页。

⑬负安志、王学理：《唐司马睿墓清理简报》，《考古与文物》1985年第1期，第44-51页。原文作男俑，据图片与描述认定为女俑。

⑭钮小雪《唐代女着男装形象再考察》一文中，以贞观十七年长乐公主墓的骑俑为最早穿着男装的形象。这一观点最早出自荣新江《女扮男装——唐代前期妇女的性别意识》一文。然重新对照简报及其中配图，并结合骑俑发式的整体发展趋势来看，本文认为此形象当是普通的女装骑俑。

⑮纪年墓中，司马睿墓（649）、薛元嘏夫妇墓、张士贵夫妇墓、郑仁泰夫妇墓、达奚令婉墓、陈晖墓、杨

堂墓、杨俶夫妇墓、王雄诞夫人魏氏墓、屈突季札墓、史君夫人颜氏墓(697)皆出土此类俑。

⑯荣新江:《女扮男装——唐代前期妇女的性别意识》,《隋唐长安:性别、记忆及其他》,复旦大学出版社,2010年,第24–46页。

⑰Sergey A. Yatsenko:《The Late Sogdian Costume (the 5th – 8th cc. AD)》,《Ēranud Anērān: Studies presented to Boris Ilich Marshak on the Occasion of His 70th Birthday》,Venezia,2006年,第647–680页。

⑱司马俊堂等:《唐代张文俱墓发掘报告》,《中原文物》2013年第5期,彩版一。

⑲薛儆墓石椁线刻中仍保留此形象。

⑳钮小雪:《唐代女著男装现象再考察》,《艺术史研究》(第十二辑),中山大学出版社,2010年,第61–82页。

㉑[宋]欧阳修、宋祁:《新唐书》,中华书局,1975年,卷八十三,第3653页。

㉒(日)仁井田陞:《唐令拾遗》,长春出版社,1989年,第760页。

㉓发式基本可参见图八。贞观—神功年间出土袍服女俑的纪年墓共21座,出土此发式袍服女俑的纪年墓共14座,分别为:司马睿墓(649)、薛元嘏夫妇墓、蒋少卿墓、张士贵夫妇墓、柳凯墓、张楚贤夫人王氏墓、郑仁泰夫妇墓、达奚令婉墓、陈晖墓、张文俱墓、杨堂墓、杨俶夫妇墓、诸葛芬墓、史君夫人颜氏墓(697)。

㉔昭陵博物馆:《昭陵唐墓壁画》,文物出版社,2006年,第126、133页。

㉕冀东山主编:《神韵与辉煌—陕西历史博物馆国宝鉴赏:唐墓壁画卷》,三秦出版社,2006年,第55页。

㉖戴幞头的袍服女俑见于恭陵哀皇后墓、郑仁泰墓、张文俱墓及稍后的韦洞墓。郑仁泰为右卫大将军,韦洞追封淮阳王。

㉗[宋]欧阳修、宋祁:《新唐书》,中华书局,1975年,卷二十四,第529页。

㉘西安市文物保护考古所:《唐金乡县主墓》,文物出版社,2002年,第100页。

㉙丧葬令六:"其诏葬大臣,一品则鸿胪卿监护丧事,二品则少卿,三品丞一人往,皆命司仪以示礼制。"《唐令拾遗》,746页。李宪去世后追为让皇帝,金乡县主史册无载,但就其随葬品规格而言,应当也是受到玄宗照拂的。

㉚张小丽等:《唐代故济州司马郝君夫人达奚令婉墓发掘简报》,《文博》2013年第4期,第11–17页。

㉛[五代]刘昫:《旧唐书》,中华书局,1975年,卷四十五,1952页。

（作者单位:西北大学文化遗产学院)

中国古代舍利瘗埋中的"砖函"考辨

◇ 佘永通

内容提要：文章通过梳理，认为一部分"砖函"是对以往舍利瘗埋中石函的模仿，符合"函"的概念。另一部分"砖函"则应为"砖室"。邺城赵彭城北朝佛寺、西安隋清禅寺、泾川龙兴寺内发现的"砖函"，即为舍利地宫，并分别反映了中国佛教舍利瘗埋制度中舍利地宫萌芽、发展及简化与世俗化的发展历程。

关键词：砖函 舍利 地宫

目前，在河北邺城赵彭城北朝佛寺①、陕西西安隋清禅寺②、甘肃泾川龙兴寺③、北京顺义辽净光舍利塔④及内蒙古庆州白塔遗址⑤均有一种被称为"砖函"的发现。江苏句容也有类似的发现，由四块侧立的青砖圈成的空间内瘗埋有舍利，简报中已将其判断为地宫⑥，在此便不再做专门的讨论。学界对此类发现的研究大多置于古代舍利瘗埋制度这个大的框架内进行，未见对这种"砖函"的专题性讨论与辨析。其中比较重要的研究有，冉万里在《中国古代舍利瘗埋制度研究》中对河北邺城赵彭城北朝佛寺发现"砖函"的讨论⑦，高继习在其博士论文中对陕西西安隋清禅寺发现"砖函"的讨论⑧。而随着近年来新的考古发现的公布，可以发现这些"砖函"的形制样式其实并不相同，大体上可以分为两类，但是在公布的资料和一些研究中却还未对其做出区别，定名称呼也各有不同，稍显混乱。因此，有必要对这些"砖函"进行区别，明确其性质与意义，从而更好地认识中国古代舍利瘗埋制度。

一、"砖函"与"砖室"

要对"砖函"进行分辨，首先应当明确"砖函"的概念。"砖函"，即用砖制成的函，"函"即匣子，指装东西的用具，一般有盖可以开合⑨。北魏以来，舍利瘗埋中常常使用的函多为石函、铜函等，而从目前发现最多的石函来看，其形制多为整块岩石凿成，由函身与函盖两部分组成，平面呈方形，盖为盝顶，盖上刻有铭文，有的即自名为"函"。唐代"函"出现了合页将函盖与函身连接并增加锁鼻与锁钥的形制。宋代"函"的名称发生了变化，"函""匣"并称，长方形的"函"数量增加。此外其他材质的函，如金函、银函、铜函、木函等，样式与石函基本一致，例如河北定县华塔塔基出土北魏太和五年石函⑩（图一）。亦有石函为几块石板拼合而成，例如南京长干寺圣感塔地宫中的石函⑪，但南京长干寺出土的石函各个石板之间相互契合，连接成一体。虽然整体与常见的石函相比有所拉长，但基本形制仍然相近，平面方形，盖为盝顶。更为关键的是其北壁石板上还镌刻了题为《金陵长干寺真身塔藏舍利石函记》的长篇铭文，自铭即为石函，故而应当视之为一般石函的变体。纵观北魏至明代，舍利瘗埋中"函"的形制变化并不大，基本保持了平面以方形或长方形为主，由函身与函盖两部分组成，盖为盝顶的特征。

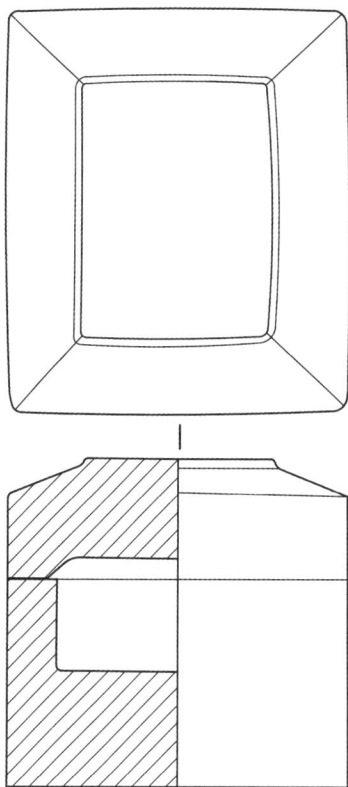

图一　河北定县华塔塔基出土北魏太和五年石函

将目前发现的"砖函"与"函"的概念进行比较，可以发现内蒙古庆州白塔遗址中发现的 "砖函"与这一概念相符合。内蒙古庆州白塔遗址，在其覆钵的穴室中发现一辽代砖函，砖雕而成，平面呈方形，分函身、函盖两部分，顶盖为盝顶(图二)[12]。从其形制来看，与宋辽时期的石函、铜函、铁函等几乎如出一辙。砖函作为一种舍利容器，从形制到功能上毫无疑问应当是对石函的模仿，是真正意义上的"函"。就目前考古发现所见，这种砖函的时代为辽代，而文献中用于瘗埋舍利的砖函至少在隋代便已出现。《续高僧传》载："仁寿置塔，敕召送于苏州。舍利将至，井吼出声，二日乃止。造基掘地，得古砖函，内有银合，获舍利一粒，置水瓯内，旋绕呈祥，同藏大塔。"[13]《广弘明集》对此事也有所记载，内容同样为掘得一砖函，函内装有银盒，其中有一粒舍利[14]。其他资料中的"砖函"，即河北邺城赵彭城北朝佛寺、陕西西安隋清禅寺及甘肃泾川龙兴寺发现

的所谓的"砖函"，则显然与"函"的概念有较大出入，不具备"函"的特征，并非属于作为一种容器的"函"。

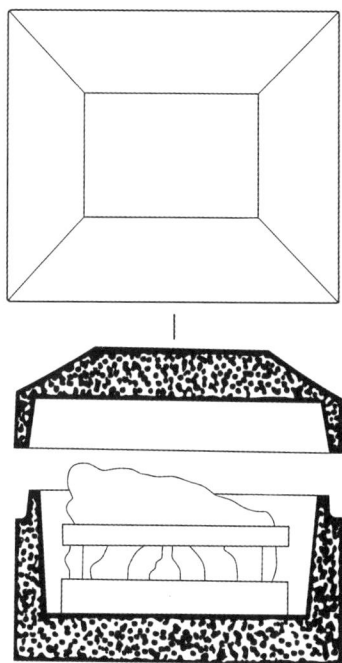

图二　内蒙古庆州白塔发现的辽代砖函

从形制上看，邺城赵彭城北朝佛寺塔基中发现的"砖函"，位于柱础石下，由若干砖块垒砌而成，之上的夯土与周围的塔基夯土连成一片，表明其在夯筑塔基时即被瘗埋[15]。此"砖函"与北魏以来"函"的形制样式截然不同，更加类似于"砖室"，虽然其规模极小，但绝非"函"的概念。冉万里曾论述这个"砖函"显然是在夯筑过程中有意砌筑的一个狭小空间[16]。陕西西安隋清禅寺塔基中所谓"砖函"的形制与赵彭城北朝佛寺塔基中的"砖函"类似，为二十余块方砖砌成，底部平铺五块，东西两壁用八块，南北壁用四块，发掘者认为是墓葬[17]，高继习则将其判断为砖函[18]。同样，西安隋清禅寺塔基下的"砖函"形制与"函"的形制差别巨大，发掘者将其判断为墓葬便已经表明其作为"砖室"性质十分显著，而非"函"的性质。泾川龙兴寺发现的"砖函"亦由一块块砖垒砌而成，平面呈长方形，顶部已经损毁，南北壁砖竖立，有内外两层，西壁为四层砖平铺砌成，东壁立一方形铭文砖，底部砖纵向平铺，"砖函"内放置有陶棺，棺内藏有舍利(图三)[19]。从泾川龙兴寺发现的所谓"砖函"来看，其形制、大小都与西安隋清禅寺

塔基下的所谓"砖函"极为相似，明显是对墓葬的模仿，进而营造一个放置舍利容器的空间，它的性质无疑是"室"而非"函"。北京顺义辽净光舍利塔塔基清理简报中也描述有砖砌"舍利函"，砌法为两顺一丁，方砖铺地，整个"舍利函"长宽高均在2米以上[20]。显然这里的"舍利函"完全不具备"函"的特征，毫无疑问这个所谓"舍利函"也应当是"砖室"。

图三　泾川龙兴寺"砖函"与陶棺

根据文献记载，南北朝时期舍利瘗埋中就已经出现了砖室。甘肃泾川出土的武周时期大云寺舍利石函铭文中记载了舍利的发现过程：

爰有古塔余基，在兹寺之右，高惟及仞，袤劣无常，壤甓既零，榛芜遂积，建葺之始，访者颜而靡详，光影之奇，在休辰而屡警……于是庀徒具锸，揆势施功，言未倍寻，便臻藏所，遽开砖室，爰得石函，中有琉璃瓶舍利十四粒[21]。

这其中明确记载了打开砖室取出石函。而根据学者研究，这批古塔基下的舍利并不是隋仁寿元年统一分发全国进行瘗埋的舍利，其很有可能为北周时期[22]。《续高僧传》中的记载可能更为明确，其中描述了在一处始于南齐的佛寺废址中发现砖藏的事迹，"掘深七尺，又获砖藏。铜银诸合，香泥宛然，但见清水满合，其底踪迹似有舍利，寻觅不见。方知发中所获乃是银合所盛，又觅石造函"[23]。其中明确说到，在砖藏里发现有铜盒、银盒等容器，然后又在砖藏中寻找到石函。这里的"砖藏"显然不具有"函"的性质，而应是营造出放置石函及各种供奉用品空间的砖室。邺城赵彭城北朝佛寺、西安隋清禅寺、泾川龙兴寺和顺义辽净光舍利塔中发现的所谓"砖函"极有可能就是文献中所提到的"砖藏"，即为砖室。虽然它们的规模较小，但其性质是为了营造舍利瘗埋空间而垒砌的"室"，绝非目前资料中认为的"函"。

二、此类"砖室"应为"地宫"

关于舍利地宫概念的界定有很多，而目前提到的舍利地宫多是指塔基下的地宫。徐苹芳在《中国舍利塔基考述》中提出，舍利地宫的正式出现是以泾川大云寺地宫为标志，出现了砖石砌筑的宫室才可称之为地宫[24]。冉万里认为地宫是修建于塔基下用来瘗埋舍利的场所，"地宫"一词至宋代才出现，但在东魏北齐时期的邺城赵彭城北朝佛寺就已经正式出现了地宫[25]。祁海宁则基于徐苹芳的观点，认为应该将塔基内圹室的建成看作地宫形成的标志，而不应以砖石宫室作为地宫存在的唯一标准，广义上地宫泛指在塔基内为瘗藏舍利而构建出的空间，狭义上地宫专指塔基内砖、石宫室[26]。高继习支持广义上的概念，同时提出了舍利瘗埋处能称为"宫"是佛教超凡性、神圣性的延伸[27]。

上述学者提出关于"地宫"的各种概念中，一个用于瘗埋舍利的空间是"地宫"概念的核心。在此需要特别强调的是,作为舍利瘗埋场所的空间大小不是界定其是否作为地宫的标准,而有无专门营造出这个空间才是关键。邺城赵彭城北朝佛寺、西安隋清禅寺、泾川龙兴寺和顺义辽净光舍利塔发现的这类实为"砖室"的"砖函",均用砖垒砌了一个瘗埋舍利的地下空间。因此,即便这三者的空间规模极小,但不能改变它们作为专门为瘗埋舍利而营造出一个地下空间的性质,所以毫无疑问它们应当被称为地宫。邺城赵彭城北朝佛寺、西安隋清禅寺和顺义辽净光舍利塔发现的这种所谓"砖函"即位于塔基之下,它们完全符合现有舍利地宫的概念,故而此处毋需赘言,这三处发现应当就是舍利地宫。但是根据砖铭内容,泾川龙兴寺发现的这种所谓"砖函"却位于龙兴寺曼殊院文殊菩萨殿之下。由于目前发现的大部分舍利地宫都位于塔基下,学界关于舍利地宫概念中地宫位置的界定多囿于塔基之下,忽视了一部分佛殿下的舍利瘗埋空间。所以,有必要在此简要讨论这例泾川龙兴寺发现于佛殿下的所谓"砖函"是否也可以称为地宫。

自古代印度阿育王建塔以安奉舍利开始,舍利塔便用于安奉舍利。随着佛教传入中国,舍利通常也瘗埋于塔中。但是,除泾川龙兴寺发现的舍利瘗埋于佛殿之下外,徐苹芳认为是舍利地宫出现标志的泾川大云寺地宫,其实也位于佛殿之下。根据泾川大云寺地宫出土石函铭文记载:"爰从大周延载元年,岁次甲午,七月癸未朔十五日己亥,迁于佛殿之下,崇圣福焉。广厦清冷,曾轩肃穆,基侔象戴,隧拟龙缄。"铭文明确表示了地宫位置是在佛殿之下,而非在佛塔之下。此外,文献中也有一些关于舍利瘗埋于佛殿之下的记载,如《法苑珠林》载:"如河西甘州郭中寺塔下有古佛舍利,及河州灵岩寺佛殿下亦有舍利。秦州麦积崖佛殿下有舍利。"建塔以安奉舍利,并不意味所有的舍利都一定瘗埋于塔中或塔下,不能忽略确实有一部分舍利瘗埋在佛殿之下,这两者都可以成为瘗埋舍利的场所。黄夏年便指出:"舍利不一定都放在地宫里。重要舍利会在地宫里,一般法师们的舍利并不需要安奉于地宫。如果塔高两三米也不太可能有地宫,因为无须以地宫

为地基。所以关于大殿问题,可能是建塔前先把舍利放在大殿里供人瞻拜,有的大殿是有地下室的,就会把地下室当做临时地宫供奉舍利。龙兴寺的舍利也许就是这种情况。"同时,由于舍利的神圣性、超凡性打破了世俗等级制度,瘗埋舍利的场所可称之为"宫"。因此,舍利地宫的概念不应该仅局限于塔基之下,而是应该包含着所有瘗埋舍利的地下场所。泾川大云寺地宫就是一个非塔基下舍利地宫的典型代表,而泾川龙兴寺在佛殿下发现的所谓"砖函",自然应当称为地宫。

三、结语

以邺城赵彭城北朝佛寺、西安隋清禅寺与泾川龙兴寺发现的这类舍利地宫为代表,虽然规模都较小,形制上也具有相似性,但它们的意义却有所不同。首先,根据文献记载,东晋时即有舍利瘗埋,但邺城赵彭城北朝佛寺舍利地宫是目前发现最早的舍利地宫,是舍利地宫的起源。冉万里认为它的出现标志着舍利瘗埋中国化过程中实现了瘗埋场所的中国化。西安隋清禅寺地宫则形制稍大,冉万里亦对此有过详细论述,并且重新考证了隋清禅寺地宫中发现的砖铭内容,指出隋清禅寺在当时得到了包括隋文帝及皇后、晋王杨广在内的各方支持。所以,隋清禅寺地宫并非是条件不足情况下的产物,而就是当时舍利瘗埋的一种形式。需要注意的是,此地宫的时代位于隋仁寿颁赐舍利之前,从形制上看无疑是对邺城赵彭城北朝佛寺舍利地宫的继承,并且有学者指出隋清禅寺地宫中舍利容器与供养品在保留异域风格的同时也表现出了不少中国特色,此次舍利瘗埋活动对仁寿年间舍利瘗埋制度变革亦产生了影响。

泾川龙兴寺出现这种形式的舍利地宫则应与北宋以来佛教的世俗化有关。第一,这批舍利的级别不高,根据铭文砖记载这批舍利是由云江、智明两位僧人多年收集而来,共有2000余颗。宋代舍利形式多样化,为方便信众瘗埋舍利以表达自己的信仰,出现了大量的舍利代替品,简报中说到其出土舍利质地大部分为石英砂,这正是当时用砂石代替舍利的写照。其次是宋代佛教信仰的平民化,根据砖铭记载,"本寺管内僧正惠照大师,赐紫义英,助

缘比丘义演,表白大德义捷,小师惠远,梁吉书克",
"助缘埋葬弟子陶知福",可知这次瘗埋舍利是由平
民百姓资助寺院里部分僧人的一次内部活动,参与
此场舍利瘗埋活动的人员主要为本寺内部僧侣,其
中并无官员参加。同时值得注意的是,舍利装在一
具陶棺之中。棺椁作为舍利容器的出现,是舍利瘗
埋制度中国化的重要标志之一。自唐代武则天时期
出现这种变化以来,历经五代宋元,直至明代仍有
使用。瘗埋舍利的棺椁材质主要为金、银、铜、铁、
石、木,宋代舍利棺椁之上多錾刻佛像,装饰涅槃题
材、四神、牡丹卷草纹等图案纹样,表现有造像多
样、装饰繁缛的特点。泾川龙兴寺地宫中装有舍利
的陶棺仅有简单的方格纹装饰,棺内也无金银棺椁
而是漆盒,显得极为简陋。这具陶棺与陕西商县金
陵寺宋代僧人墓琉璃棺㉟、韩城金代僧人墓陶棺㉠
造型十分类似,棺身、棺座连为一体,前高后低,前
宽后窄。因此,泾川龙兴寺的陶棺极有可能就是本
寺僧人的葬具,在这次舍利瘗埋中直接拿来作为舍
利容器使用了。综上,泾川龙兴寺地宫是一场民间
平民供养人参与的佛寺内部宗教活动中因陋就简
的产物,是宋代佛教世俗化的生动反映。

上文对中国古代舍利瘗埋中"砖函"的考辨,厘
清了"砖函"与"地宫"的概念,有助于明确类似发现
的性质与意义,避免对其定名的混乱。目前关于舍
利瘗埋资料中出现的"砖函"可以分为两部分,其中
一部分"砖函"是一种容器,形制基本是对北魏以来
石函样式的模仿,符合"函"的概念,即是真正意义
上的砖函,如内蒙古庆州白塔中发现的"砖函"。而
另一部分"砖函"则不符合"函"的概念,它们不作为
一种容器,而是为了营造一个瘗埋舍利的空间,是
用砖垒砌而成的砖室,是为瘗埋舍利而专门营造的
空间,应当属于瘗埋舍利的地宫,如邺城赵彭城北
朝佛寺、西安隋清禅寺及泾川龙兴寺的发现。同时
邺城赵彭城北朝佛寺、西安隋清禅寺及泾川龙兴寺
地宫三者还分别反映了中国佛教舍利瘗埋制度的
部分发展脉络,展现了舍利地宫萌芽、发展及经历
唐代成熟之后简化与世俗化的三个阶段,对进一步
认识中国古代佛教舍利瘗埋制度的发展演变有着
重要意义。

附记:本文线图由常州市考古研究所肖宇重
绘。

注释:

① 中国社会科学院考古研究所邺城考古队、河北省
文物研究所邺城考古队:《河北临漳县邺城遗址赵
彭城北朝佛寺遗址的勘探与发掘》,《考古》2010 年
第 7 期。

② 郑洪春:《西安东郊隋舍利墓清理简报》,《考古与
文物》1988 年第 1 期;高继习:《中国古代舍利地宫
形制研究》,山东大学博士学位论文,2017 年。在简
报中被认为是墓葬,但高继习先生在其博士论文中
判断为砖函。

③ 甘肃省文物考古研究所、甘肃省泾川县博物馆:
《甘肃泾川佛教遗址 2013 年发掘简报》,《文物》
2016 年第 4 期。

④ 北京市文物工作队:《顺义县辽净光舍利塔基清
理简报》,《文物》1964 年第 8 期。

⑤ 德新、张汉君、韩仁信:《内蒙古巴林右旗庆州白
塔发现辽代佛教文物》,《文物》1994 年第 12 期。

⑥ 刘建国、杨再年:《江苏句容行香发现唐代铜棺、
银椁》,《考古》1985 年第 2 期。

⑦ 冉万里:《中国古代舍利瘗埋制度研究》,文物出
版社,2013 年,第 21 页。

⑧ 高继习:《中国古代舍利地宫形制研究》,山东大
学博士学位论文,2017 年,第 92-96 页。

⑨ 具体可参见辞书编辑委员会:《辞海》,"函"条目,
上海辞书出版社,2009 年,第 840 页;"匣"条目,上
海辞书出版社,2009 年,第 2471 页。

⑩ 河北省文化局文物工作队:《河北定县出土北魏
石函》,《考古》1966 年第 5 期。

⑪ 南京市考古研究所:《南京大报恩寺遗址塔基与
地宫发掘简报》,《文物》2015 年第 5 期。

⑫ 德新、张汉君、韩仁信:《内蒙古巴林右旗庆州白
塔发现辽代佛教文物》,《文物》1994 年第 12 期。

⑬ [唐]道宣:《续高僧传》卷二十八,中华书局,2014
年,第 1128 页。

⑭ [唐]道宣:《广弘明集》卷十七,四部丛刊景明本,
第 216 页。

⑮ 中国社会科学院考古研究所邺城考古队、河北省

文物研究所邺城考古队：《河北临漳县邺城遗址赵彭城北朝佛寺遗址的勘探与发掘》，《考古》2010年第7期。

⑯冉万里：《中国古代舍利瘗埋制度研究》，文物出版社，2013年，第21页。

⑰郑洪春：《西安东郊隋舍利墓清理简报》，《考古与文物》1988年第1期。

⑱高继习：《中国古代舍利地宫形制研究》，山东大学博士学位论文，2017年，第92页。

⑲甘肃省文物考古研究所、甘肃省泾川县博物馆：《甘肃泾川佛教遗址2013年发掘简报》，《文物》2016年第4期。

⑳北京市文物工作队：《顺义县辽净光舍利塔基清理简报》，《文物》1964年第8期。

㉑甘肃省文物工作队：《甘肃省泾川县出土的唐代舍利石函》，《文物》1966年第3期。

㉒赵超、邱亮：《甘肃泾川大云寺舍利石函铭与佛教塔基考古研究》，《考古》2016年第6期。

㉓[唐]道宣：《续高僧传》卷二，中华书局，2014年，第51页。

㉔徐苹芳：《中国大百科全书·考古学卷》，"中国舍利塔基"条目，中国大百科全书出版社，1986年，第696页；徐苹芳：《中国舍利塔基考述》，《传统文化与现代化》1994年第4期。

㉕冉万里：《中国古代舍利瘗埋制度研究》，文物出版社，2013年，第20-22页。

㉖祁海宁、龚巨平：《北宋长干寺圣感塔地宫形制成因初探》，《东南文化》2012年第1期。

㉗高继习：《中国古代舍利地宫形制研究》，山东大学博士学位论文，2017年，第22页。

㉘甘肃省文物工作队：《甘肃省泾川县出土的唐代舍利石函》，《文物》1966年第3期。

㉙[唐]道世著，周叔迦、苏晋仁校注：《法苑珠林校注》，中华书局，2003年，第1126页。

㉚黄夏年：《浅谈泾州龙兴寺及其舍利》，《泾川佛教文化论》，人民出版社，2015年。

㉛[南朝梁]慧皎撰、汤用彤校注、汤一玄整理：《高僧传》，中华书局，1992年，第477页。刘萨诃于晋简文帝时，见长干寺内有异象，后掘得三石碑，石碑覆有一铁函，铁函内有银函，银函内有金函，金函内有舍利，于是又起一塔安放舍利。

㉜冉万里：《中国古代舍利瘗埋制度研究》，文物出版社，2013年，第21页。

㉝冉万里：《中国古代舍利瘗埋制度研究》，文物出版社，2013年，第35-37页。

㉞高继习：《中国古代舍利地宫形制研究》，山东大学博士学位论文，2017年，第93、96页。

㉟陕西省文物管理委员会：《陕西商县金陵寺宋僧人墓清理简报》，《考古》1960年第6期。

㊱任喜来、呼林贵：《陕西韩城金代僧群墓》，《文博》1988年第1期。

（作者单位：西北大学文化遗产学院）

试论古代墓葬鱼类装饰形象的意义变迁

◇ 洪小蝶

内容提要：本文旨在通过列举仰韶时期至汉唐时期鱼类装饰形象在丧葬文化中的应用，运用对比研究法、文献法等方法，来分析史前至历史时期墓葬中鱼意象不同的含义。鱼意象含义的演变，反映了不同阶段人们对社会问题的不同关注侧重点和解决方式。

关键词：人面鱼身 铜鱼 棺饰 仪鱼

史前人面鱼纹是最早将鱼意象应用到丧葬中的一种行为，其构图有极强的巫术色彩，学界多认为其属于一类氏族图腾（图一）。两周之际对于棺饰的应用也独具特色，以棺木为载体营造"池"的情境，再垂以铜鱼、贝等组成的装饰，辅以墙柳、振容、铜翣等，反映了两周时期别具一格的审美意识。汉唐以来更是出于不同的文化背景、期望及目的，对鱼意象做了不同的改造。在不同的时代背景下，同一物质文化往往能够反映时人不同的思维方式和认知。因此，通过"鱼"这一特殊意象能够了解并思考当时人们的看法及做法，并在一定程度上体现其所处的社会背景。鱼意象强调以"象"表意，其余以"音"表意的对象不在本文讨论范围之列。

一、史前人面鱼纹

（一）既有研究概述

史前半坡、姜寨等聚落发现的人面鱼纹奇特诡谲，学界对其有多种论述。就目前研究而言，主要有石兴邦先生所提的可能为"氏族图腾说"[①]、何星亮的"图腾徽号说"[②]、李荆林的"原始婴儿出生图"[③]、王宜涛的

"祖先崇拜论"[④]及杨玥的"鱼神说"[⑤]等观点，大概可以总结出四个讨论方向：1.图腾崇拜；2.生殖崇拜；3.对死后世界的想象及对重生的寄托；4.是同时拥有人的智慧及动物的特性的巫觋或神仙化身。在经过不同的观点比较研究之后，笔者认为人面鱼纹可能是史前人们对死后世界的想象及对重生的寄托。

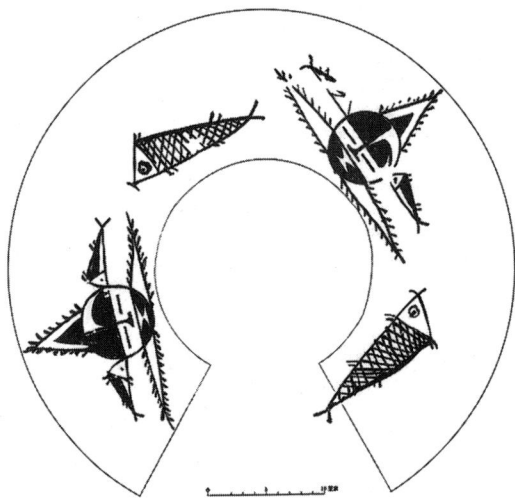

图一　半坡遗址 P4691 陶盆中人面与鱼形花纹展开示意图

(二)人面鱼纹与国内外的联系

古今中外存在诸多将人与动物特点结合的形象,如《山海经》中的西王母和人鱼形象、古埃及太阳神的化身斯芬克斯、古亚述国萨尔贡二世宫殿前的人首牛身像等⑥。鱼除了多籽之外,还有可在水中自由来去的特性。李默然提出,人面鱼图案表现的是一条人面鱼游动的三维场景,可以参考玛雅文明关于水世界和鱼的观念,从而对此图案含义作一些推测。水在很多文化中均有表示地下世界、象征死亡的含义。玛雅文明也是如此,玛雅壁画中有时将死亡描绘为死者沉入水中。假如我们相信这些陶盆是有意放置于瓮棺上,并且上面的图案是有意义的话,可以大致推测,这种意义可能体现在图案与死婴(灵魂)的互动中。也许,半坡人群认为只有通过这一图案,一部分死婴(或其灵魂)才能进入冥界,并在此神鱼的帮助下完成水中的旅程,实现重生。这种类似的冥界为水世界和人化为鱼再生的观念,可能是张光直提出的"玛雅—中国文明连续体"的一个证据⑦。

(三)鱼意象作为原型意象的意义

原型意象的意义在于它所表达和传递的"原始体验"。所有文明都拥有相同的原始意象母题,这是人类种系发育的结构决定的,我们在所有神话、童话、宗教传说和秘密宗教仪式中都能找到这些母题⑧。瑞典心理学家荣格在研究集体无意识及原型意象上有独到的见解:"一个问题的时代性和个体性越是明显,原型现身时所穿的外衣就越是纠结、繁琐、明确……我们时时刻刻都不能幻想原型最终能得到解释和解决,最好的解释也不过就是把原型翻译成另一种形象化的语言,能贴合到什么程度还很难说。"⑨从这个角度来看,人面鱼纹之所以是一种象征、一种原型,正是因为没有人能真正说明白它的含义,其中理性的部分我们可以交给意识,但非理性的部分我们只能"意会"。

人面鱼纹的内涵虽然难以得到一个确切的认识,但我们可以确认的共性在于:一是为儿童瓮棺所有;二是并不是所有的儿童瓮棺都绘有该纹饰。我们可以看到许多仰韶时期聚落中有成片的儿童瓮棺区,有学者即认为儿童瓮棺如此之多是因为史前关中地区有杀婴习俗,通过这一策略来保持聚落中人口与资源的平衡。但笔者并不赞同此观点。仰韶时期关中地区较其他时期气候更温暖湿润,动植物数量和种类明显有增加的趋势⑩。在这样的环境下,可供人类生存的资源实际上并不匮乏。值得注意的是,仰韶时代生活水平和卫生条件低下,儿童的成活率比较低,因此考古发现的瓮棺葬中应当有很大一部分是属于夭折儿童的墓葬。或许史前有个别扼杀婴儿的例子,但不能以此来判断整个社会的实际背景。而且人面鱼纹绘画线条的流畅度及陶器载体的精致度很可能表明了聚落人群对于早夭孩童的怜惜与不舍,体现了聚落中某些阶层对其夭折婴儿的特别对待。史前关中人们希望在人力不可到达的死亡世界,会有鱼这个媒介引领他们的孩子顺利到达彼岸甚至重生,从而反映了史前人们对于婴儿多夭折的社会现状的认识、希冀与对策。

二、商周棺饰用鱼

(一)铜鱼、玉鱼等出土情况

商周时期鱼意象在丧葬文化中的应用范围更广一些,其材质及用途也是多种多样。河南安阳市殷墟孝民屯、鹤壁市淇县大李庄的商代晚期墓地,陕西张家坡西周墓地均有玉鱼出土,随葬位置在头骨下、腹部、足部,棺椁之间,装饰意味浓厚,其中位于棺椁之间的作为棺饰的玉鱼材质较差,数量也比铜鱼、蚌鱼要少,故本文对玉鱼不做过多讨论。作为棺饰的铜鱼集中出现于两周之际的几个诸侯国之间,从国君到卿大夫墓均有出土,以山西天马——曲村晋侯墓地⑪、河南三门峡虢国墓地⑫、平顶山应国墓地、陕西梁带村⑬、刘家洼芮国墓地(图二),宝鸡鱼国墓地等出土数量最多,各诸侯国之间的铜鱼形制与工艺也各不相同。

(二)铜鱼的使用及作用

铜鱼及与其搭配的其他棺饰的使用具有相当明确的文献记载,只是今人对某些字词还有较多不解。《礼记·丧大记》中记载:"饰棺,君龙帷,三池,振容。黼荒,火三列,素锦褚,加伪荒,纁纽六,齐五采五贝。黼翣二、黻翣二、画翣二,皆戴圭。鱼跃拂池。"⑭"鱼跃拂池"四字表现了棺在行进途中棺饰上下晃动的场面,郑玄注曰:"饰棺者,以华道路及圹中,不欲众恶其亲也。"这是棺饰的第一个作用,装饰灵柩以免遭到民众厌恶。"池"与铜鱼的数量有关,文献记载:"君四池,诸侯三池,大夫二池,士一池。"大多数学者们认为"池"是棺的一侧,一侧为一池(图三)。张天恩则提出了另外的看法,有些墓葬平面图呈现出的棺饰分布为"目""日""口"等字,认为有一到四个单元的区别,一个单元便是一池⑮。其实此两种说法与考古材料都有些出入,众所周知文献难

免有后人逐渐完善的嫌疑,即使文献记载正确,各诸侯国的执行力度也并不能统一。笔者更为赞同第一种说法,原因有二:一是既然是为了"不欲众恶其亲"而设,从观者的角度而言,池的四周比其顶面更具观感;二是棺饰制度让人联想到乐悬制度,同样是多一侧多一悬,对于同一时代来说,这样的相同设定具有极大可能性。

图二　陕西澄城刘家洼芮国墓地 M49 随葬品位置图(方框内为铜鱼,圆框内为铜翣)

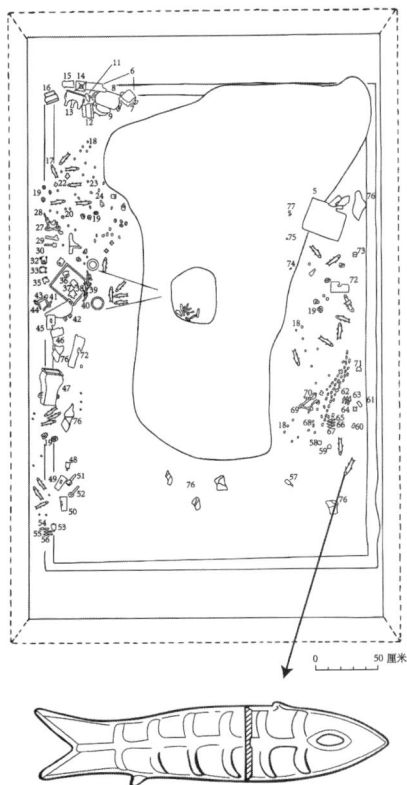

图三　河南三门峡虢国墓地 M2008 平面图

《仪礼》的解释认为棺饰上为柳、下为墙,柳有荒、墙有帷。但是墙柳也可通称为柳,所以郑玄称帷荒"皆所以衣柳也",又曰:"墙,柳衣也。"是墙也可以称柳,柳兼而有墙。柳必须先用木材搭成框架。《周礼·缝人》:"衣翣、柳之材。"郑玄注曰:"必先缠衣其材,乃以张饰也。"柳荒有池,池下悬铜鱼,系振容。郑玄曰:"君、大夫以铜为鱼,悬于池下。"柳上中央有齐。戴是连结棺木和墙柳的。柳之所用与生时所居之帷幕相同。据此,柳当如四注屋,上有荒,四周有帷,荒之中央有齐,荒边爪端悬池若承霤,池下系振容悬铜鱼,如同生时所居之帷幕⑯。笔者认为,墙柳与荒帷应当是竹木架子与其织物的关系,例如在西汉中山靖王墓就有类似的实物,墙柳应为第一层、荒帷为第二层、棺饰则为最外面一层。在明白了各个部位功用之后,两周之际的某些贵族棺椁为何以铜鱼来做棺饰则成为一个重要的问题。

棺饰的意义与作用在当今社会仍能找到与之相似的例子,第一个作用是"以华道路"。闽南地区

现在仍有在灵柩外施墙柳与荒帷的做法,虽然叫法不一,但材质、用法及意义基本是一致的,只是以流苏代替了铜鱼。其实铜鱼的流行时间及范围并不广,以今天看,只在陕西、河南、山西、山东及湖北北部有出土,且年代集中在西周晚期至春秋早期,其后便渐渐消失了。孙华在其《悬鱼与振容》中提出铜鱼其实是仿照生人居所用于防火的悬鱼设施,比如先秦至汉代宫室屋檐下有承接雨水的水槽名为"池"或"承霤",可能是上文中的"池"的来源[17]。再

比如宋代《营造法式》中关于"于屋山搏风版合尖之下"的悬鱼制度[18],与周朝虽相距甚远,但很难否认二者之间的联系,更何况在今西南地区的民居还保留着悬鱼风俗(图四)。除悬鱼外,更为人周知的是鸱吻(也称鸱尾),二者同样出于防火需要且兼具鱼意象。《唐会要》载:"汉柏梁殿灾,越巫言海中有鱼虬,尾似鸱,激浪则降雨,遂作其像于屋,以厌火灾。"[19]以上皆从旁佐证了铜鱼的第二个作用,即象征雨水充沛,以达到防火目的。

图四 四川雅安悬鱼民居

两周之际政治动荡,我们可以注意到出土铜鱼的诸侯国,无论是实际距离(地缘关系)还是心理距离(包含亲缘关系),均离周王朝较近。山东鲁国虽不在其列,但它属于恪守礼制的诸侯国之一。《礼记·杂记》注云:"大夫去振容,士去鱼",再加上前文对池的数量的规定,可以发现铜鱼也是反映封建等级制度的礼制细节。当然有些考古材料不符合记载,如虢国作为士一级的墓葬M2013就没有遵循"士去鱼"的规定,其所出铜鱼与虢国墓地中其他墓葬出土铜鱼位置类似,原因有可能是违制也有可能是君主特赐。这表明了铜鱼及其棺饰组合的第三个作用,即礼制的象征。

一个未被盗扰的墓葬通常会有几百件铜鱼出土,除铜鱼之外还有玉鱼、蚌鱼、铅鱼等等,材质的差异可能还显示了墓主身份地位的差别以及年代早晚的差异。更有与铜鱼相搭配的铜翣、荒

帷、贝等,有的留有痕迹有的消失不见,它们之间的搭配组合是两周之际礼制的一个缩影,让我们得以透过它们窥见商周社会生活的一角,同时考古材料与文献的相互参考也有益于促进对棺饰制度的理解。

三、汉唐墓葬中的鱼意象

(一)汉画像石上的人鱼形象

汉代墓葬中体现鱼意象的目前仅见画像石上的人鱼形象,更多表现的是死后升仙的世界。《山海经》中记载:"氐人国在建木西,其为人人面而鱼身,无足。"《淮南子》《吕氏春秋》中也记载了建木是众帝用以沟通天地的场所,身处其内的氐人自然也成了往来天界的使者。在信奉黄老之说,渴望死后得道成仙的汉人眼中,墓里绘有氐人、西王母等形象用以象征天界,是一种期盼也是一种慰藉。

(二)唐代仪鱼的出现

唐代志怪小说异常发达，佛、道二家的影响不可谓不深远。反映在丧葬方面则是一些神怪明器的出现，如墓龙、当圹、当野、仪鱼等，其中仪鱼指的是鱼形俑，有的是兽首鱼身有的则是人首鱼身。调露元年（679）的王深墓中发现了人面鱼身带四足的俑，与段成式《酉阳杂俎》中关于鲵鱼的记载非常相似："鲵鱼如鲇，四足长尾，能上树。天旱辄含水上山，以草叶覆身，张口，鸟来饮水，因吸食之，声如小儿。"仪鱼在上至帝王下至平民的墓中均有发现，南北方都有出土，直到北宋江西彭泽刘宗墓中仍在墓室左右壁龛中发现人面鱼身俑。不同随葬品放置在墓里的不同位置应该有各自的含义，仪鱼虽没有如《大汉原陵秘葬经》中记载的放置在棺东处，但出土仪鱼的墓葬，往往也同时出土墓龙(单人首蛇身俑、双人首蛇身俑)、稽首俑(卧伏俑)、人首鸟身俑等其他神怪俑。最明显的例子是河北南和唐代郭祥墓，几种神怪俑整齐地摆放在镇墓兽之后，可能和镇墓兽功能相同，应该也是起镇墓压胜作用。唐代盗墓之风盛行，"群盗多蚊虻""白骨下纵横"反映了盗墓事件的严重，各个阶层或多或少都有防盗墓的意识，于是镇墓类明器大量出现，为死人守墓同样也恐吓生人，这也许就是镇墓俑存在的意义。

四、结语

古人对鱼意象有不同的理解及应用，史前时期人们对生死观还处于懵懂状态，只能通过自然界中所见所闻来表达意愿，认为鱼拥有沟通生死两界的神力，能到达人类到达不了的地方，于是结合人的智慧与鱼的力量构成了人面鱼纹；进入历史时期，社会发展加快，阶级观念深入人心，统治者需要大兴土木、制定礼乐制度来凸显地位，于是鱼意象成了权势阶层的装饰品。时间到了唐宋朝之后，鱼意象应用变得广泛，不局限于权势阶层，平民阶层也能随意使用；再到明清时期以至于现在，鱼的寓意表现了人们对美好生活的向往。从远古的巫术神力到如今美好的祝愿，在历史的洪流中，鱼意象是一件小事物，但它却可以让人隐隐感觉到历史前进的脉络，感受到人类思想文明的进步。

注释：

①石兴邦：《半坡氏族公社》，陕西人民出版社，1979年，第136-139页。

②何星亮：《半坡鱼纹是图腾标志还是女阴象征》，《中原文物》1996年第3期。

③李荆林：《半坡姜寨遗址"人面鱼纹"新考》，《江汉考古》1989年第3期。

④王宜涛：《半坡仰韶人面鱼纹新识》，《文博》1994年第3期。

⑤杨玥：《"人面鱼纹"新探》，《中原文物》2009年第1期。

⑥王宜涛：《半坡仰韶人面鱼纹新识》，《文博》1994年第3期。

⑦李默然：《半坡"人面衔鱼图案"再分析》，《江汉考古》2020年第1期。

⑧(匈)约兰德·雅各比著、陈瑛译：《荣格心理学》，三联书店，2018年，第52-55页。

⑨同⑧。

⑩朱晗、杨颖等：《杨官寨遗址仰韶文化中晚期古环境研究》，《考古与文物》2020年第3期。

⑪北京大学考古学系、山西省考古研究所：《天马——曲村遗址北赵晋侯墓地第二次发掘》，《文物》1994年第1期。

⑫河南省文物考古研究所、三门峡市文物考古研究所：《河南三门峡虢国墓地M2008发掘报告》，《文物》2009年第2期。

⑬陕西省考古研究院：《陕西韩城市梁带村芮国墓地M28的发掘》，《考古》2009年第4期。

⑭张天恩：《周代棺饰与铜翣浅识》，《考古学研究(十一)》，科学出版社，2011年。

⑮张天恩：《周代棺饰与铜翣浅识》，《考古学研究(十一)》，科学出版社，2011年。

⑯张长寿：《墙柳与荒帷——1983-1986沣西发掘资料之五》，《文物》1992年第4期。

⑰孙华：《悬鱼与振容》，《中国典籍与文化》2000年第1期。

⑱同⑰。

⑲冯双元：《鸱尾起源考》，《考古与文物》2011年第1期。

（作者单位：西北大学文化遗产学院）

赓续红色血脉,传承革命精神
——常州博物馆红色革命文物掠影

◇ 符 岚

内容提要:革命文物承载着近代以来革命先烈为民族独立和人民解放英勇奋斗的光荣历史,凝结着不朽的革命精神。本文选取常州博物馆藏革命文物若干,时间跨度从土地革命时期至抗美援朝时期,追溯其历史渊源,深究其历史价值,发扬其内涵精神,以铭记历史、缅怀先烈,赓续红色血脉,传承革命精神。
关键词:革命文物 常州博物馆 武进商会 抗美援朝

革命文物是我国文物资源极其重要的组成部分,是我们传承革命文化、发扬革命传统的重要载体,它凝结着中国共产党辉煌的历史,展现了中国人民近代以来不畏强敌、英勇抗争的壮丽篇章,是"激发爱国热情、振奋民族精神的深厚滋养,是中国共产党团结带领中国人民不忘初心、继续前进的力量源泉"①。

常州,有着光荣的革命传统和丰富的红色资源。在中国共产党的正确领导下,常州人民曾在这片热土上进行过艰苦卓绝的斗争,付出过超乎寻常的牺牲,用鲜血和生命换来了一片崭新的天地。这些丰功伟绩和精神遗产,无疑成就了常州城和常州人深藏在骨子里的红色血脉。

而在常州博物馆,就藏有一大批珍贵的红色革命文物。相比于传统意义上的文物,它们或许没有那么"美观"和"高价值",但却承载着无数革命先辈英勇奋斗的光辉印记。时至今日,它们仍激励着我们不忘初心,砥砺前行。

一、慰战死者之英灵,掀革命文学风潮
——《前哨》月刊第一卷第一期"纪念战死者专号"

"中国的无产阶级革命文学在今天和明天之交发生,在诬蔑和压迫之中滋长,终于在最黑暗里,用我们同志的鲜血写了第一篇文章。"在《中国无产阶级革命文学和前驱的血》这篇文章中,鲁迅慷慨陈词,吹响席卷全国的文学革命号角。这篇悼念战友的文章,发表在中国左翼作家联盟(下称"左联")机关刊物《前哨》第一卷第一期"纪念战死者专号"上,以纪念被国民党残忍杀害的"左联"青年作家殷夫、柔石、李伟森、胡也频、冯铿。

左联成立于1930年3月,是一个以鲁迅为擎旗手的现代革命文学团体,也是中国共产党直接领导的第一个革命文学组织。在成立大会上,鲁迅提出了文艺要为"工农大众"服务的要求,积极组织左翼文艺创作,对国民党实施的反革命文化围剿进行有力斗争。短短几年,左联已点燃了中国思想界革

命文化的火种,并在全国渐成燎原之势。

左联领导的左翼文艺运动在创作方面取得巨大成就。其中包括鲁迅、茅盾、瞿秋白、丁玲等人的进步文学作品,都以其思想和艺术上新的拓展产生了广泛的影响。而在此期间,鲁迅、瞿秋白、冯雪峰等人也都在其中做了不少马克思主义文艺理论的翻译介绍工作。

"左联"甫一成立,就立即遭到了国民党当局的残酷镇压。1931年2月7日,上海龙华国民党警备司令部秘密杀害了一批共产党人,其中就包括了"左联五烈士"的李伟森、胡也频、柔石、殷夫和冯铿,这是左翼文艺运动受到国民党当局围剿以来最为残酷血腥的一天。

其实在左联刚成立的几个月后,就有人提出要出版《前哨》,并欲将其定位为"中国无产阶级文学运动之总的领导机关杂志",后因形势变化终未出版,而在此番背景下,出版《前哨》终于得以落实。

1931年4月25日,由鲁迅、茅盾、冯雪峰、沈端先、阳翰笙、丁玲等任编委的《前哨》创刊号"纪念战死者专号"终于出版。这本创刊号上,不仅刊登了鲁迅的《中国无产阶级革命文学和前驱的血》,还有无产阶级革命作家国际协会主席团和美国《新群众》杂志社控诉反动派屠杀政策、哀悼被害战友的来信。"前哨"二字的刊头,则是鲁迅亲笔写好后分头到刻字店木刻,再拿来沾上印油印到刊物上的。此刊虽是秘密发行,却一下子行销了两三千份,且因揭露和控诉了轰动世界的蒋介石大批屠杀青年作家的罪行,又经史沫特莱传到国外,《前哨》在国际上引起了很大反响。国民党当局大为震惊,立即严加查禁。

值得一提的是,就在创刊号诞生后不久,冯雪峰将此刊去给茅盾过目,在茅盾处(愚园路口树德里一座三楼厢房)意外地碰到了正在避难的瞿秋白。当时作为左联元老之一的茅盾正向瞿秋白谈及左联的工作情况,瞿秋白听后向茅盾提议,需得改进左联工作性质,同时作为左联理论性指导和机关刊物的《前哨》必须坚持办下去。

而瞿秋白亦在茅盾处通读了冯雪峰送来的"纪念战死者专号"。时隔数日,瞿秋白便向冯雪峰表示"想借此休养的机会,翻译一些苏联文学作

品"。冯雪峰立即向鲁迅报告了这一信息。鲁迅听罢,"怕错过机会似地急忙说:'我们抓住他!'"[2]在之后的"左联"刊物中,就出现了"史铁儿""陈笑锋""董龙"等的作品和文章。妙笔生花,切中肯綮,这些都极大地扩张了"左联"的声势和阵容。

而由于《前哨》的刊名之意比较明显,于是根据瞿秋白的意见,编委便一致决定将第二期改名为《文学导报》,以防国民党的注目查禁。不幸的是,此刊在同年11月15日出至第八期即遭国民党查禁。因而真正意义上的《前哨》仅出了"纪念战死者专号"一期。

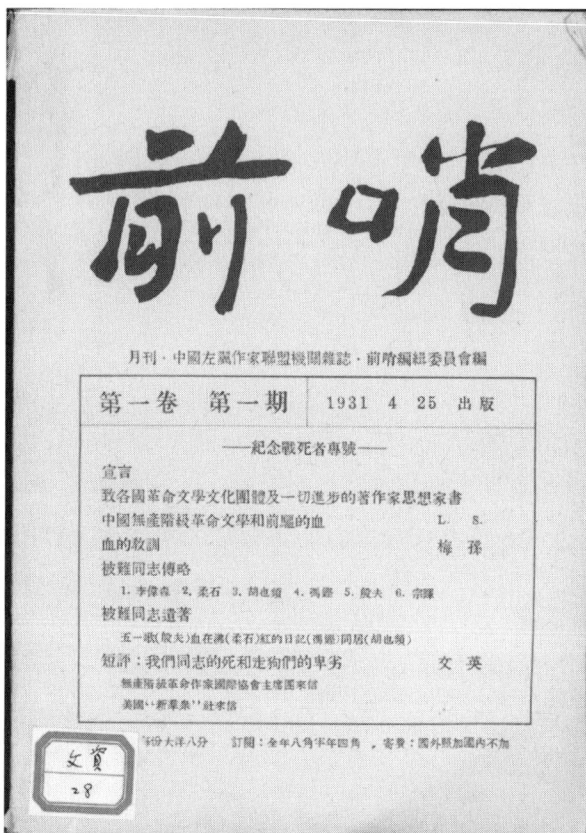

图一　《前哨》月刊第一卷第一期"纪念战死者专号"

二、建地下联络站点,筑情报安全防线

——抗日战争时期"同昌字号"招牌

在"皖南事变"爆发后,太滆地区的抗日斗争进入了异常艰苦的阶段。为了掌握对敌斗争的主动权,中共太滆地委决定在常州城区建立党的地下联络站。由于常州在太滆地区北缘,沪宁铁路的中心,此地敌、伪盘踞,对我人员南来北往,西上东下都有很大影响,而且因其为交通要道的关系,人员来往繁杂,各类消息丰富。因此,在常州城区建立地下联

络站就显得尤为重要。

太滆地委经研究确定,地下联络站的主要任务有四条:"一、负责太滆地区党组织与各有关地区党组织,如上海、路南、路北、浙西、茅山等地区党组织的联络。二、搜集常州城内敌、伪、顽的情报。三、为新四军十六旅和独立二团采购生活及军需用品。特别是解决部队急需的药品及印刷用品。四、负责掩护我党、政、军南来北往干部的安全转移。"③

1941年3月,太滆地委书记陈立平派交通员王发(王铨大)筹办地下联络站,以储备券一万元作为基础资金,决定招盘"同昌"杂货店。为使该店能迅速开业,组织上又按五千元储备券作进货的资本。经过积极的筹备,我党地下联络站"同昌"杂货店(以下称"同昌")于当年秋天开始营业。这爿店开设在常州城内的千秋坊口,店门斜对浮桥头,店面为一间带阁楼的房子。店内经营糖、盐、烟、酒、肥皂、火油、油、纸张等五洋杂货。对外联络由王发负责,店内的工作人员有上海调来的章朴民和武南干部任惠君及其弟弟任金才三人。

图二　同昌号联络站

为了不引起外界的注目和怀疑,组织上决定三人以同父异母兄弟姐妹相称:章朴民改叫杨贵福,任惠君改名杨金娣,任金才改称杨金福。章朴民是组长。他们遵照上级党组织的指示,广交朋友,搞好左邻右舍的群众关系,并派章朴民去参加日语学习班,结识一些日语教师和社会人士,千方百计在城市站稳脚跟。此后,我党、政、军干部通过"同昌"及其他社会关系作掩护转移的有三四百人次,其中就有邓仲铭、程一惠、傅秋涛、何士德等领导干部。

"同昌"白天营业,晚上,章朴民、任惠君二人就在阁楼上誊印传单、写标语,积极宣传新四军的战绩和抗日政策,任金才在楼下看店负责安全,需要时也帮助油印。誊印时没有铁笔,他们就用妇女头上插发髻的骨针代用,待到深夜,各戏院散场后,章朴民和任金才联合行动,张贴抗日宣传材料。一般都张贴在闹市区,如城中公园(今人民公园)、东亚电影院附近。

"同昌"的交通联络员是王发,他以合伙老板的身份常到店中去联络。还通过其表弟杨顺龙的关系,打入常州西门罗汉桥六号内的日本领事馆谍报组(头目叫西泽竹山),通过敌人内部的关系,搞到一张"特别派司",这样他出入于敌特机关及进出城门就可以通行无阻。而且,获取"良民证"及"通行证"就更为方便了。他们单为浙西来常路过的干部就获取了三次临时"通行证",使这些同志能及时安全地转移到抗日革命根据地。另外,他们还为武南县委的领导同志搞到"良民证"及"特别通行证"。那时持有这两证的就有陈立平、孙章录、吴东、杨谷方、张涛等地、县领导干部,为这些同志来常州联系工作提供了方便。

从1941年下半年起,"同昌"由武南县委书记储少白(徐行)直接领导。储少白每隔二、三个月就来"同昌"检查和布置工作,传达上级有关指示。储少白每次来到"同昌",都在阁楼上以打麻将作掩护,听取工作汇报,传达上级指示精神,并部署下一步的工作任务。

由于"同昌"的人员来往比较频繁,引起了东隔壁顺兴饭店小开周元正的怀疑。1943年春,上级组织为了保证"同昌"的安全联络,决定将"同昌"迁至东大街二十八号。不久章朴民、任惠君、任金才三人即被调回太滆抗日游击根据地另行分配工作,另派我地下工作人员张鹤鸣招盘"同昌",以父子店的形式继续开业。为了便于联络和进货运输等原因,1944年春,组织又决定将"同昌"迁至常州小南门城外的广化街(王正兴铁匠店隔壁),张鹤鸣还将父亲张孝从武进夏溪乡下接来店里做营业并帮助掩护。他们经常去武南和浙北长兴白岘镇苏南二地委向联络部长储少白请示汇报工作。

图三 "同昌字号"招牌

1943年的下半年,我党在武南地区取得了反"清乡"斗争的巨大胜利,抗日根据地不断扩大,人民武装力量也在不断发展和壮大。同年冬天,"同昌"除将部分营业利润上缴给组织外,还将武南抗日游击根据地收缴下来的储备券兑换成金子或银圆,供给新四军十六旅和独立二团以作军需之用。"同昌"还为根据地采购和提供军需物资。约计火油十多桶,白洋布五、六匹,还有部分西药,报话机零件,石印机,印刷用品等,这些物资均通过常州东门水门桥至杨桥快班船上的船老大蒋正大,及时安全地运到我武南抗日游击区。

1945年夏天,组织上决定将张鹤鸣调回根据地苏浙公学去学习。抗战胜利后,"同昌"地下联络站也完成了自己的历史使命。以后,"同昌"只是由张鹤鸣的父亲张孝断断续续薄本经营,直至常州临近解放才正式停业。常州解放后,张孝将"同昌"的店招牌等宝贵的革命文物全部上缴给了国家,保存在常州博物馆,以使人们矢志不忘那些曾经在敌人心脏里战斗过的同志。

三、护龙城和平安定,展军民鱼水深情
——新中国成立前武进商会与我军部队的往来信函

渡江战役后,国民党军政人员一盘散沙,四处逃窜,而当时解放军又尚未抵达,由此江南各地出现了一段权力"真空"时期。苏南各地下党也利用各种途径宣传中共政策。1949年2月,中共常州地下党支部章振之、徐星钊和陈焕益等人以"中共武进城市工作委员会"名义,给武进各机关、学校、工厂及一些工商界人士写公开信,希望各界人士做好保护各种档案资料及公共财产,维持秩序等④。与此同时,地下党还经中间人带话给武进商会领袖查秉初,劝说其留下。凭着对时局的研判以及对我党政策的了解,查秉初最终选择留了下来。

4月15—16日,国民党驻军在准备离常逃跑前,向武进商会勒索熟米数千石。武进商会佯装答应了驻军要求,经商会会长查秉初的请求后,商会得以两次延缓交付。直至解放军迫近,驻军四散逃跑。商会既避免了自身的经济损失,也保证了本地的人身安全。4月20日,武进县县长王超一在临逃走前,"向查秉初提出借用枪支,并劝其一同逃跑,被查秉初拒绝。武进三青团负责人虞铭甫逃跑前强迫查秉初去取枪"⑤,被查秉初以身体抱恙为由蒙混过去。之后,武进商会将这批枪支和子弹悉数上交给了政府。4月22日,驻常国民党军政人员四散逃跑,当地开始人心惶惶。查秉初专门在大街步行,以安定人心,并随后召集各同业公会负责人,在商会中协商如何安抚百姓、维持秩序。他一面安排欢迎解放军进城的活动;一面提议召集全城消防队员持木棍,持棍上街昼夜轮流巡逻维护治安,直至解放军到达。

而事实上,以查秉初为首的武进商会,从渡江战役开始,早就与我党我军保持着密切的往来,以实际行动支持人民解放军的各项活动。在一张洪湖大队渡江司令部出具的便条(图四)上,可以看到部队联系常州(武进)商会帮助解决部队伤员转运车辆事宜。在另一张第十兵团向武进商会出具的证明书(图五)上,可以看到商会努力借调了来自武宜、大通、救火会、武青、常溧、中运和电讯局的八辆汽车,还有一艘汽船,以供部队使用。而在常州解放的第二天(24日),人民解放军第十兵团向武进商会发出公函(图六),要求借用城内所有商营汽车、汽艇和汽油,以供部队"继续南征,进歼各城之逃匪",查秉初在第二天立即在信上批示委派专人处理此事。

在政权更替的关键时刻,在动荡不堪的时局之下,常州工厂未停工,商店未停业,百姓人心初定,未造成过大的动乱,这些都和以查秉初为首的武进商会拥护我党,护厂护商,维持稳定的决心和行动是分不开的。1949年4月常州解放后,民国武进商会的历史使命结束。新中国成立后,查秉初历任常州市各界人民代表会议代表和协商委员会委员,政协常州市第一至五届委员。

民国武进商会在历史改写的关键时刻,及时认清形势,正确的选择了站在我党和人民一边,使城市免遭劫难,人民免于战火,同时也保存了常州城市的根基和元气,为日后常州城市的发展提供了安定的环境和丰厚的沃土,这些功绩,必将被时代和后人铭记。

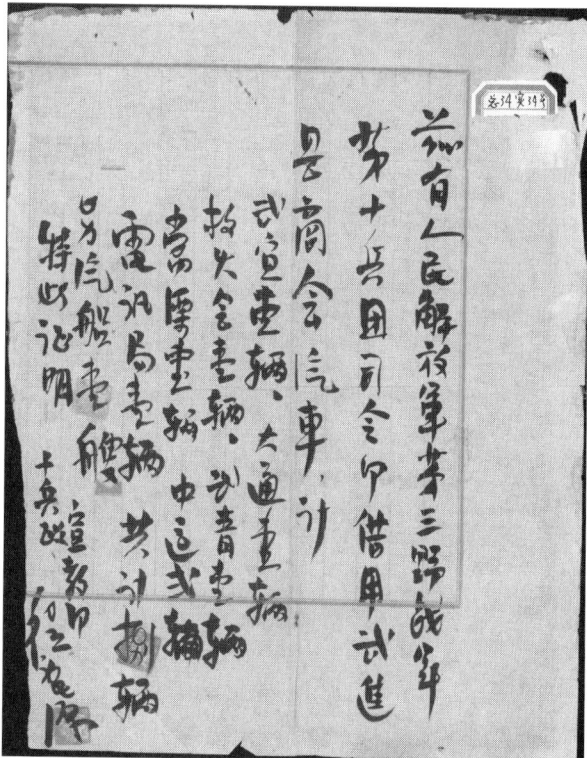

图五　十兵团向武进商会借用汽车收条

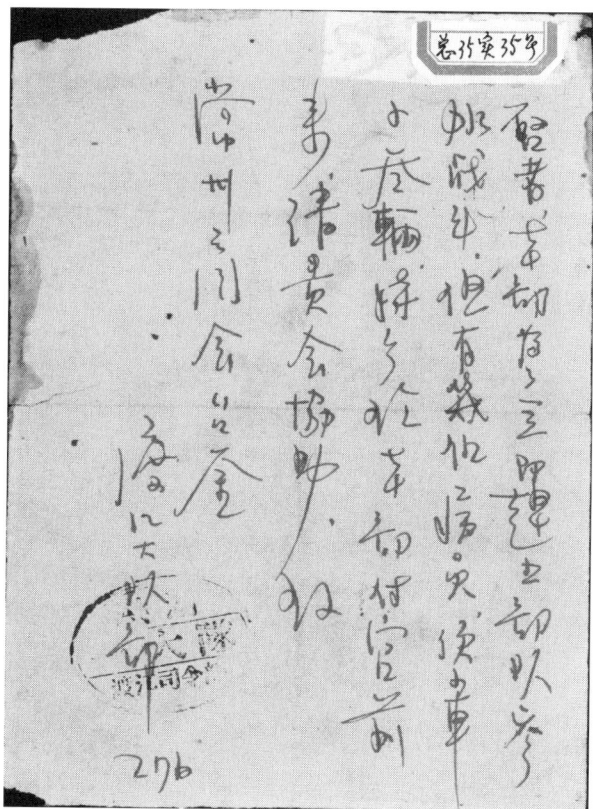

图四　新中国成立前渡江司令部一大队便条

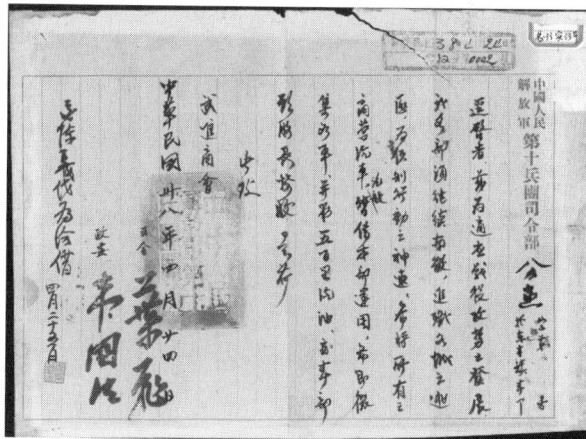

图六　十兵团致武进商会出借物资函

四、践救死扶伤使命,结中朝人民友谊
——任志勤抗美援朝纪念章

1950年6月,朝鲜战争爆发。同年10月,应朝鲜政府请求,我国迅速组成了中国人民志愿军入朝参战,全面投入到反侵略战争中去。一场全民抗美援朝运动就此轰轰烈烈的迅速开展了起来。在这场运动中,中国红十字会发挥出了巨大的作用。而这

其中,就活跃着十一名常州"红十字人"的身影。

1951年1月22日中国红十字会总会向全国发出通知,"号召全体会员和工作人员,在自觉自愿的基础上,踊跃报名参加抗美援朝医疗救护工作"⑥。各地红十字会员、医务工作者热情响应,纷纷报名"参战",有的甚至血书"请战",令人动容。江苏红会在接到总会的通知后,第一时间进行了传达和学习,然后与当地政府和相关机构团体进行了紧急协商,迅速掀起了一股江苏志愿报名的热潮。

在江苏的众多分会中,反应和组队最为迅速的是常州分会。会中外科医师萧益民带头报名,前黄服务站主任杨迪群和医联会的9人,武进医院的任志勤和刘毓秀都在第一时间相继报名加入。1951年2月10日,常州卫生科、常州市红十字会联合举行盛大欢送会。卫生科科长吴伯芳、市委宣传部长王颖、分会副会长查秉初等40多位各界代表到场,欢送参加中国红十字会援朝医防队的13名同志北上,勉励他们学习白求恩,要学习他的国际主义精神和对工作精益求精的专业精神,克服万难,争做模范医务工作者。

全国共有50多个分会向总会报名,总人数达833人⑦,常州分会是第一个到达北京分会的。经总会培训,刘毓秀、杨迪群、任志勤、萧益民、韩文娟、柴元庆、陈忠文、张冠英、萧东明等9名来自常州的同志被编入中国红十字会国际医防服务队第一大队,其中杨迪群任第一大队大队部行政组副组长,萧益民任第十队副队长。殷友泉等4名同志未能赴朝鲜,改为参加支淮运动。3月17日,携带着大批药品和医疗器械,医防服务队出发赴朝。19日,他们顺利抵达朝鲜。

前线枪林弹雨、炮火连天,对伤员的医护工作危险与艰苦并存。在国际医防服务队第一大队中,常州的几位女性志愿者克服一切困难,忘我工作,任劳任怨。她们每天给伤病员进行生活和医疗护理,并在寒夜想尽办法为他们烧火取暖,她们的付出很快得到了前线伤病员和当地百姓的认可。

其中武进医院的任志勤,在做好本职化验工作的同时,也经常做护理工作,空余时间还帮助同志们缝补拆洗,力所能及的解决身边人生活上的困难。她抓住每一个宝贵的机会向朝鲜老百姓宣传介绍中国抗美援朝的壮举,以及中国人民对朝鲜人民的深切

同情和坚强支持,增进了两国人民的互信和友谊。另外,任志勤还在工作中始终保持着高度警惕性,有一次,她发现一名"伤员"语言混乱,行为异常,最终识破了这个冒充伤病员的特务,将其成功逮捕。

在朝鲜工作半年多后,国际医防服务队第一大队的139名队员于1951年10月24日返回国内。中国红十字会总会进行通报表扬,17人获得表彰,其中柴元庆、任志勤、韩文娟为常州人。1952年12月19日,朝鲜驻华大使权五稷在北京代表朝鲜民主主义人民共和国最高人民会议常任委员会,以功劳章授予曾为朝鲜军民服务的中国红十字会国际医防服务队第一和第七两大队的模范工作者30人。受表彰者中4人为常州人,分别是柴元庆、任志勤、韩文娟、刘毓秀。

在抗美援朝期间,中国人民抗美援朝总会共组织过三届"中国人民赴朝慰问团"。这个团由各民主党派、各人民团体和各界群众代表组成,先后三次分赴朝鲜各地慰问中国人民志愿军和朝鲜人民军。1953年10月4日,中国人民第三届赴朝慰问团在北京组建成立。出国前以名画家毕加索1952年为世界和平大会绘制的宣传画"和平鸽"为图案,制作了精美的慰问纪念章(图七),正面红釉为底,上刻"和平万岁"繁体四字,正中为一只振翅欲飞的和平鸽。纪念章背面有三行铭文,第一行是:"抗美援朝纪念",第二行是:"中国人民赴朝慰问团赠",第三为"1953.10.25"。这枚即为任志勤参加中国人民第三届赴朝慰问团所得,以表彰她在抗美援朝前线作为一名医务工作者所做的贡献。

图七 任志勤抗美援朝纪念章

在抗美援朝战争期间，这11名常州"红十字人"秉持国际人道主义精神，在极其艰苦的条件下，投入到战争前线，救死扶伤，不负重托，完成使命，书写了可歌可泣的传奇。他们是真正的勇士，是最可爱的人。

五、结语

昔日的硝烟与战火已随历史的车轮渐渐远去，但先烈们的英勇事迹和革命精神则依然历久弥新。他们以忠诚为名，为信仰前行，以自己的热血和牺牲，谱写出今天的锦绣山河，国泰民安。让我们赓续红色血脉、传承革命精神，不忘初心、牢记使命，为中华民族伟大复兴做出自己应有的贡献！

革命先烈永垂不朽，红色精神代代相传。

注释：

① 中国政府网：《中共中央办公厅、国务院办公厅〈关于实施革命文物保护利用工程(2018－2022年)的意见〉》，http://www.gov.cn/zhengce/2018－07/29/content_5310268.htm。

② 冯雪峰：《回忆鲁迅》，人民文学出版社，1957年。

③ 中共常州市委党史资料征集小组办公室编：《常州革命史资料选编》(第四辑)，内部发行，1984年。

④ 同③。

⑤ 丁以德：《"真空中的秩序"：江南绅商在国民党崩溃前后维护地方秩序的活动》，《浙江海洋学院学报(人文科学版)》2015年第4期，第65－69页。

⑥ 徐国普、郝如一：《朝鲜战争期间中国红十字会的国际救援——以江苏红会为个案》，《河北大学学报(哲学社会科学版)》2009年第4期，第23－26页。

⑦ 池子华、郝如一：《中国红十字会百年往事》，合肥工业大学出版社，2011年。

(作者单位：常州博物馆)

利用地方红色资源开展党史教育的探讨

——以中共苏皖区第一次代表大会会址为例

◇ 许倪恒

内容提要：党史教育的目的在于进一步延续共产党人的红色精神传承，而地方红色资源的教育功能则可以很好地契合这一要求。文章基于现实党务工作的思考，以中共苏皖区第一次代表大会会址为例，探讨新时代利用地方红色资源开展党史教育的思路与举措。

关键词：革命纪念馆 红色资源 党史教育

革命纪念馆是中国近现代历史中形成的具有代表性的革命历史载体，蕴藏着丰富的教育资源，是国民教育体系的重要组成部分，承担着社会教育的职责。因此，合理利用革命纪念馆开展党史教育，是展示中国共产党人波澜壮阔的创业历程、赓续中国共产党人红色基因的重要途径。在新时代背景下，如何利用革命纪念馆所承载的历史信息，让革命纪念馆的红色资源充分发挥作用，使得地方红色资源教育和党史教育紧密结合起来，是值得我们深入思考的重要课题。本文基于工作实际，以中共苏皖区第一次代表大会会址为例，尝试探讨利用地方红色资源开展党史教育的思路与举措。

一、革命纪念馆红色资源的特征

第三次全国文物普查数据显示，全国登记的革命旧址有33315处，占近现代不可移动文物总数的24%，其中全国重点文物保护单位4777处。区别于一般性教育资源，这些革命纪念馆的红色资源拥有一些自身特征。

第一，革命纪念馆的红色资源具有强烈的实证性。革命纪念馆的红色资源多以实物的形式反映革命历史，是历史的见证物。许多革命纪念馆本身就是革命旧址，是历史事件的真实发生场地，从而能够将革命人物、革命建筑、革命事件有机结合在一起，用真实而鲜活的历史细节打动参观者。

第二，革命纪念馆的红色资源具有鲜明的政治性。革命纪念馆的红色资源是开展爱国主义教育、培育革命精神的重要平台，革命历史最具说服性，更需要观照当下的现实。因此，发挥革命纪念馆红色资源的巨大价值，要契合当前国家的大政方针，顺应当前的政治背景。

第三，革命纪念馆的红色资源具有明确的价值观。革命纪念馆的红色资源是中国人民在伟大革命斗争中形成的，因而具有马克思主义的意识形态性本质，可以凝聚人心、统一思想、鼓舞斗志，引导参观者形成正确的世界观与价值观。

二、中共苏皖区第一次代表大会会址现状分析

中共苏皖区第一次代表大会会址位于常州市金坛区直溪镇建昌圩，圩内地势低洼，有南、北、中三个天荒湖，面积达一万多亩，是常州最大的圩区。建昌圩与茅山紧紧相依，形成天然屏障，在抗战时期为新四军抗击日寇发挥了巨大作用。

中共苏皖区第一次代表大会会址，原先是革命烈士曹江临的私人住宅。1938年，中共东南局决定成立中共苏皖区委，中共苏皖区第一次代表大会就在建昌圩曹江临的私宅召开。此次大会的召开意义重大，标志着中共苏皖区委的正式成立。

1997年8月，金坛人民政府公布中共苏皖区第一次代表大会会址为第二批文物保护单位（图一）。2004年金坛政府对原址进行了修复，保留了晚清民居的风格（图二、图三），同时又新建了中共苏皖区一大会址陈列馆和苏皖抗战历史陈列馆。会址附近，还建有曹江临等五位烈士的陵墓。中共苏皖区第一次代表大会会址于2005年10月20日对外开放，2006年还被评为常州市爱国主义教育阵地。

图一　中共苏皖区第一次代表大会会址纪念碑

图二　中共苏皖区第一次代表大会会址(修复前)

图三　中共苏皖区第一次代表大会会址(修复后)

1.中共苏皖区第一次代表大会会址开展党史教育的优势

第一，利用丰富的红色元素，打造红色文化主题教育基地。中共苏皖区第一次代表大会会址充分发挥全国爱国主义教育基地的优势，在会议旧址中建设实景小课堂，展示苏南老区人民的革命斗争场景，重现革命先辈艰苦卓绝的斗争历程，使参观者学习历史、洗礼思想、反思当下。

第二，借助先进的陈列技术，举办红色文化主题展览。会议旧址边建有相关陈列馆，参观者可以结合实物和图片感受革命场景、学习党史知识。这些展陈紧扣革命前辈开创和巩固苏南抗日根据地、浴血奋战的历史，以重要历史事件为依托，借助多媒体展示技术，强化红色主题的渲染力。

第三，挖掘革命历史内涵，拓展红色文化传播途径。近年来，中共苏皖区第一次代表大会会址组织开展专题研究，尊重史实，注重普及，撰写出版《金坛文博·中共苏皖一大会址专刊》，向人们介绍这段革命斗争历史。此外，还依托最新研究成果，策划了一系列活动，如革命故事大赛、革命图片展览等活动，从而进一步拓展了苏皖红色文化的传

播途径。

2.中共苏皖区第一次代表大会会址开展党史教育的不足

第一,基础条件薄弱。革命纪念馆开展党史教育活动需要相应的基础性配套,包括展厅环境、教育空间、人员设置等等。目前,中共苏皖区第一次代表大会会址的基础性条件相对薄弱,展厅面积较小,展线较短,教育空间设施短缺,人员编制明显不足,缺乏党史、策展、教育、思政等方面的专门性人才。

第二,生动性不足。一方面,中共苏皖区第一次代表大会会址的讲解词不够生动,叙述扁平化,往往停留在讲党史的层面,没有捕捉历史故事中的细节,没有理解历史故事背后的时代因素。另一方面,党史教育要考虑到不同层次、不同职业参观者的需求,既要严肃认真,也要通俗易懂,展览不能说教为主,从而缺乏生动性。

第三,理论提升不够。中共苏皖区第一次代表大会会址缺乏明确的党史教育主题,没有能从革命历史和现实党情中提炼出理论思辨。这使得不少参观者仍然停留在"看一看、听一听"的层面,难以引发参观者对党史的深层次感悟与思考,达不到"铸魂育人、激扬力量"的效果。

三、充分利用地方红色资源开展党史教育的思路与举措

站在新时代新起点上,中共苏皖区第一次代表大会会址要以深入开展党史教育为契机,着力思考如何克服中小型革命纪念馆的局限性,如何挖掘地方红色文化资源,如何为延续红色血脉做出贡献。

1.丰富馆藏资源,夯实党史教育基础

重视革命文物抢救、征集与保护,是革命纪念馆的核心业务之一,也是开展党史教育的基础性工作。利用征集来的照片、文书、日记、笔记、档案等革命文物,使之成为扩充展览内容、丰富故事内涵、提炼革命精神的材料支撑。抓住全面开展党史教育的契机,组织工作人员对地方红色文化资源开展全面调查,征集相关革命文物,并对革命遗迹进行数字化影像采集,使党史教育言之有物。

2.开展馆藏研究,活化党史教育教材

革命纪念馆应注重从革命精神角度深化馆藏革命文物"一体多面"的研究,既要对革命文物蕴含的革命事件进行研究,也要从文献著作、政策方针等层面加以深化,并提升到革命精神的层次予以解读。努力形成系列研究成果,包括学术论文、普及读物、少儿绘本或连环画等形式。

除此之外,还需要尝试让革命文物"活"起来,即探讨革命文物背后的故事及其象征意义,探索革命文物与文创产品的结合途径。让革命文物的象征元素融合到文创产品之中,更好的发挥革命文物的感染力与号召力。

3.打造红色阵地,完善党史教育设施

第一,创新教育阵地空间。在做好陈列展览的基础上,不断延伸各类教育设施。例如,在中共苏皖区第一次代表大会会址中开辟红色书屋、革命讲堂,或者设立党员宣誓墙,让参观者在看完展览后有更多的学习空间,看展览、读红书、听讲座、重温入党誓词等活动,从而延长党史教育链条,既能深化党史教育,又能增强仪式感。

第二,创新教育管理模式。一方面,加强讲解员培养,推动讲解员的专家型转化,适应不同层次参观者的需求,增强革命纪念馆党史教育的生动性。另一方面,要加强自身宣传,抓住红色文化"进企业、进机关、进军营、进学校、进乡镇"等活动契机,主动送出展览、输出讲解,形成流量。

第三,创新红色旅游思路。红色旅游方兴未艾,中共苏皖区第一次代表大会会址应巧借东风,与金坛其他红色景点共同打造研学旅游品牌,例如潘家墩兵工厂、湖滨抗日学校等,充实红色旅游线路,从而形成金坛红色旅游的品牌效应。

参考文献:

①肖卉:《浅谈新形势下革命纪念馆的创新与发展思路》,《湖南省博物馆学会2010年会暨博物馆免费开放专题学术研讨会论文集》,湖南省博物馆学会编印,2010年。

②刘玉珠:《保护革命文物传承初心使命》,《人民日报》2020年7月18日第8版。

③白雪:《当代红色文化教育研究》,吉林大学硕士学位论文,2016年。

④王桂娥:《红色文化与革命传统教育》,《红色文化论坛论文集》,中共党史出版社,2013年。

⑤朱小可:《革命纪念馆运用红色资源开展社会教育的思考》,《江西科技师范大学学报》2018年第2期。

⑥谢菁:《新媒体视域下革命文物的传播策略及发展研究》,《文物鉴定与鉴赏》2020年第20期。

⑦白少强:《让红色文化资源在党性教育中"活"起来》,《广元日报》2019年11月24日A04版。

⑧吴红莲:《利用博物馆红色资源开展主题教育的策略探讨》,《闽西职业技术学院学报》2020年第4期。

⑨赵飞:《共产党员要学好党史必修课》,《党支部工作指导》2021年第4期。

⑩姚茜:《利用红色场馆开展党史教育的实证研究——以中共"一大"会址纪念馆为例》,上海师范大学硕士学位论文,2021年。

(作者单位:金坛博物馆)

浅谈溧阳水西村新四军江南指挥部纪念馆的历史价值和当代意义

◇ 崔 勇

内容提要:革命纪念馆需要保护好、管理好、利用好革命文物,发挥在宣传文物、服务社会的作用。本文围绕新四军江南指挥部纪念馆的概况、建设展开论述,探讨溧阳水西村新四军江南指挥部纪念馆的历史意义和时代影响。

关键词:水西村新四军江南指挥部 革命纪念馆 历史意义 时代影响

革命纪念馆事业,是在中国共产党领导下的革命斗争中诞生的,其历史渊源可以上溯到中国古代的纪念设施—古代纪念性祠堂,其萌芽可以溯及土地革命时期苏区首府瑞金的中央革命博物馆[①]。革命纪念馆作为一项重要的文化教育事业,其形成和发展则与新中国历史同步,在未来的发展道路上,它终将适应改革开放和现代化建设的需要,获得更大的发展。

革命纪念馆见证了党史、新中国史、改革开放史、社会主义发展史的不朽记忆,革命文物承载党和人民英勇奋斗的光荣历史,记载中国革命的伟大历程和感人事迹,是党和国家的宝贵财富,是弘扬革命传统和革命文化、加强社会主义精神文明建设、激发爱国热情、振奋民族精神的生动教材[②]。

一、新四军江南指挥部概况

新四军江南指挥部旧址位于溧阳市竹箦镇水西村,由新四军指挥部司令部、司令部副官处、司令部通讯班宿舍、政治部战地服务团宿舍及政治部印刷室等五处遗迹组成,建筑面积约为2000平方米[③]。原系李氏宗祠,始建于明代。1938年11月新四军第一支队司令部从宋巷里移驻于此,1939年11月成为新四军江南指挥部司令部所在地[④]。

新四军江南指挥部旧址1982年就被公布为江苏省文物保护单位,2013年5月被公布为第七批全国重点文物保护单位,2015年5月被公布为第二批国家级抗战纪念设施、遗址[⑤]。

二、新四军江南指挥部纪念馆建设

(一)纪念馆概况

新四军江南指挥部纪念馆,始建于1979年,1984年11月对外开放。从对外开放至今,新四军江南指挥部纪念馆相继获评全国爱国主义教育示范基地、全国红色旅游经典景区、国家国防教育示范基地、国家级抗战纪念设施(遗址)、国家4A级旅游景区、国家三级博物馆、全国研学旅行基地(营地)、江苏省廉政教育示范基地、江苏省社会科学普及示范基地、江苏省学校德育基地[⑥]多项殊荣。

(二)纪念馆布局情况

新四军江南指挥部纪念馆现有新四军江南指挥部旧址、史料展览馆、纪念广场、毛泽东像章陈列馆、新四军廉洁思想教育馆、陈毅元帅诗词将军法书碑廊六大特色景点[⑦]。由于纪念馆旧址存在面积小、房屋老、通风差、湿度大，大量珍贵的实物图片史料难以保护，无法满足逐年增加的客流需求等问题，2006年溧阳市委、市政府启动新馆改扩建工程，2007年11月8日新馆落成。

纪念馆占地面积50000平方米，分为核心区、水西村中旧址群和宋巷新四军第一支队司令部旧址群。核心区占地面积40000平方米，有六大特色景点。水西村中有四处景点，分别是司令部副官处旧址、通讯班旧址、政治部战地服务团旧址、印刷所旧址；距核心区2公里有宋巷新四军第一支队司令部旧址群及铁军广场。新馆区由史料展览馆、纪念广场和大型雕塑三大部分组成，纪念广场宽畅的大道将馆区分为新馆区和旧址区。

1.建筑设计

在新馆建筑设计上，大胆采用了抽象派作品的手法。新史料展览馆，其玻璃外形建筑则是新四军徽标"N4A"的N形变异，以纪念碑的现代抽象，解读新四军的文化符号。这一设计理念，出自参与北京"水立方"建筑设计的南大建筑设计院副院长张雷教授之手。2007年11月，新史料展览馆作为优秀建筑，刊登在美国《建筑实录》杂志上，由此引起国际的广为关注。

2.展览内容

该馆建筑面积4000平方米，2007年对外开放。在新馆布展内容上，作了大幅度调整，独辟蹊径，集中展现了新四军在水西村以及从这里延伸的光辉历史，集中展现了从水西村走出来的共和国将帅的光辉形象。

新馆将展厅内容分为"运筹帷幄、东进北上、建家立业、威震敌胆、华夏脊梁、民族忠魂"六大部分，同时借助声、光、电多媒体手段，模拟场景、光纤动态主体沙盘等，形象逼真地再现当年新四军英勇斗争的事迹和场面。新馆的主题主要突出新四军江南指挥部成立的历史意义，体现其是茅山乃至苏南抗日根据地的指挥中心，"为实现长江南北战略合作及夺取抗日战争胜利发挥了重要作用，也为后来夺取解放战争的胜利准备了一支骨干力量"[⑧]。

3.展品情况

在新馆实物展出上，也新征集、充实了一批珍贵文物。主要有粟裕将军的放大镜、刘飞将军的新四军军帽、余光茂将军的布草鞋及回忆粟裕大将的手稿等。尤其有两件文物极为珍贵，堪称"镇馆之宝"：一件是钟期光将军亲属捐赠的上将服（1955年授衔的服装）；另一件是张铚秀将军捐赠的毛毯，这条毛毯是1934年在六盘山战役中缴获的国民党匪军的复制品。

三、新四军江南指挥部纪念馆历史价值

新四军江南指挥部纪念馆是依托纪念新四军江南指挥部这一重大历史史实而建立的革命纪念馆，其职责是保护、管理新四军江南指挥部旧址，征集、研究和宣传与该事件相关的革命文物和史料，对广大观众进行革命传统教育和爱国主义教育[⑨]。2021年是溧阳水西村新四军江南指挥部成立82周年，它为研究新四军的历史提供了重要的史料价值。新四军江南指挥部纪念馆作为全国重点文物保护单位，作为大型革命的指挥中心旧址所在地，其本身的存在和发展就具有较高的历史地位和价值，具有典型性和独特性[⑩]。

1.溧阳的"政治名片"

新四军江南指挥部纪念馆集中展现了新四军在水西村以及从这里延伸的光辉历史，集中展现了从水西村走出来的共和国将帅的光辉形象。利用大量珍贵文物和多媒体手段，让公众了解当年新四军英勇斗争的事迹。据统计，从水西村走出来的新四军指战员中，新中国成立后第一批授军衔有84名将帅，还有一百多名军级领导、省部级领导和地厅级领导。因此凭借着指挥部的历史功勋和历史价值，水西村理所当然地成为溧阳市的一张"政治名片"。

2.红色文化意义

水西村在爱国主义教育洪流中，其"红色"主题、情怀，一直被人们传承，经久不衰，历久弥新。2020年底新四军江南指挥部纪念馆对面的江南铁军教育学院正式成立，每逢党团员五四青年节活动、党员主体教育、党员活动期间，溧阳水西村新四军江南指挥部纪念馆等场馆游客不断。

四、新四军江南指挥部纪念馆的当代意义

1.体现了革命纪念馆利用革命文物,弘扬革命文化,传承红色基因的责任。

纪念馆老馆经过扩建或革新陈列展览,改善管理,焕发出新的活力。新四军江南指挥部纪念馆大力改革基本陈列,在开展文物史料征集保护工作的基础上,通过多种形式的宣教活动,向公众特别是青少年宣传中国共产党的历史,传播近、现代史知识,进行爱国主义教育,为培养"有理想、有道德、有文化、有纪律"的新一代做出了重要贡献。

2.深入发挥纪念馆爱国主义教育的职能。

新四军江南指挥部纪念馆在开展宣传教育活动的实践中大胆开拓,创造了丰富多彩、生动活泼的宣传教育形式。如制作音像和各种纪念品,积极开展电化教育,携带展品外出宣讲,以增强陈列展览的直观效果。2021年春节期间,新四军江南指挥部纪念馆于2月11至28日在其官网和微信公众号,开展《水西100》演绎红色经典系列报道、新四军江南指挥部司令部旧址VR展厅。

3.在文旅融合的背景下,开展红色旅游工作。

波澜壮阔的革命斗争铸就了水西村厚重的历史地位,也给溧阳市留下了极其丰富的红色资源。放大水西村的红色旅游效应,大力推进水西村红色资源的整合与开发。把纪念馆建成集革命传统教育、军事文化博览、人文精神熏陶为一体的全国爱国主义教育和红色旅游基地,凭借新馆的落成、硬软件设施的提升,扩大水西村在全国的知名度。如今江南新四军指挥纪念馆已成为全国爱国主义教育示范基地、全国红色旅游经典景区、国家国防教育示范基地、国家级抗战纪念设施(遗址)、国家4A级旅游景区、国家三级博物馆、全国研学旅行基地。每年有10多万干部、群众和青少年学生前来瞻仰这块红色圣地,接受教育。建议今后将水西村纳入天目湖绿色旅游大格局中,以此打造红色旅游大品牌。打造红色旅游专线,让游客在领略溧阳风光的同时,更好的接受革命传统教育和爱国主义教育。

在文旅融合的背景下,依托溧阳的红色旅游资源,打造精品红色文化旅游路线尤为重要。江南新四军指挥纪念馆已成为全国研学旅行基地,可以大力推广红色研学游活动,让更多的学生了解新四军英勇斗争的事迹。

除此之外,还需要思考经营模式的创新,完善相关设施,更好地为游客提供服务。目前新馆一楼旁边,依托纪念馆开发的各种参与性的军事体验项目依然可见;馆公路对面已建成了数家农家乐餐馆,迎接前来参观的人们。

五、结语

革命纪念馆承担着文化教育和思想宣传的双重使命,具有弘扬革命红色文化的责任。因此,革命纪念馆需要明确自身的定位,从展陈设计、红色系列社教活动等方面进行创新发展,更好地为公众提供服务,让公众了解革命先烈的英雄事迹,了解艰苦岁月下的奋斗精神。

注释:

①李耀申:《中国革命纪念馆事业的回顾和展望(二)》,《中国博物馆》1995年第4期,第55—62页。

②冯旭东:《让革命文物绽放新光彩》,《人民周刊》2021年第6期。

③郑铎、孙晶晶著:《中吴遗韵·遗址遗迹》,凤凰出版社,2014年,第160页。

④同③。

⑤新四军江南指挥部纪念馆官网:http://www.sxn4a.com/Cn/About.Asp?iClassId=4

⑥新四军江南指挥部纪念馆官网:《纪念馆简介》,http://www.sxn4a.com/Cn/About.Asp?iClassId=6

⑦史珂、金堂:《新四军江南指挥部纪念馆通过国家4A级旅游景区复查》,《常州日报》2021年1月25日A01版。

⑧郑铎、孙晶晶著:《中吴遗韵·遗址遗迹》,凤凰出版社,2014年,第163页。

⑨新四军江南指挥部纪念馆官网:《纪念馆简介》,http://www.sxn4a.com/Cn/About.Asp?iClassId=6

⑩唐丽萍、冯淑华:《红色旅游资源的文化遗产价值及其评价》,《旅游研究》2011年第2期。

参考文献:

①李金堂:《打造苏南红色旅游第一品牌》,《常州日报》2007年11月1日A02版。

(作者单位:常州市委办公室)

文字言初心　书笺寄峥嵘

——读严慰冰与程兰芬书信

◇ 褚　娟　黄　梅

内容提要:2021 年是中国共产党百年华诞,作为革命文化的重要载体,红色书信是革命先辈之间或他们与亲友交换看法、交流感情的主要方式,凝结着中国共产党的光荣历史,是宝贵的历史资料。无锡博物院珍藏着严慰冰出狱后和时任无锡县教育局局长程兰芬的亲笔书信近十件。对这些红色书信的解读和挖掘,对体会严慰冰的思想境界和精神风貌具有重要意义,激励人们学习严慰冰的优良革命传统、学习她坚持真理、坚持原则的高尚情操。

关键词:严慰冰　程兰芬　红色书信　无锡博物院

严慰冰(1918 年-1986 年 3 月 15 日),原名严怀瑾,江苏无锡人,中共党员。1938 年在延安抗大学习,曾任《中国妇女》特约记者、延安中央研究院新闻研究室研究员,1949 年后历任北京市教育局中等学校视导员、北京大学马列主义教研室教师、中央宣传部教育处副处长、全国政协文史委员。毛泽东曾誉她为中南海里的 "女状元"。1966 年,严慰冰连写几十封揭露林彪和叶群的恶行的匿名信。"文革"开始后,林彪、江青反革命集团制造了举国闻名的"严案"(内部叫"502"专案)。1966 年 4 月 28 日,严慰冰被捕入狱。1978 年 12 月 1 日,严慰冰获得解放,重见了天日。1979 年秋,中共中央为她平反昭雪,恢复名誉。严慰冰出狱后,来故乡无锡与亲友会面,到无锡后住在梁溪饭店。程兰芬回忆道:"记得在梁溪饭店,她把我和几位同志找了去,一见面大家抱头痛哭,那次她同我们谈了许多许

多,我们听她讲了狱中的悲惨遭遇。"无锡博物院珍藏严慰冰与程兰芬的信件共 9 件,都是严慰冰从

严慰冰肖像

秦城监狱被释放后写给时任无锡县教育局局长程兰芬的。严慰冰去世后，程兰芬无偿将这些珍贵的书信捐赠给无锡博物院。通读严慰冰与程兰芬的信，信的内容比较通俗易懂，主要是关于严慰冰先母迁坟问题、关于安友石的遗孤安震亚的爱人徐静芝的工作安排问题、关于严慰冰身体健康和工作问题以及关于妹妹严昭和侄子严学熙的工作情况等。

一、严慰冰和程兰芬的深厚革命友谊

严慰冰和程兰芬相识于60年代初期。当时无锡县锡剧团为了演出现代戏，以革命前辈严朴同志领导苏南农民秋收起义为题材，由方履平、任梅等几位同志执笔编写了锡剧《白丹山》。剧本的素材主要来源于严慰冰新作的长诗《于立鹤》。1963年7月起，大型锡剧《白丹山》轰动城乡，在沪宁铁路沿线演出500余场，先后在无锡市、县、苏州地区演出，并数次被邀去部队做演出，还专程去省里做了汇报演出，影响良好。无锡博物院珍藏着一份程兰芬亲笔草书《悼念严慰冰》的悼词，文中写道："她的母亲过英同志曾从南京赶来观看了演出，在演出过程中，见到了严朴同志毁家闹革命的情节时，过英同志感动得不时站立起来，频频泛着激动的泪花。她对我讲'这都是真的啊，那时革命是不容易的啊！'"由此可见，《白丹山》的演出在当时可谓是盛况空前、轰动一时。

严慰冰和程兰芬都参与了《白丹山》的研讨、编制，二人因该剧而相识，从此以后二人关系密切。程兰芬在《悼念慰冰大姐》一文中回忆说："慰冰和严昭两位大姐，抗战前是我姐姐程桂芬在县女中的同学，我们相识还是在六十年代初期，无锡县锡剧团为了演出现代戏，决定取革命前辈严朴同志领导苏南农民秋收起义为题材，由方履平、任梅等几位同志执笔编写了锡剧《白丹山》……在编写过程中曾得到了慰冰大姐的热情支持，是她一再来信提供资料。从此以后，我们之间也有了较为密切的联系。"

在1979年6月9日严慰冰给程兰芬留在梁溪饭店服务台的信中写道："程大姐：您好，您在四月初当包书记在无锡时顺便来看我，适我外出，未能

见面，十分遗憾……午睡前，一楼服务员告我：县文教局程局长下午两点来看你！我一直在等您。董同志来，时间已三点，我不能二次爽约。我只得随他走了。不能再等您了，十分对不起……有空得便当去看您！"严慰冰亲切地称呼程兰芬"程大姐"，从信的内容可知，程兰芬约好下午两点来梁溪饭店看望严慰冰，严慰冰因事错过了与程兰芬的会面。这封信主要表达了严慰冰未能与程兰芬见面的遗憾和抱歉之意，也可见二人友情深厚。

1979年6月17日，严慰冰离锡时给程兰芬留在梁溪饭店的信中写道："您好。求您将我给周学浩同志的信转给他。（他下乡演出去了，确切地点我弄不清楚。）多谢您！我约于六月下旬离锡，您得空有便请来玩。请在梁溪饭店便饭。问候您的全家！我的妹妹严昭同志问候您！"从信的内容可知，严慰冰拜托程兰芬帮忙把自己写给周学浩同志的信转给他，并告诉程兰芬自己约于六月下旬离锡，请程兰芬得空来玩，在梁溪饭店吃便饭。信的语言朴实无华，没有华丽的辞藻，字里行间可见二人关系密切，是无话不说的挚友。

另有一封严慰冰写给程兰芬的信，具体写作年份不详，信中写道："兰芬同志：您好！接到您的信十分高兴。我随定一同志于10月20日搭13次快车离京去华东地区……约于年底返京。请您接信后给我一电话，号码：五五·一七七三，我好约您啥时到我家来。我家在东单北总布胡同二号，乘24路公共汽车在外交部街下车，走一段路便到。严昭住三里河路很远（三里河三区49门2号）。欢迎您在我处便饭。"严慰冰接到程兰芬的信表示由衷高兴，告诉程兰芬近期自己要随陆定一南下考察，并告诉程兰芬自己家和严昭家的地址，邀请程兰芬来家里做客。可见程兰芬和严氏姐妹都很熟悉，亲密无间，友谊深厚。

1980年9月9日在严慰冰写给程兰芬的信中还提到了严昭和侄子严学熙的情况，写道："严昭同志在科学普及出版社当第三把手，天天上班，累个半死。我们都劝她退休，但组织上不批准。如今她仍然坚持工作岗位，最近评职称得了个副教授……严学熙为'无锡县报'写了些小故事，因为每次只限

1000字,铺展不开,减了声色。(严学熙是南京大学历史系毕业生,会写论文,不善于写文艺作品,没有文采,只是游戏而故事干巴巴的)。严学熙准备以后将发表在'无锡县报'上的小故事,再润色一次,集成一个小册子,这样也许会好些。"严慰冰在信中把妹妹和侄子的工作情况事无巨细的向程兰芬道来,可见程兰芬与严慰冰一家人的关系密切,她们是无话不说的挚友,字里行间体现出他们的深厚情谊。

二、严慰冰乐于助人的优秀品质

每年严慰冰都会给程兰芬写几次信,还会寄些书给程兰芬,逢年过节还寄来贺年片。程兰芬在《悼念严慰冰》一文中说:"慰冰大姐对敌人嫉恶如仇,对同志满腔热情,十分贴切关心。"

1979年6月12日,严慰冰专门写信请求程兰芬帮助办理安友石的遗孤安震亚同志的爱人徐静芝同志的工作安排问题。信的录文如下:"程大姐:您好,前日我留在梁溪饭店服务台一信,想您已经收到。我近日乱忙,一时还抽不出时间去看您,见谅。我有一琐事麻烦您,请您于便中赐助,不胜感激。我父亲的好友——安友石烈士。他的遗孤安震亚同志,现在无锡县工作,党组织已为安震亚同志落实了政策。安震亚同志的爱人徐静芝同志,原系市新开河学付教导主任,现下放县张泾公社联丰小

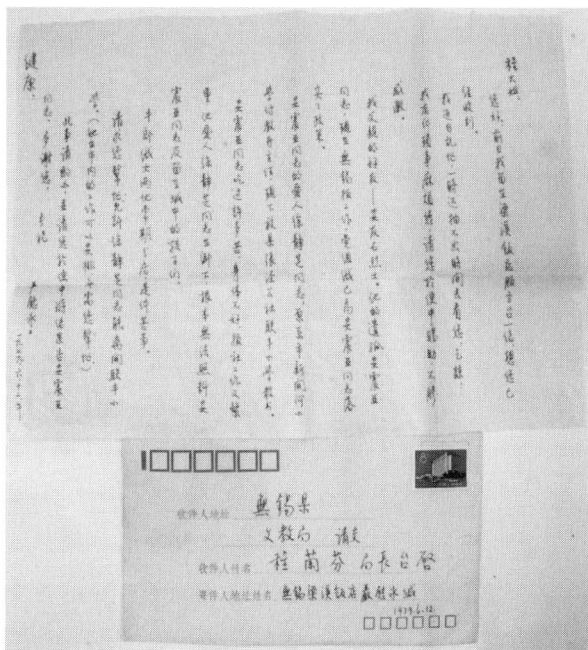

严慰冰与程兰芬书信一

学教书。安震亚同志吃过好多苦,身体不好,报社工作又繁重。他爱人徐静芝同志在乡下,根本无法照料安震亚同志及留在城中的孩子们。牛郎织女两地长期分居,是件苦事。请求您帮忙允许徐静芝同志能离开联丰小学(她在市内的工作可以安排,无需您帮忙。)此事请酌办,并请于便中将结果告安震亚同志。多谢您!专祝健康严慰冰一九七九.六.十二.午"

安友石是革命烈士,严朴和安友石是挚友。1927年安友石牺牲后,他的战友和朋友无不为之感到痛惜。一天晚上,严朴、杭果人冒着危险赶到安友石家里,代表党组织沉痛哀悼安友石,并对他的亲属表示亲切慰问。可见,严朴和安友石革命友谊之深厚。正如严慰冰在《魂归江南》中回忆父亲:"他为营救革命同志及抚恤遗孤,常常慷慨解囊,但对自己却是十分刻苦,在病中还是如此。"

从信的内容可见,严慰冰与安震亚和徐静芝是关系密切的好友。她继承父亲遗志,非常关心和体恤安友石烈士的遗孤及其爱人,可见严慰冰和程兰芬关心好友、乐于助人、体恤革命烈士后人的优秀品质。

三、中华民族传统孝道之义的传承

俗话说,百善孝为先。在严慰冰与程兰芬的通信中,有三封信写到了严慰冰和严昭回无锡为先母过英迁葬事宜,可见严氏姐妹是安土重迁、非常有孝心的女儿,传承着中华民族传统孝道之义。

1979年6月21日,严慰冰给程兰芬和须士荣(程兰芬的丈夫)写道"程大姐:您好!感谢您的厚意。'老寿星'两个收到,受之有愧。我于六月二十四日左右下乡,去八士桥公社,安葬先母骨灰。六月廿八日拟返京。请任梅同志带上日记本一册,请留念。走前不能去看您了,请原谅。您得便晋京,请来我处作客。问候须士荣同志安好。专祝健康严昭问候您两位!严慰冰一九七六.六.廿一"该信虽短,由内容可知严慰冰为安葬先母骨灰,百忙之中特地从北京赶到无锡,其对先母的尊敬和孝心令人感动,也是在弘扬着

中华民民族优秀传统文化。

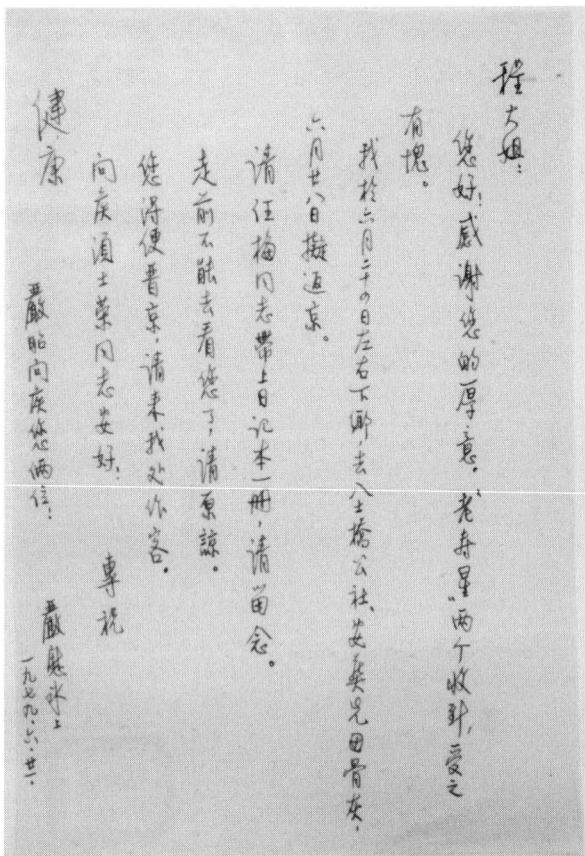

严慰冰与程兰芬书信二

1985年3月6日，严慰冰再次写信给程兰芬和须士荣，提到了回无锡为先母迁坟的一事，她写道："八士桥乡政府有来函催我们回无锡北乡斗山迁坟，我因咽部长异物，动过两次小手术取了标本做检查，尚未有确诊，医生不许我离京，不能回无锡了。我的妹妹严昭于三月十五日离京，先到南京，再约四妹严平，一同回锡。(严昭于前年接通知回去迁坟，因墓地上种了油菜未收，而且'万事未落实'，不得不打了'回票'——在无锡她得病了，发高烧，住了医院——)……迁坟是因八士桥开采条石。怕祖坟被炸掉，万不得已的无可奈何的事。(入土为安了，做子孙的谁愿意去倒腾祖坟?迁东搬西?)"由信的内容可知，因八士桥开采条石，严慰冰姐妹们要回无锡为先母迁坟。严慰冰因身体原因不能回锡，严昭与严平一起回无锡处理迁坟事宜，严昭也因操劳而生病。这封信可见严氏姐妹为先母迁坟一事不辞劳苦，千里奔波数次，体现了她们的孝道和安土重迁的情怀。

1985年3月28日严昭写信给程兰芬，信的录文如下："亲爱的兰芬大姐：您好！这次我从北京来家乡无锡为先母迁葬。经城里只一天，未能前去拜访您，乞谅！大姐在我离京时，要我带您一匣东西，今送上，幸勿以物微见却。家事已办妥，因天雨，所以延误了三天，明日即要启程返京，一切托庇平安。致最敬祺严昭 85.3.28"这是严昭回无锡为先母迁葬以后写给程兰芬的信。由信中内容可知，此次严慰冰虽然没有回无锡，但她让严昭带一匣东西给程兰芬，以表达思念之情。这封信的翌年，1986年3月15日严慰冰在北京去世。

在严氏姐妹与程兰芬的系列通信中，能够看出他们三人革命情谊长，更体现出严氏姐妹作为子女对先母的尊敬和孝道，值得我们每一个人敬佩。

四、严慰冰坚持真理的高尚情操

在长达13年的苦囚生活中，严慰冰备受惨绝人寰的苦刑，遭到殴打、审讯、羞辱、咒骂、折磨，身心受到严重摧残。在大小斗争会上，严慰冰被揪斗共有四五十次之多。程兰芬在《悼念严慰冰》一文中回忆道："四人帮一伙真是灭绝人性，她的手是反铐在后面的，不能吃东西也不能喝水。只能低着头用舌头舔些水，用牙齿到地上啃馒头。她们姐妹俩的一口牙齿是被残暴的敌人硬生生拉掉的……"

面对严刑拷打，严慰冰直言不讳地承认自己写匿名信的事，并说"一人做事一人当"，"刀山火海我自承受"，在酷刑面前没有说过一句假话，未污蔑过一个好同志。可见，严慰冰始终坚贞不屈，顽强地表达自己的思想信念，体现出一个共产党人耿直坦率、信仰坚定、崇尚真理的优秀品质。

1978年12月1日，严慰冰重见天日。虽已沉冤得雪，但严慰冰爱憎分明、疾恶如仇，坚持为父母亲、家人、《白丹山》以及所有受"严案"牵连的人平反。"文革"期间，严慰冰被捕入狱后，《白丹山》首当其冲的受到批判。凡与《白丹山》沾边的，均成挨批对象，矛头直指陆定一和严慰冰。严慰冰曾和程兰芬说到《白丹山》的命运，她说："这不是一个人的问题，是反映革命斗争、反映真实历史戏，一定要再演，被颠倒的历史一定要被颠倒过来。"程兰芬和剧团遵照严慰冰的意见，于1979年10月重演了《白

毗邻的秦岭地区绿松石产地有着密切的关系。新疆东部黑山岭绿松石采矿遗址的调查和发掘，对解决新疆乃至西北地区早期绿松石的来源和矿料的获取技术具有重要意义，亦对新疆早期绿松石"西来说"提出质疑，为研究早期经济物质文明交流和社会高级化进程提供了重要资料。

3.朱砂矿

朱砂亦称丹砂，矿物名称为辰砂，化学名硫化汞(HgS)。朱砂的矿物结晶呈大红色，有金刚光泽至金属光泽，晶体呈致密的块状和半透明的板状或犬牙状。汞(Hg)，古称澒，亦称水银，是自然界中唯一常温下呈液态的有色金属。自然界虽然存在自然汞，但数量较少，获取困难，朱砂矿就成为人类获取冶炼汞的主要矿物[42]。总体来说，我国西南地区朱砂矿较丰富，而东部地区暂时没有发现。其中以贵州储量最多，占全国汞储量的38.3%，其次为陕西，占19.8%，四川占15.9%[43]。我国古代人民使用朱砂最早可以追溯到新石器时代中期[44]。其主要用于入药、炼丹、制作印泥、颜料等方面。目前经过科学调查发掘的只有万山汞矿遗址[45]一处。少量经过调查的遗址如：旬阳汞矿遗址、菩提山汞矿遗址等未发表相关报告。总体来看朱砂矿遗址的调查研究较为缺乏。

4.矿盐

盐，大体可分为岩盐、海盐、井盐、池(湖)盐等。由于岩盐矿床有时与天然卤水盐矿共存，加之开采岩盐矿床钻井水溶法的问世，故又有"井盐"和"矿盐"的合称——"井矿盐"，或泛称为"矿盐"。矿盐主要集中于江苏、江西、湖南、湖北、四川、云南等地[46]。其中以四川自贡为最著名。从上世纪80年代开始，学界开始陆续对相关地区进行调查，主要包括：四川蒲江-邛崃地区、重庆三峡地区等地区。并对部分重要遗址进行了发掘[47]。四川省考古研究院联合北京大学考古系对重庆中坝遗址群进行调查发掘，发现30几处盐井和卤水槽遗迹[48]。此后，四川省考古研究院又对自贡井盐遗址进行了调查研究。发现古盐井15处、水运系统10处、陆路盐道4处。其中有自贡开发最早的盐井——东汉富世盐井和北周大公井，其余更多的是近现代开凿的盐井[49]。山东省文物考古研究所、北京大学中国考古学研究中心

等单位对山东寿光市双王城盐业遗址进行了发掘研究。发现商周时期卤水坑井(盐井)3口[50]。此外还有重庆忠县甘井沟口遗址群[51]、彭水郁山盐业遗址[52]等。有待进行进一步调查发掘。

5.石料

石料作为人类使用最早的材料之一，普遍运用于工具、建筑、筑路、雕刻等方方面面。种类包括花岗岩、砂岩、页岩等。古代采石遗迹遗留较多，分布广泛。经相关调查研究的采石遗址包括：莫高窟采石场遗址[53]、柳河石棚墓群古采石场遗址[54]、浙江德清古代采石宕遗址[55]、辽宁本溪县下堡山城及采石遗址[56]、广东东莞燕岭古采石场[57]、徐州云龙山汉代大型采石场遗址[58]等。总的来看，古人开采石料会根据其不同石材的特点和走向进行布置。

二、研究方法与技术

在过去的半个多世纪，学者们除了不断深入田野工作，还通过历史文献引证、田野工作、成分分析、模拟实验、数据统计分析等方法和技术，对古代采矿遗址进行了研究。

1.历史文献引证

早在20世纪50年代，天野元之助[59]、石璋如[60]等学者，利用《明清国家总志》《明清地方志》及近现代地方志、地质矿产资料，推测商朝的铜矿、锡矿产地在黄河流域的中原地区。郭沫若引用《周礼·考工记》《谏逐客书》的相关内容，考证江淮流域下游是春秋战国时代铜和锡的产地[61]。20世纪70年代，夏湘蓉、李仲均等学者通过解读《管子·地数篇》的记载，推测古代各矿产资源的分布与利用情况，同时指出中原地区铸造青铜器的原料，可能多数还是来自南方[62]。金正耀通过梳理《史记·货殖传》《汉书·地理志》《隋书·地理志》等文献相关内容总结出中国古代锡矿的分布区域，提出在运用史料时要辨识其真伪，并与实际调查工作相结合的重要认识[63]。20世纪80年代，闻广梳理了历史文献中古代矿产的相关记载，将其分为金属类和非金属采矿[64]。

2.成分分析法

是指通过X射线荧光光谱、X射线衍射、电感耦合等离子体质谱仪等仪器，对文物和矿料的主量元素、铅同位素、微量元素等成分进行分析，总结其

不同特征，并进行对比。

20世纪80年代，铅同位素分析被运用到殷商青铜器的矿料示踪研究中。金正耀分析出商代遗址内所出的青铜器内大都含有异常铅（高放射成因铅），通过与已发现的古铜矿遗址矿料进行了数据对比分析，推断殷墟遗址含有异常铅的青铜矿料应来源于西南地区。除此之外，还对三星堆、金沙、城固、大洋洲等地殷商时期的青铜器进行了分析，发现很多商代青铜器都含高放射成因铅，进而将从黄河流域到长江流域发现高放射成因铅的商代遗址串联起来，描绘了一条"青铜之路"——青铜冶炼和铸造业所需金属原料及青铜制品的流通路[65]。彭子成对南方地区商周时期的铜鼓进行了铅同位素分析，通过对比分析，具有铅同位素中等比值的青铜器，其铜矿源主要来自江西的瑞昌铜岭和湖北的大冶铜绿山。铅同位素高比值的青铜器，其矿源可能来自河北、辽宁一带。而铅同位素低比值的青铜矿料，有可能与江西、湖南诸地区的浅成多金属铀矿床有关[66]。汪海港从铅同位素考古学理论、铅同位素比值测定方法及其在考古学中的应用等方面进行说明[67]，对铅同位素分析方法进行了系统阐述。

21世纪以来，微量元素分析方法被引入国内，研究青铜矿料来源。王昌燧、魏国锋、李青临[68]等通过对各古铜矿遗址出土的铜矿料进行微量元素分析后，筛选出可用于辨识铜料来源的Au、Ag、As、Bi等亲铜元素，作为古铜矿及其冶炼金属产物输出方向的判别标志[69]。

成分分析法也被运用到玉器、绿松石等非金属矿料的研究中。王昌燧利用X射线衍射、透射电镜、偏光显微镜和原子吸收光谱等手段，对凌家滩出土的玉器进行测试分析，初步判断其工艺和材质，提出当时可能已经使用了旋转的机械工具[70]。承焕生、朱海信等学者对上海青浦福泉山遗址良渚文化玉器进行了专门的质子激发X射线荧光分析（PIXE），发现这批玉器材质为软玉、岫玉混杂，岫玉来源应非小梅岭玉矿，而应有其他来源[71]。冯敏、毛振伟运用X射线荧光光谱，对贾湖遗址绿松石进行无损分析，认为贾湖遗址的绿松石有可能来自河南淅川县[72]。先怡衡等在此基础上，结合锶同位

素分析，对二里头遗址出土绿松石的产地进行推测，指出二里头绿松石废料坑出土矿料与陕西洛南河口绿松石存在一定关联性[73]。方辉、董豫等学者采用硫同位素和汞同位素相结合的方法对古人可能利用的汞矿的朱砂样本和考古遗址出土的朱砂样本进行采样分析，认为先秦存在朱砂交换网络[74]。

3.数据统计分析

是指通过描述统计、假设检验、相关分析、方差分析、回归分析等方法，对数据进行重新编排，从而提取有用信息，科学揭示事物间的相互关系、变化规律和发展趋势，借以达到对事物的正确解释和预测。在采矿考古研究中，数据统计分析在研究采矿工具形制、作用、演变、矿料及文物成分数据库的建立等方面具有重要作用。先怡衡通过对洛南鸡眼窑绿松石采矿遗址的石锤进行统计分析和对比研究，对国内外青铜时期采矿石锤做了归纳总结，从重量、长度、长宽比三个方面将鸡眼窑石锤与其他古铜矿采矿石锤比照，认为其形体小巧纤细，与其开采绿松石矿种特征和用途有关[75]。

近年，牛津大学通过统计分析铜器微量元素、合金组成以及同位素，建立欧亚大陆青铜时代铜器化学组成数据库（GIS Data base of Analyses of Eurasian Bronze Age Copper Alloy Artefacts），研究古金属在欧亚大陆的流动。运用其研究成果，可以进一步构建古代中国金属供应的管理模式以及中国南北方之间的互动关系[76]。

4.模拟实验

是指对古代的采矿技术、方法进行复原模拟实验，通过模拟实验验证研究内容。邹友宽、卢本珊等人在铜岭西周溜槽对商周选矿技术特别是溜槽选矿法进行了模拟实验研究，总结出当时处理贫矿带中的矿石多采用重物选矿法，西周开始对次生富集带中的矿石采用先进的溜槽选矿法选矿，达到了较高的水平[77]。

微痕分析法近年来开始逐步运用到采矿工具的研究上[78]，由于矿料开采使用的是石器和金属工具，通过微痕分析可以判断器具的功能、作用以及背后所隐含的古代人类采矿的行为特点和生产劳作方式等。但目前由于微痕鉴定未建立出标准、研

究者判断具有主观性、以及实验方法的可靠性等问题，都会对微痕分析的结果是否准确产生影响，微痕分析目前发展不完善，有很大的发展空间。

三、研究内容

采矿遗址考古的研究内容主要包括对矿床本体、采矿过程、矿料运输和流向等三个方面的研究。新世纪以来，研究内容从单一遗址研究向整体区域研究发展。根据卢本珊等人的研究，在商代的整个江南地区，探矿主要采用了重砂法和工程法。地下开拓采用竖井、斜井、平巷等多种井巷联合进行。采掘工具已使用铜质专门器。采用多种型、式不同的"预制"木构件，用于各地矿山井下，形成了规范的井巷支护技术。矿山提升采用滑车等简单机械。矿井采用自然通风。井下有了排水槽、水仓等排水设施。井下采用火把式照明㉗。而辽西地区探矿只发现了矿坑和探矿槽；开采方法以开凿矿洞为主；开采工具多为石制工具和少量骨角器，从开采工具的数量和种类来说，辽西地区也只有采掘和破碎两类工具；未发现相关配套设施；总体来看，长江中游地区的开采时间早，技术更加全面完善㉘。

除了一直从事相关研究的冶金史方面学者外，更多有考古背景的学者也加入进来，从技术和考古学文化两个层面对采矿遗址进行研究。2007年魏国锋梳理了三代铜矿产地，并对铜矿与铜器进行科学对比分析，分析指出，中原王都附近，作为先秦时期的青铜器铸造中心，其所用矿料可能主要来自南方的长江中下游铜矿、山西中条山铜矿以及内蒙古林西境内的大井铜锡矿床。而九连墩楚墓中具有外来风格的青铜器，很可能来自中国北方黄土堆积地区，系当地铸造后输入到楚国的㉙。2011年易德生运用综合分析法，进一步对青铜矿料的开发、产地与商周文明的关系进行研究。在商及西周时期，长江中游除了瑞昌铜岭的铜矿商代前期已经开发。长江上游地区，滇东北地区及成都平原附近地区的铜矿，也可能得到了开发，并成为成都平原三星堆文化及汉水上游汉中、城固地区的矿料来源。北方地区可分为两大子区域，即辽西地区和燕山南北地区，这两个地区铜矿丰富，可能大的、品位高的矿山已经被开发。辽西地区的矿料产地以赤峰—林西为

中心，而燕山南北矿料开发地区可能在承德地区和唐山地区㉚。

1.矿床

矿床研究包括对矿体、矿石构造、周围地质体关系的研究等。由于采矿遗址调查发掘较少，发表详细报告的更是少数，所以对矿床开展的考古学研究十分有限。其中，李仲均从铜矿物和铜矿床入手，总结了21世纪以前关于铜矿床研究的地史资料，并归纳为长江中下游矿区、中条山矿区、川滇矿区和河西走廊矿区㉛等四个矿区。南京伏牛山古铜矿遗址㉜、湖南麻阳战国时期古铜矿㉝等相关遗址的考古报告中，对其矿床结构、规模和矿物成分等情况做了简要概述，大体可分为细脉侵染型铜矿、似层状铜矿和石英脉型铜矿等。

2.采矿过程

采矿过程研究包括对采矿工具和采矿技术两方面的研究。伴随着湖北大冶铜绿山遗址的发掘，卢本珊、刘诗中等学者铜绿山古代采矿工具、铜岭商周矿用桔槔与滑车及其使用方式进行了初步研究，认为铜绿山的青铜工具有较强的吴越系统特色，滑车采用了先进的滑动轴承结构和润滑剂，整体设计根据井巷开拓及升运需要而巧妙设置，有的用于垂直提升，有的利于改变矿石运输时牵引方向㉞。除前文先怡衡等学者对洛南鸡眼窑绿松石采矿遗址的采矿工具石锤进行功能分析外，杨炯、张跃峰运用偏光显微镜、X射线荧光光谱分析(XRF)和电感耦合等离子体质谱仪(ICP-MS)等进行了测试，显示敦煌旱峡古玉矿遗址采矿工具石锤主要是就地/近取材于敦煌地块三危山玉矿及附近的岩浆岩，特别是附近较为致密坚硬的次火山岩和火山岩。根据石锤的分布特点及其与其他采矿遗址石锤的比较，认为目前所研究的石锤更多为选矿(玉)工具㉟。

采矿技术包括探矿、井巷掘进与支护、露天和地下开采、矿物提升搬运以及排水、通风等方面的科学技术，目前的研究主要集中在古代铜矿遗址的采矿技术上。由于古代选矿和采矿在一起进行，所以多将"选""采"放在一起进行研究。杨永光等学者对湖北大冶铜绿山遗址的采矿技术进行研究，分析了古人在开采铜绿山时运用的地质探矿、井巷掘进

与支护、露天和地下开采、提升、排水、通风等方面的技术成就⑧。其研究的系统性为之后的相关研究提供了良好的示范作用。卢本珊结合模拟实验法，从准备工序工具、选分工序工具或设备和处理工序设施三个方面，对铜绿山选矿技术进行研究，认为古人采用了多种淘洗选矿法和溜槽选矿法，处理贫矿带时用重力选矿法，富集带则采用人工手选法⑧。殷玮璋、周百灵等学者进一步对铜绿山遗址的采掘方式和思路进行了归纳，再一次阐释竖井——平巷（斜巷）——盲井的采掘工艺，并对"水平分层，上行开采""群井开采"以及开采规模等问题的推测进行了反驳，强调研究工作须从特定的对象分析入手，并按照科学的规程操作。有关结论应以事实为据，并经论证而产生，而不是用其他一些主观说法予以解释所能完成的⑧。

21世纪以来，大范围区域的采矿技术对比研究成为热点，和菲菲对辽西地区与鄂赣交界两区域晚商和西周早中期的古铜矿遗址进行了梳理和比较研究，认为受两地的自然环境、地理、地质条件以及当时的生产组织形式的影响，鄂赣交界地带的铜矿开采已形成系统完整的产业链⑧。黎海超对长江中下游地区各采矿遗址进行对比研究，认为自商代至春秋时期铜陵和铜绿山两地的工具系统存在较大差异性，铜陵遗址在早商、中商时期发现有中原文化因素，而之后的长江中下游地区采矿遗址中基本不见中原文化因素。推测中原文化人群直接参与铜矿开发仅见于早商、中商时期的铜陵遗址。简单的"南下掠铜论"也有待商榷，不能一概而论⑧。

除了铜矿的采矿技术外，龚长根，周卫等学者对铜绿山遗址的船形木斗和与之配套的木件臼进行研究，认为其应该是采金工具，结合大冶地区出土的十三件套天平砝码进行分析，认为其是称量金币的工具。从而推断出在春秋战国时期，楚人曾在铜绿山以及大冶地区有规模地采金⑧。卢本珊、王根元从淘金盘到淘金槽、从淘砂取金到脉金矿的开采出发，对中国采金技术做了梳理⑧。湖南省文物考古研究所对湖南宜章县古代锡矿遗址的采掘、洗选遗存特征进行了初步调查⑧。贵州省文物考古研究所联合四川大学历史文化学院考古学系对万

山汞矿遗址进行调查，认为其采用井巷支护，"火爆法"开采。各井巷矿道都使用木板加固。使用"畚、锸、锤、斫、镢"等开采工具，点灯照明，匍匐而入。毛矿在洞中经过肉眼初步分拣后，用竹篓背出洞外，投诸水中，床摇箕漂，清洗干净后背回⑧。而对于石料的开采，多采用因地制宜，按照石材的层理来开采。有的采石遗址还运用"槽眼法"的方式，即顺石材脉络，度量所需石料，划定尺寸，先凿沟槽，再凿入钢楔取石⑧。

3. 矿料流向

是指通过各种方法和技术研究出土文物与古代采矿遗址出产矿料之间的关系，也称为"示踪研究"，主要被用于青铜器和铜矿遗址的研究中。早在20世纪30年代，李济、石璋如等学者就通过历史文献追寻殷墟青铜器矿料来源。随着科技手段的进步，微量元素、同位素、植硅体分析等示踪方法开始应用到矿料流向研究中。金正耀率先运用铅同位素论证妇好墓出土青铜器的矿料应来源于云南地区⑧。彭子成、刘永刚等认为在河南出现的铅同位素高比值的青铜器，其矿源可能来自商王朝的北方地区；铅同位素低比值的青铜矿料有可能与江西、湖南等地的浅成多金属铀矿床有关，并认为这一现象与文献记载的武丁时期商王朝向南方开拓铜路的背景一致⑧。

王昌燧、秦颍、魏国锋等测试分析了若干地区出土青铜器残片的微量元素，将青铜器与铜绿山、铜陵、南陵、中条山、照壁山等先秦采矿遗址铜锭或铜块的特征微量元素进行比较研究，发现安徽境内青铜器的铜矿料主要来自长江中下游的古铜矿，而辽西地区和侯马青铜器的铜料则可能来自大井铜矿或其周边铜矿。同时指出Au、Ag、As、Sb、Bi、Se等特征微量元素组合，对识别青铜器矿料来源具有指示意义，适用于不同铜成矿带的示踪⑧。

非金属类文物和矿料的示踪研究。20世纪初，章鸿钊从地质学观点讨论了中国古玉的产地，梳理了文献古籍中对与矿产地的记载。闻广关注到玉器的质地和溯源的问题，运用扫描电镜、红外吸收光谱技术分析其可能为就地取材的软玉，进一步推测我国的玉器文化是自东向西发展的，即愈西则玉器文化开始出现愈晚⑩。进入新世纪后，干福熹、李

晶、赵虹霞等地质学者探索用于中国古代玉器质地鉴测和溯源中的无损分析方法，通过对矿床、矿物学以及化学成分等方面的分析，总结中国典型产地软玉的宝石学矿物学特征[102]，并对良渚古玉器的颜色、光泽、透明度、折射率、相对密度、主量成分和微量元素等方面进行分析，结果表明良渚文化庄桥坟遗址出土古玉器的玉料来源不是江苏溧阳，而最有可能是新疆软玉[103]。

栾秉敖、方辉等学者通过对古代绿松石质地文物的材料、形制来推断其原料可能来自晋西南地区[104]。佘玲珠、秦颖等学者分析了鄂西北郧县、竹山和陕西白河一带古代绿松石矿的稀土、铀等微量元素，并与湖北出土的两件东周时期绿松石玉饰残片样品进行了对比，认为这些古代绿松石玉饰矿料最可能来自于鄂西北一带[105]。先怡衡对比分析了二里头遗址的绿松石矿料废渣与陕西洛南辣子崖采矿遗址绿松石的成分特征，认为后者可能是二里头绿松石文物矿料的来源地之一[106]。

张小嫚、燕生东等学者运用锶同位素比值，来了解碳酸盐来源，进而判断制盐原料种类[107]。

四、未来工作的思考

随着行业关注度和人才队伍的不断提升，古代采矿遗址的调查和研究工作可以更加兼顾宏观和微观两个层次。

从微观上来说，由于考古学是一门实证的科学，客观而丰富的实物材料是开展研究的基础。所以要加大对采矿遗址的调查和发掘工作，积累更为广泛翔实的资料。特别是在未知遗址调查和已知重要遗址的发掘上。比如加强对西北地区、江浙地区的玉矿遗址调查，对陕西洛南河口绿松石遗址、敦煌旱峡古玉矿遗址等经过初步发掘的重要遗址进一步的发掘工作。

由于采矿遗址的特殊性，在对遗物遗迹进行分析时，要把考古发掘与多学科合作研究结合起来。在提取年代信息时，要尽可能保证数据的客观正确性，随着发掘的不断深入，及时更新信息。综合运用地层学、类型学、碳十四、释光测定等多种测年断代方法。防止用单个年代数值做出结论的情况。在采选矿技术研究中，要综合历史文献、考古资料以及

模拟实验等多方信息。在矿料研究中，要进行全面的铅同位素、微量元素检测。对透闪石、绿松石等矿物的颜色、光泽、硬度、透明度等物理性质也要进行全面测定。

从宏观上来看，建立标准是目前整个采矿考古研究发展的重点环节。只有在统一的标准下进行的研究才具有科学可行性。这其中主要包括同位素、微量元素数据库的建立，使用检测仪器的准确性与一致性等。

总之，古代采矿遗址的调查和研究工作，可以解决目前考古学存在的一些实际问题，进而明晰人类对矿物资源利用的历史。加强考古学科与其他学科的交叉发展，使考古学科内容更充实，研究更立体。

注释：

① 赵国璧：《河南巩县铁生沟汉代冶铁遗址的发掘》，《考古》1960年第5期，第5、13-16页。

② 胡永炎：《大冶铜绿山古采矿遗址近年来的考古发掘及其研究》，《江汉考古》1981年S1期，第118-119页。

③ 孙廷烈：《辉县出土的几件铁器底金相学考察》，《考古学报》1956年第2期，第125-140、174-179页；杨根：《云南晋宁青铜器的化学成分分析》，《考古学报》1958年第3期，第75-77页；华觉明、杨根：《战国两汉铁器的金相学考查初步报告》，《考古学报》1960年第1期，第73-88、136-143页；高林生：《关于我国早期的冶铁技术方法》，《考古》1962年第2期，第99-100页；唐兰：《中国青铜器的起源与发展》，《故宫博物院院刊》1979年第1期，第4-10、107页。

④ 李京华：《秦岭古金矿遗址调查》，《有色金属》1981年第3期，第65、78-79页；王庆荦：《上高县蒙山银矿遗址》，《江西历史文物》1983年第4期，第24、35-36页；卢本珊、张宏礼：《铜绿山春秋早期炼铜技术续探》，《自然科学史研究》1984年第2期，第158-168页；卢本珊：《铜绿山古代采矿工具初步研究》，《农业考古》1991年第3期，第175-182、190页；卢本珊：《商周选矿技术及其模拟实验》，《中国科技史料》1994年第4期，第55-64页；卢本珊、刘诗中：《铜岭商周矿用桔槔与滑车及其使用方式》，

《中国科技史料》1996年第2期,第73-80页;秦颖、王昌燧、杨立新、汪景辉、张国茂:《皖南沿江地区部分出土青铜器的铜矿料来源初步研究》,《文物保护与考古科学》2004年第1期,第9-12页;卢本珊:《商代江南铜矿开采技术》,《文物保护与考古科学》2005年第4期,第48-53页;魏国锋:《古代青铜器矿料来源与产地研究的新进展》,中国科学技术大学博士学位论文,2007年;罗武干、秦颖、王昌燧、魏国锋、席增仁:《中条山与皖南地区古铜采矿炼产物的比较分析》,《岩矿测试》2007年第3期,第209-212页;魏国锋、秦颖:《若干古铜矿及其冶炼产物输出方向判别标志初步研究》,《考古》2009年第1期,第85-95页;袁艳玲:《周代青铜礼器的生产与流动》,《考古》2009年第10期,第68-77、97页。

⑤易德生:《商周青铜矿料开发及其与商周文明的关系研究》,武汉大学博士学位论文,2011年;董俊卿、干福熹、承焕生、胡永庆、程永建、柴中庆、周剑曙、顾冬红、赵虹霞:《河南境内出土早期玉器初步研究》,《华夏考古》2011年第3期,第30-50、157-164页;李延祥:《中原与北方地区早期青铜产业格局的初步探索》,《中国文物报》2014年2月28日第5版;陈国科、蒋超年、王辉、杨月光:《甘肃肃北县马鬃山玉矿遗址》,《考古》2015年第7期,第2、3-14页;和菲菲:《商周时期铜矿开采技术的比较研究》,吉林大学硕士学位论文,2016年;先怡衡:《陕西洛南辣子崖采矿遗址及周边绿松石产源特征研究》,北京科技大学博士学位论文,2016年;黎海超:《长江中下游地区商周时期采矿遗址研究》,《考古》2016年第10期,第81-91页;崔春鹏:《长江中下游早期矿冶遗址考察研究》,北京科技大学博士学位论文,2017年;刘思然、陈建立、徐长青、Thilo Rehren:《江西上高蒙山遗址古代银铅冶炼技术研究》,《江汉考古》2018年第1期,第101-111页;陈国科、丘志力、蒋超年、王辉、张跃峰、郑彤彤:《甘肃敦煌旱峡玉矿遗址考古调查报告》,《考古与文物》2019年第4期,第12-22页;陈其忠:《大田县银丁坂银矿遗址考古调查收获及相关问题探讨》,《福建文博》2020年第1期,第69-74页。

⑥黄石市博物馆:《铜绿山古采矿遗址》,文物出版社,1999年。

⑦伏牛山铜矿调查小组:《南京伏牛山古铜矿遗址》,《东南文化》1988年第6期,第63-68页。

⑧王刚:《林西县大井古铜矿遗址》,《草原文物》1994年第1期。

⑨张国茂:《安徽铜陵地区古矿、冶遗址调查报告》,《东南文化》1988年第6期。

⑩刘平生:《安徽南陵大工山古代铜矿遗址发现和研究》,《东南文化》1988年第6期,第45-57页。

⑪江西省文物考古研究所铜岭遗址发掘队:《江西瑞昌铜岭商周采矿遗址第一期发掘简报》,《南方文物》1990年第3期,第1-12页。

⑫湖南省博物馆、麻阳铜矿:《湖南麻阳战国时期古铜矿清理简报》,《考古》1985年第2期,第19-30、100页。

⑬李天元:《湖北阳新港下古矿井遗址发掘简报》,《考古》1988年第1期,第30-42页。

⑭新疆地质局第九地质大队:《新疆尼勒克县奴拉赛等地铜、铁矿初步评价、矿点检查及路线踏勘报告》,1982年,藏中国地质档案馆。

⑮王立新、李延祥、曹建恩等:《内蒙古克什克腾旗喜鹊沟遗址发掘简报》,《考古》2014年第9期,第3-15页。

⑯韩翰:《云南金平龙脖河遗址》,中国考古网,2020年4月8日。

⑰石璋如:《殷代的铸铜工艺》,《中央研究院历史语言研究所集刊》1955年第26期,第95-129页。

⑱闻广:《中国古代青铜与锡矿(续)》,《地质论评》1980年第5期,第420-429页。

⑲童恩正、魏启鹏:《〈中原找锡论〉质疑》,《四川大学学报(哲学社会科学版)》1984年第4期,第80-92页。

⑳刘锦新:《泛论我国锡矿的主要成因——工业类型的特征机器成矿分区》,《锡矿地质参考资料》(三),1980年。

㉑高平、侯兵:《内蒙古发现距今约3000多年青铜时代锡矿遗址》,《光明日报》2013年5月30日。

㉒张吉、莫林恒、周文丽、罗胜强:《湖南宜章县古代锡矿遗址调查》,《湖南考古》2018年7月26日。

㉓李延祥:《中原与北方地区早期青铜产业格局的初步探索》,《中国文物报》2014年2月28日第5版。

㉔廖苏平:《试论中国青铜时代锡矿的来源》,《南方文物》2002年第2期,第39-40页。

㉕张振海:《王家沟村铁矿遗址》,林州市新闻中心2017年4月14日。

㉖刘慧:《山东省莱芜市古铁采矿遗址调查》,《考古》1989年第2期,第149-154页。

㉗刘乃涛:《北京延庆大庄科辽代采矿遗址群》,《中国文物报》2015年3月27日第006版;魏薇、潜伟:《三维激光扫描技术在采矿遗址研究中的应用——以延庆水泉沟冶铁遗址为例》,《中国文物科学研究》2016年第2期,第52-58页;李潘、刘海峰、潜伟、李延祥、陈建立:《GIS在北京延庆大庄科辽代冶铁遗址群景观考古研究中的初步应用》,《文物保护与考古科学》2016年第03期,第86-92页。

㉘李仲均、李庆元、李卫:《古籍中记载的铁矿产地》,《李仲均文集——中国古代地质科学史研究》,中国地质学会,1998年,第27页。

㉙王峰:《河北兴隆县发现战国金矿遗址》,《考古》1995年第7期,第660页。

㉚刘思然、陈建立、徐长青、Thilo Rehren:《江西上饶包家金银冶炼遗址的冶金考古调查与研究》,《南方文物》2016年第1期,第122-131页。

㉛李京华:《秦岭古金矿遗址调查》,《有色金属》1981年第3期,第65、78-79页。

㉜龚长根、周卫、成建超:《楚人在铜绿山古铜矿采金考——关于船形木斗功用的商榷》,《湖北钱币专刊》总第六期,2007年,第31-34页;卢本珊、王根元:《中国古代金矿的采选技术》,《自然科学史研究》1987年第3期,第260-272页。

㉝《银矿发展简史》,《西部资源》2012年第3期,第43页。

㉞《江西上高蒙山银矿——一个湮没数百年的国内最大古代银矿遗址》,《西部资源》2014年第5期,第70-72页。

㉟刘思然、陈建立、徐长青、Thilo Rehren:《江西上饶包家金银冶炼遗址的冶金考古调查与研究》,《南方文物》2016年第1期,第122-131页。

㊱鹤山信息网:《白云地古矿坑》,鹤山市人民政府门户网,2003年11月1日。

㊲贾腊江、姚远、赵丛苍、凌雪、柳小明、袁洪林:《秦早期青铜器中铅料矿源分析》,《自然科学史研究》2015年第1期,第97-104页。

㊳邓燕华:《宝(玉)石矿床》,北京工业大学出版社,1992年。

㊴苗平、韩飞、孙明霞、郑彤彤、陈国科、王辉:《甘肃北马鬃山径保尔草场玉矿遗址2016年发掘简报》,《文物》2020年第4期,第1、31-45页。

㊵陈国科、丘志力、蒋超年、王辉、张跃峰、郑彤彤:《甘肃敦煌旱峡玉矿遗址考古调查报告》,《考古与文物》2019年第4期,第12-22页。

㊶李延祥、先怡衡、陈坤龙、杨岐黄、邵安定、张登毅、谭宇辰:《陕西洛南河口绿松石矿遗址调查报告》,《考古与文物》2016年第3期,第11-17、55页。

㊷朱寿康、章伯垠:《中国有色金属史(七)汞》,《有色金属》1989年第3期。

㊸孙传尧:《选矿工程师手册第3册下选矿工业实践》,冶金工业出版社,2015年,第912页。

㊹陈元生等:《史前漆膜的分析鉴定技术研究》,《文物保护与科技考古》1995年第2期。

㊺李映福、周必素、韦莉果:《贵州万山汞矿遗址调查报告》,《江汉考古》2014年第2期,第22-40页。

㊻魏东岩:《中国石盐矿床之分类》,《化工矿产地质》1999年第4期,第201-208页。

㊼李水城:《近年来中国盐业考古领域的新进展》,《盐业史研究》2003年第1期,第9-15页。

㊽孙智彬、左宇、黄健:《中坝遗址的盐业考古研究》,《四川文物》2007年第1期,第37-49、102页。

㊾李飞、刘真珍、王彦玉、戴旭兵、丛宇:《四川自贡井盐遗址及盐运古道考察简报》,《南方文物》2016年第1期,第131、132-137页。

㊿燕生东、党浩、王守功、李水城、王德明:《山东寿光市双王城盐业遗址2008年的发掘》,《考古》2010年第3期,第18-36、100-106、111页。

51袁明森、邓伯清:《四川忠县(洽甘)井沟遗址的试掘》,《考古》1962年第8期,第416-417页。

52李小波:《重庆市彭水县郁山镇古代盐井考察报

告》，《盐业史研究》2001年第2期，第32-36页。

㊼吴军、刘艳燕：《莫高窟采石场遗址调查》，《敦煌研究》2018年第1期，第100-106页。

㊽万瑞杰、王耀鹏、李信：《柳河发现石棚墓群古采石场遗址》，《吉林日报》2010年5月22日第8版。

㊾朱建明：《浙江德清古代采石宕遗址调查》，《东方博物》2003年00期，第27-34页。

㊿卢治萍、吴炎亮、乔程、梁志龙、刘宁：《辽宁本溪县下堡山城及采石遗址调查报告》，《北方文物》2020年第4期，第10-16页。

㊼谌小灵：《广东东莞燕岭古采石场及采石技术》，《文物》2012年第8期，第81-86、96页。

㊽刘尊志：《江苏徐州市汉代采石遗址发掘简报》，《考古》2010年第11期，第28-39、103-106、113页。

㊾[日]天野元之助：《殷代产业に阔する若干の问题》，《东方学报》1953年第23册。

⑥石璋如：《殷代的铸铜工艺》，《中央研究院历史语言研究所集刊》第26本，1955年，第95-129页。

⑥郭沫若：《青铜时代》，人民出版社，1954年。

⑥夏湘蓉、李仲均、王根元：《中国古代采矿开发史》，地质出版社，1980年。

⑥金正耀：《晚商中原青铜的锡料问题》，《自然辩证法通讯》1987年第4期，第47-55页。

⑥闻广：《中国古代矿产始用图及说明》，《地球科学–中国地质大学学报》1988年第2期，第111-116页。

⑥向安强：《微痕分析法的创新运用：从石器到金属工具——以环珠江口和铜绿山出土的先秦金属工具为例》，《农业考古》2009年第4期，第180-183、187页。

⑥彭子成、刘永刚、刘诗中、华觉明：《赣鄂豫地区商代青铜器和部分铜铅矿料来源的初探》，《自然科学史研究》1999年第3期，第241-249页。

⑥汪海港：《铅同位素考古的理论、方法与实践》，《文物鉴定与鉴赏》2010年第3期，第22-25页。

⑥李清临、王然：《微量元素示踪法在青铜器铜料来源研究中的应用与进展》，《江汉考古》2007年第2期，第41、77-82页。

⑥魏国锋：《古代青铜器矿料来源与产地研究的新

进展》，中国科学技术大学博士学位论文，2007年。

⑦张敬国、贾云波、李志超、林淑钦、王昌燧：《凌家滩墓葬玉器测试研究》，《文物》1989年第4期，第10-13页。

⑦朱海信、承焕生、杨福家等：《福泉山良渚文化玉器的PIXE分析》，《核技术》2001年第2期，第149-153页。

⑦冯敏、毛振伟等：《贾湖遗址绿松石产地初探》，《文物保护与考古科学》2003年第3期，第9-12页；毛振伟、冯敏、张仕定等：《贾湖遗址出土绿松石的无损检测及矿物来源初探》，《华夏考古》2005年第1期，第55-61页。

⑦先怡衡、李延祥、杨岐黄：《便携式X荧光光谱结合主成分分析鉴别不同产地的绿松石》，《考古与文物》2016年第3期，第112-119页；先怡衡、樊静怡、李欣桐等：《陕西洛南绿松石的锶同位素特征及其产地意义——兼论二里头出土绿松石的产源》，《西北地质》2018年第2期，第112-119页。

⑦董豫、方辉：《先秦遗址出土朱砂的化学鉴定和产地判断方法评述》，《东南文化》2017年第5期，第89-95页。

⑦先怡衡、李延祥、杨岐黄：《洛南鸡眼窑绿松石矿业遗址的石锤》，《人类学报》2016年第4期，第549-560页。

⑦马克·波拉德、彼得·布睿、彼得·荷马、徐幼刚、刘睿良、杰西卡·罗森：《牛津研究体系在中国古代青铜器研究中的应用》，《考古》2017年第1期，第2、95-106页。

⑦卢本珊：《商周选矿技术及其模拟实验》，《中国科技史料》1994年第4期，第55-64页；卢本珊、刘诗中：《铜岭商周矿用桔槔与滑车及其使用方式》，《中国科技史料》1996年第2期，第73-80页。

⑦向安强：《微痕分析法的创新运用：从石器到金属工具——以环珠江口和铜绿山出土的先秦金属工具为例》，《农业考古》2009年第4期，第180-183、187页。

⑦卢本珊：《商代江南铜矿开采技术》，《文物保护与考古科学》2005年第4期，第48-53页。

⑧和菲菲：《商周时期铜矿开采技术的比较研究》，

吉林大学硕士学位论文,2016年。

⑧1 魏国锋:《古代青铜器矿料来源与产地研究的新进展》,中国科学技术大学博士学位论文,2007年。

⑧2 易德生:《商周青铜矿料开发及其与商周文明的关系研究》,武汉大学博士学位论文,2011年。

⑧3 李仲均:《中国古代铜矿床的地质史料研讨》,《李仲均文集——中国古代地质科学史研究》,1998年。

⑧4 伏牛山铜矿调查小组:《南京伏牛山古铜矿遗址》,《东南文化》1988年第6期,第63-68页。

⑧5 湖南省博物馆、麻阳铜矿:《湖南麻阳战国时期古铜矿清理简报》,《考古》1985年第2期,第19-30、100页。

⑧6 卢本珊:《商周选矿技术及其模拟实验》,《中国科技史料》1994年第4期,第55-64页;卢本珊、刘诗中:《铜岭商周矿用桔槔与滑车及其使用方式》,《中国科技史料》1996年第2期,第73-80页。

⑧7 杨炯、张跃峰、丘志力等:《敦煌旱峡古玉矿遗址工具石锤及其岩石材料来源分析》,《中山大学学报(自然科学版)》2019年第4期,第1-13页。

⑧8 杨永光、李庆元、赵守忠:《铜录山古铜矿开采方法研究》,《有色金属》1980年第4期;杨永光、李庆元、赵守忠:《铜录山古铜矿开采方法研究(续)》,《有色金属》1981年第1期。

⑧9 卢本珊:《商周选矿技术及其模拟实验》,《中国科技史料》1994年第4期,第55-64页

⑨0 殷玮璋、周百灵:《铜绿山古铜矿采矿技术的思考》,《江汉考古》2012年第4期,第100-107页。

⑨1 和菲菲:《商周时期铜矿开采技术的比较研究》,吉林大学硕士学位论文,2016年。

⑨2 黎海超:《长江中下游地区商周时期采矿遗址研究》,《考古》2016年第10期,第81-91页。

⑨3 龚长根、周卫、成建超:《楚人在铜绿山古铜矿采金考——关于船形木斗功用的商榷》,《湖北钱币专刊》总第六期,2007年,第31-34页。

⑨4 卢本珊、王根元:《中国古代金矿的采选技术》,《自然科学史研究》1987年第3期,第260-272页。

⑨5 张吉、莫林恒、周文丽、罗胜强:《湖南宜章县古代锡矿遗址调查》,《湖南考古》2018年7月26日。

⑨6 李映福、周必素、韦莉果:《贵州万山汞矿遗址调查报告》,《江汉考古》2014年第2期,第22-40页。

⑨7 卢治萍、吴炎亮等:《辽宁本溪县下堡山城及采石遗址调查报告》,《北方文物》2020年第4期,第10-16页。

⑨8 金正耀:《晚商中原青铜的锡料问题》,《自然辩证法通讯》1987年第4期,第47-55、80页。

⑨9 彭子成、刘永刚、刘诗中、华觉明:《赣鄂豫地区商代青铜器和部分铜铅矿料来源的初探》,《自然科学史研究》1999年第3期,第241-249页。

⑩0 魏国锋、秦颍:《若干古铜矿及其冶炼产物输出方向判别标志初步研究》,《考古》2009年第1期,第85-95页;魏国锋、秦颍、王昌燧、刘博、杨立新、徐天进、张国茂、龚长根、谢尧亭:《若干地区出土部分商周青铜器的矿料来源研究》,《地质学报》2011年第3期,第445-458页。

⑩1 闻广:《苏南新石器时代玉器的考古地质学研究》,《文物》1986年第10期,第42-49页;闻广、荆志淳:《中国古玉地质考古学研究》,中国地质科学院地质研究所:《中国地质科学院地质研究所文集(29-30)》,中国地质学会,1997年第16页。

⑩2 赵虹霞、张朱武、干福熹:《用于中国古代玉器质地鉴测和溯源中的无损分析方法》,《广西民族大学学报(自然科学版)》2009年第4期,第42-53页。

⑩3 李晶:《中国典型产地软玉的宝石学矿物学特征及对良渚古玉器产地的指示》,中国地质大学博士学位论文,2016年。

⑩4 方辉:《二里头文化的绿松石制品及相关问题研究》,载杜金鹏、许宏主编:《二里头遗址与二里头文化研究:中国·二里头遗址与二里头文化国际学术研究讨会论文集》,科学出版社,2006年。

⑩5 佘玲珠、秦颍、罗武干等:《利用稀土等微量元素示踪鄂西北一带古代绿松石的产地》,《稀土》2009年第5期,第59-62页。

⑩6 先怡衡:《陕西洛南辣子崖采矿遗址及周边绿松石产源特征研究》,北京科技大学博士学位论文,2016年。

⑩7 张小嫚、燕生东:《科技分析在盐业考古中的实践》,《盐业史研究》2019年第3期,第155-161页。

(作者单位:西北大学文化遗产学院)

徐州地下城遗址局部遗存保存研究

◇ 李宗敏

内容提要：徐州地下城遗址是明代城市聚落遗存，是徐州市区目前唯一能够见证"明代徐州地下城"的遗址。通过实地勘察徐州地下城遗址和翻阅相关文献，文保人员结合苏北地区土壤特点，采用薄荷醇加固和套箱提取的方法，对局部遗存进行分离、打包、整取。为达到向公众传递历史信息的目的，此遗存将随着地下城遗址博物馆的建成进入展厅进行情景复原展出。
关键词：薄荷醇 套箱法 整体提取 文物保护

面对城市建设的发展需求，许多遗址不能原址保存，为保护重要遗迹遗存，考古现场文物整取搬迁保护已成为常态。考古发掘现场遗迹提取，是指遗迹从发掘出土到运送至实验室这一时间段内，对遗迹进行抢救性和临时性的保护措施①。遗存长时间埋藏在地下，土壤中酸碱盐含量大，不断侵蚀文物，从而使文物变得糟朽脆弱，因此文物整取工作意义重大。

徐州地下城遗址因明代天启四年黄河泛滥而淹没、尘封，故保存现状较为完好。考古发掘工作，揭露了地面、道路、水井、下水道、磨坊、铁匠铺、灶台、水缸等遗存。生动形象地再现了明代人们的日常生活状态和北门大街昔日繁华景象，是徐州市区一处重要的明代遗址，研究价值较高。

一、项目背景

轨道交通1号沿线综合配套建设项目——彭城广场地下空间交通连线工程建设施工过程中（以下简称"交通连线工程"），发现了"地下城遗址"。徐州博物馆配合该工程对施工范围进行了考古发掘，目前在距现代地表四米左右，揭露出明代房址、道路等遗迹。由于该遗址的重要性，已经决定原址建设"徐州市地下城遗址博物馆"。但由于交通连线工程施工需要，遗址仅能原址保留北侧部分（图一），其余均清理、移除。为最大限度保护文化遗存，对南侧拟清理区域的重点遗存，进行加固、打包和搬迁保护。

二、工作原则

对遗存的整体提取不仅仅是技术性"打包"过程，也是对遗迹现象观察分析的过程②。在整体提取过程中，我们关注遗存的形态和朝向，考虑其形成过程，从而获得更多的历史信息。真实性、完整性及最小干预是文物保护实施过程中需要坚持的基本原则。

本次搬迁保护工程对建议提取的部分重要遗存（图一蓝色区域），按以下原则开展工作：

Ⅰ区（北门大街），路面两侧藤条筐，考虑其摆

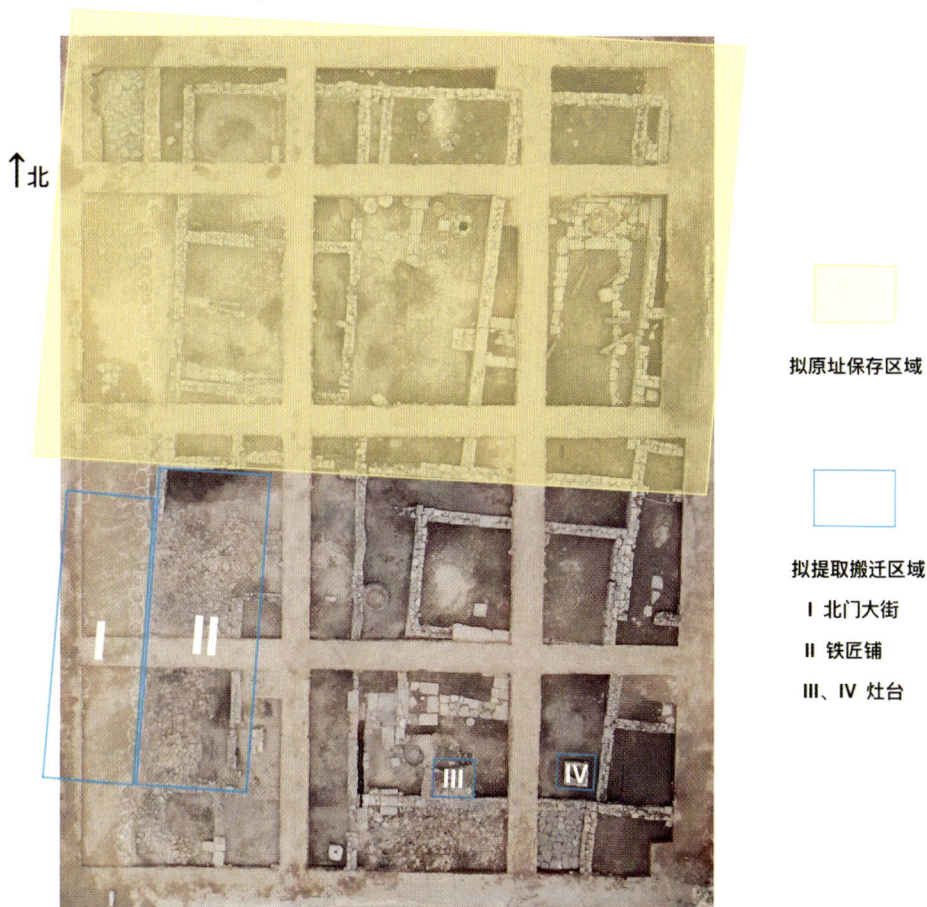

图一　原址保护及拟提取搬迁区域示意图

放并无特定工艺,拟防霉加固处理后,编号、照相单独提取,后期原位复原,重现洪水泛漫倾斜原貌;石质路面,根据现场勘察,考虑施工的可行性,拟打包整取7~9米(此需根据实际施工情况调整)。

Ⅱ区(铁匠铺),经现场勘察,长14、宽3.9米,面积接近56平米,整体搬迁重量、体量太大,不具备可行性。考虑该房址的价值主要是其"布局",拟采取墙体分段打包,屋内地面按土色取典型"点面",周围余土按颜色分袋提取,后期可实现拼对复原,再现铁匠铺的完整性。

Ⅲ、Ⅳ区(两处灶址),采取表面临时加固,再整体托底提取,完整保留遗址的真实性。

三、技术方案

1.技术路线

文物打包提取总体技术工艺为"套箱法",套箱法在打包提取中应用广泛,例如赵西晨等人采用套箱法结合石膏支顶的方法,对陕西韩城梁带村两周墓葬出土的串饰进行了提取保护③。石膏提取法是整体提取技术中比较复杂的一种方法,借助石膏的强度,把遗迹及其附着物一同提取出来。首先对文物本体进行加固,再从周围及底部进行分离、打包(图二),具体技术路线如下:

第一步:开挖作业面。文物四周开挖沟槽,深度约1.5米(超过约1米的地基),为四周操作提供空间。第二步:隔离防护。先将砖墙体外部泥土全部剥离,表面(包括沟槽)用石膏麻布包裹,使整取文物固定为一体,防止搬运过程中文物变形损坏。第三步:定型加固。在四周以钢结构焊接围栏,确保起吊运输过程中内部稳定。并用石膏麻布将搬迁文物与钢结构护栏固定一起。第四步:托底分离。采用逐步掏空并插入槽钢的方法,最终槽钢连成一个平面,将搬迁文物与钢焊接为一体,成为底部的承重平台。槽钢平台与文物本体之间预留一定距离。第五步:起吊、运输。将加固为一体的搬迁文物以钢丝绳捆绑,最后以挖机或吊车吊起并运送放置到预定位置。

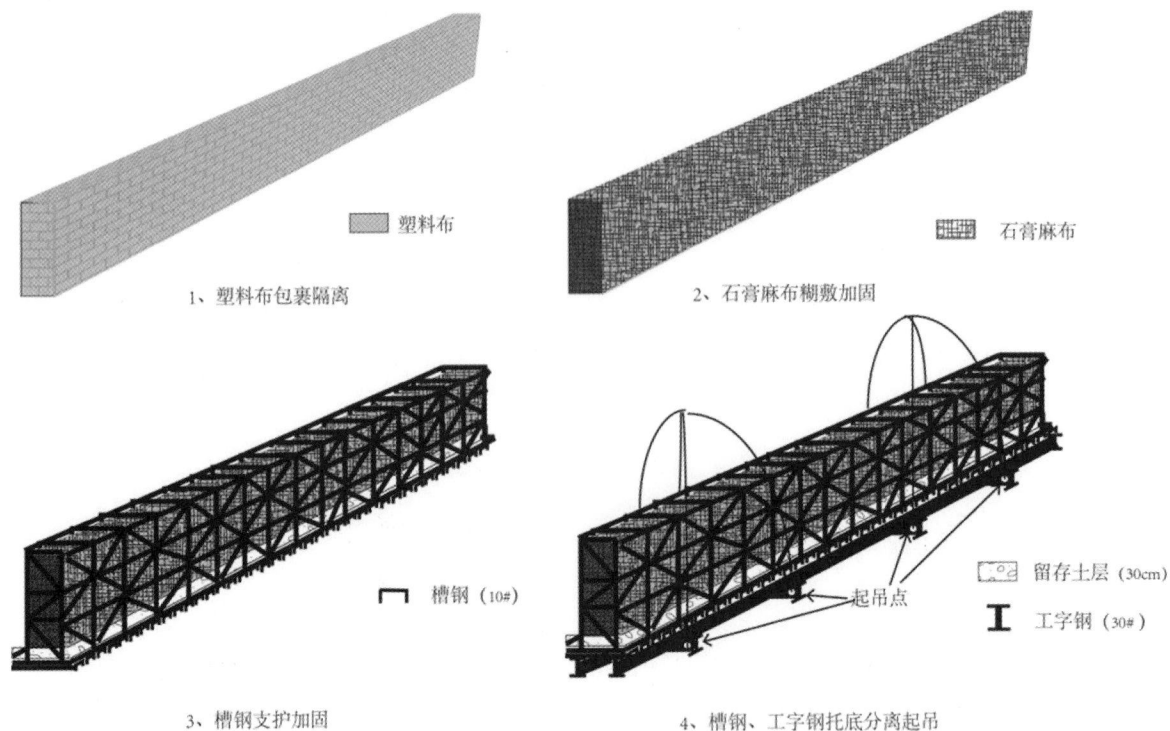

1、塑料布包裹隔离　　■ 塑料布

2、石膏麻布糊敷加固　　▦ 石膏麻布

3、槽钢支护加固　　⌐ 槽钢（10#）

4、槽钢、工字钢托底分离起吊　　起吊点　　▨ 留存土层（30cm）　　工字钢（30#）

图二　包装整取示意图(引自回龙窝明城墙遗址整取方案)

2.所需材料

多层板,规格 1.2×2.4 米,80 张,藤条筐提取、施工铺垫使用;木枋,规格 3 米,300 根,藤条筐提取使用,托底分离临时垫塞;槽钢,规格 10#、6 米,130 根,铁匠铺墙址、灶台托底使用;工字钢,规格 300#、9 米,6 根,托底、固定,起吊使用;工字钢,规格 200#、9 米,12 根,址、灶台托底固定使用;工字钢,规格 120#、9 米,80 根,北门大街石板路面托底分离用;石膏,规格 20kg,150 袋,表面临时加固用;麻布,规格 1.2×100 米,15 卷,与石膏搭配临时加固使用;霉敌 1kg,聚乙二醇 2000~4000,每瓶 500g,120 瓶。

四、整取过程

1.北门大街

(1)北门大街藤条筐整取

经现场勘察,北门大街拟整取的一段,藤条筐内填土并插木桩,具有特定的用途,是北门大街历史风貌的组成部分。由于筐底压着路面两侧,增加整取难度,考虑所有藤条筐当时摆放并无特定工艺,拟对南侧 55 个藤条筐编号、拍照后逐一提取,后期再复原到路面两侧(图三)。采用聚乙二醇 2000~4000,加入适量防霉剂,两边涂刷(间隔一天),再用纱布蘸加固剂缠裹防护,最后用石膏纱布包裹定型。每个直径 0.6 米左右,残高 0.5 米左右。用多层板下加木撑进行提取,提取时底部承托板 0.8×0.8 米。

图三　北门大街两侧藤条筐(部分)

(2)北门大街石板路整取

石板路宽约 3.5 米,拟整取 7~9 米。由于该路面紧邻铁匠铺,整取工作需在铁匠铺墙基分段整取,路面宽 3.7 米左右,托底使用 120# 工字钢,规格 9 米,每根可以截两段使用;按整取 9 米长计,固定起吊使用 300# 工字钢,规格 9 米;藤条筐提取后,在路面两侧下挖操作面后实施。

2.铁匠铺

铁匠铺残存相对完整的炼铁炉灶及房址墙基,整体长 14、宽 3.9 米。北侧墙体原址保留,其余则采取分段形式进行打包整取。分段初步方案为:拟将炼铁炉单独提取,其余墙体分别分段整取,屋内地面整取约 1 米见方炼铁渣(或为炭渣)堆沁地面,周围相同按颜色不同盛袋装取，后期复原备用。匠铺总长 14 米、宽 3.9 米，分段整取炼铁炉灶、西侧门板插槽、南墙、东墙南段、东墙中段、东墙北段、西墙、屋内典型沁土，共计八部分。从东侧房址墙基解剖来看，在残存墙体地面以下，古人用"碎石"堆砌基础，其上再营建墙体。因此铁匠铺的墙基下面也应该有碎石墙基(图四)。

整取工艺需要墙体两侧"整取面"再下挖 1.5 米左右，便于托底分离施工。从目前情况来看，清理出墙体基础时，局部已经渗水，下挖作业面后需做排水处理，并铺垫板材便于施工。该两处灶台各位于东侧两处房址内，情况相对单一，砖砌，形制大小基本相同，大致为 1.55 米见方，高 0.8 米，整取工艺

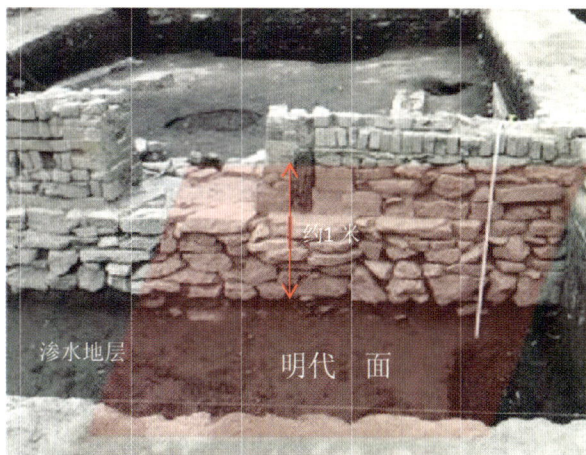

图四　墙基解剖情况

需要墙体两侧"整取面"再下挖 1.5 米左右，便于托底予以分别打包整取(图五)。

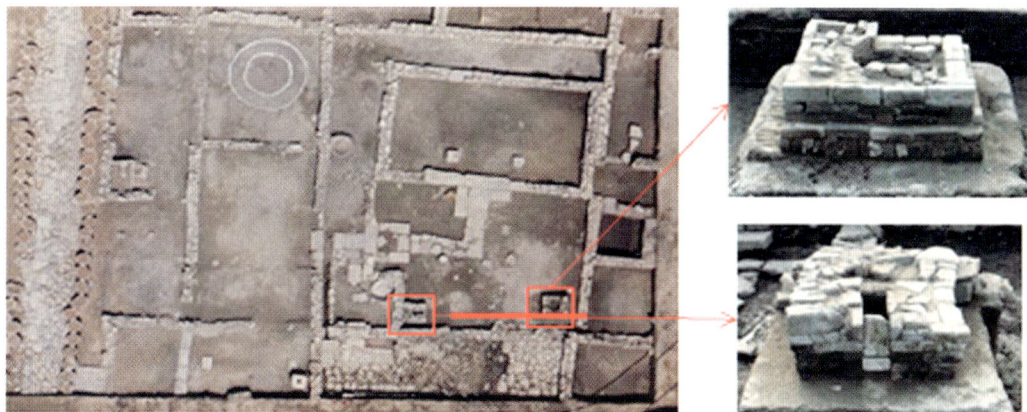

图五　灶台遗存

五、结语

考古发掘现场脆弱遗迹的提取，是保证文物后期修复与保护至关重要的一步。遗迹提取的成功与否，与提取材料的使用有着直接关系[4]。考古发掘现场临时加固材料的选择，应遵循文物保护的基本原则，以及加固材料应满足的要求。薄荷醇加固法，在特定条件下，对于脆弱遗迹的揭取，具有良好的作用，但需要注意环境温度和薄荷醇熔融后的温度，这对于能否成功揭取及提取效果有直接影响。打包整取法是成熟稳定的技术，石膏提取脆弱遗迹的方法适用于土壤自身强度不好的情况，但由于石膏自身重量大，所以不适合用于体量较大的遗迹。整取过程中要注意水平标高、方位等系列问题。同时，还需同步考虑现场及放置地点的吊装问题。文物整取保护不仅为博物馆提供了展品，更为城市文明的延续留下了时代印记。文物整取工艺方法相对成熟，

如何因地、因物制宜整取，整取后文物如何更好的展示利用，值得深入思考。

注释：

①杨璐、黄建华：《考古发掘现场文物保护中的整体提取技术》，《文物保护与考古科学》2008 年第 1 期，第 65-71 页。

②王迪：《考古遗存的整体提取——以塯墩五号墓墓棺的提取为例》，《南方文物》2019 年第 6 期，第 172-176 页。

③赵西晨、黄晓娟、张勇剑等：《陕西韩城梁带村两周墓葬出土串饰的提取与保护》，《文物》2011 年第 8 期，第 73-76 页。

④容波、周珺、刘成等：《考古发掘现场出土脆弱遗迹提取方法研究述评》，《文物保护与考古科学》2016 年第 3 期，第 122-125 页。

(作者单位：西北大学文化遗产学院)

库伦一号辽墓壁画制作材料分析研究 *

◇ 王乐乐　李志敏[1]

内容提要：库伦一号壁画是研究辽墓壁画绘画艺术和辽代历史的重要资料。本文分析了库伦一号辽墓壁画的制作材料，结果表明，库伦壁画是在墓室墙壁抹一层灰泥层，再在上面抹一层白灰层，最后在白灰层上作画。白灰层主要由方解石、石英和少量长石矿物组成。作画所用颜料以天然矿石颜料为主，橙红色颜料为铅丹、红色颜料为朱砂，绿色颜料为孔雀石，黑色颜料为炭黑，白色颜料为碳酸钙。颜料层中所含胶结材料含有干性油和松香树脂。

关键词：辽墓　库伦壁画　制作材料

辽墓壁画是辽代考古的一个重要内容，亦是研究辽代历史的重要资料。在辽王朝广阔区域内，发现许多辽代的城址、墓葬等遗址，其中许多辽代墓葬大多绘有大量生动形象的壁画。这些辽墓壁画是进一步研究辽王朝政治制度、经济发展、文化状况、思想意识以及民族关系的珍贵资料[1]。库伦旗前勿力布格辽墓壁画是辽代艺术中的精华，自20世纪60年代起，考古工作者在库伦旗清理发掘大量辽墓，墓中大都有壁画，其中一、二、六、七号墓的壁画最为精彩，是辽代晚期壁画的杰作，引起了国内外考古学界和美术界的普遍重视[2]。库伦一号墓壁画内容主要是《出行图》和《归来图》，包含墓主人和随从车骑、仪仗和侍卫队伍等[3]。

20世纪70年代，对一号墓壁画进行抢救性锯截揭取，现保存于吉林省博物院，其中35块壁画在80年代使用木龙骨环氧树脂玻璃钢作支撑处理和表面封护处理。目前，曾修复壁画表面的封护材料失效，出现严重褪色、霉菌、胶结物残留等病害现象[4]，刘文兵等调查了80年代经保护处理壁画的病害情况，并分析已修复壁画材料的形态结构、组成结构、化学元素等[5]。

本文选取已修复和未修复的壁画颜料和白灰层样品，利用显微镜、扫描电子显微镜及能谱仪、拉曼光谱和X射线衍射等分析其颜料结构层次、颜料种类和白灰层成分，以期为今后保护修复提供依据，为辽墓壁画艺术史和科技史研究提供参考。

一、样品与分析方法

（一）样品情况

* 本文是基金项目"中央级公益性科研院所基本科研业务费项目"课题"早期揭取墓葬壁画保护修复与数字化复原研究——以吉林省博物院藏库伦一号辽墓壁画为例"（2019JBKY02）成果。
1 通讯作者

库伦旗辽墓是迄今为止发现的最重要的一处辽代契丹贵族墓群，该墓系大型八角形穹窿顶砖室墓，由墓道、天井、墓门、甬道、南北耳室和墓室组成。十几座墓中大多有壁画，其中以一、二、六、七号墓中的壁画最为精美，壁画内容主要是契丹贵族出行、狩猎的生活场景。一号墓规模最大，其壁画内容丰富。墓道北壁绘墓主《出行图》，南壁绘《归来图》。《归来图》描绘了气势宏大的车马队伍，车毂乍停，女仆搬送货物、随从们在外面等待吩咐的画面，人物面容显得相当疲惫，与整个出行图在内容上相呼应[6]。

样品取自库仑一号辽墓壁画《归来图》颜料层脱落处和白灰层，颜料样品分有红色、绿色、黑色和白色等。

图一　库伦一号辽墓壁画《归来图》局部

(二)分析仪器

1.显微镜

德国 Leica DVM6 三维超景深显微镜，放大倍数：12~1000 倍，视野直径：40mm，物镜镜头：复消色差高精度 APO 物镜，光学变倍比：15:1，摄像头：1000 万物理像素。

2.扫描电子显微镜及能谱仪

Phenom XL 扫描电子显微镜，电子光学照明为 CeB6 灯丝，电子放大倍数 100000 倍，分辨率≤15nm。搭配美国 EDAX 公司 Genesis 2000XMS 型 X-射线能谱仪，能谱探测器能量分辨率<137eV。实验条件：真空度 60Pa，电压 15KV 及配套电流。

3.拉曼光谱仪

RenishawinVia 激光显微共聚焦拉曼光谱仪，配备研究级徕卡显微镜。空间分辨率<0.5 微米。使用氖灯作为信号源，1800 线高分辨光栅，紫外和近红外同时增强型 CCD 探测器。实验条件：激光波长 532nm、638nm 和 785nm 激发波长，激光器功率 280mW，激光功率密度 1%，扫描时间 10s，扫描次数 10 次。

4.X 射线衍射仪

帕纳科台式 X 射线衍射仪，X 射线发生器和光管最大输出功率：300W，最大管压：40KV，最大管流：7.5MA(300W)，光管：金属陶瓷 X 光管。

5.热裂解气相色谱质谱

日本前线实验室(Frontier Lab)热裂解仪 PY-3030D 和岛津(Shimadzu)气相色谱质谱仪 GC/MS-QP2010Ultra。

二、分析结果

(一)颜料分析结果

1.拉曼光谱分析结果

拉曼光谱分析结果表明，红色颜料为朱砂(HgS)、橙红色颜料为铅丹(Pb_3O_4)，绿色颜料为孔雀石($CuCO_3·Cu(OH)_2$)，黑色颜料为炭黑(C)，白色颜料为碳酸钙($CaCO_3$)。拉曼光谱图见图二。北京地区发现的辽金墓葬壁画色彩以红色、白色和黑色为主，其中红色颜料使用了土红，黑色颜料使用了炭黑[7]。

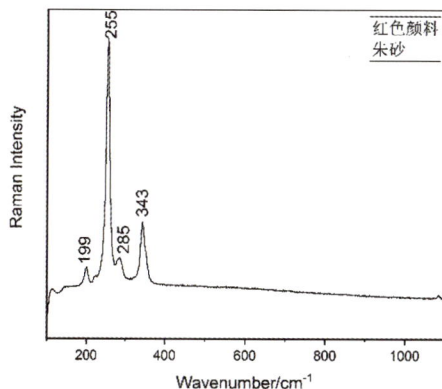

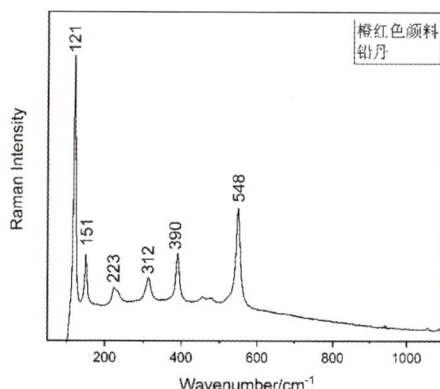

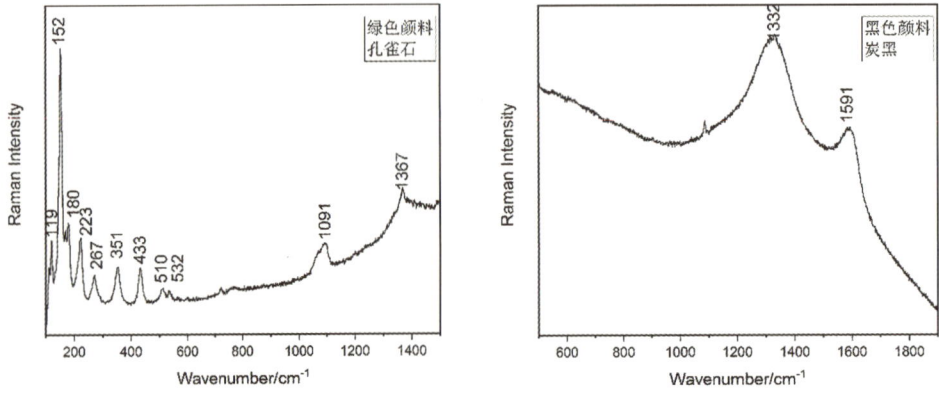

图二　颜料拉曼光谱图

2.颜料剖面样品分析结果

利用显微镜和扫描电子显微镜及能谱仪分析

颜料剖面样品,橙红色颜料剖面样品分析结果见图三和表一,绿色颜料剖面样品见图四和表二。

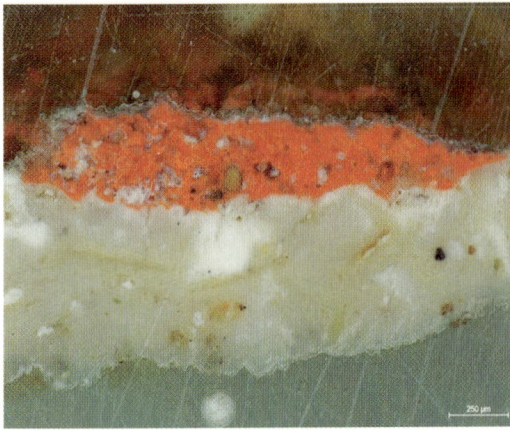

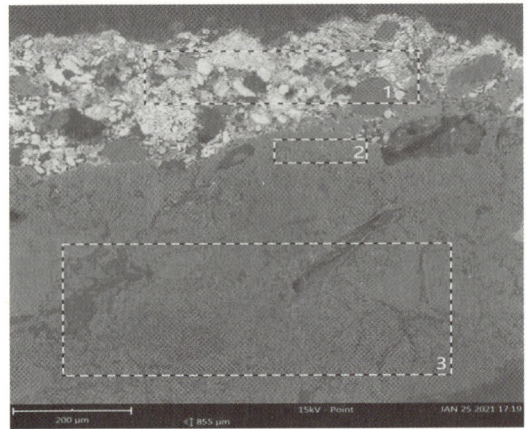

图三　橙红色颜料剖面样品显微照片和背散射图像

表一　橙红色颜料样品能谱仪分析结果(Wt%)

测试位置	Pb	Ca	Si	Al
1	79.6	13.7	6.2	0.6
2	16.5	79.8	2.7	0.9
3	6.7	86.9	5.5	0.9

分析结果表明,橙红色颜料层从上至下分别为铅丹颜料层–白灰层,即铅丹颜料直接绘制于白灰层上。

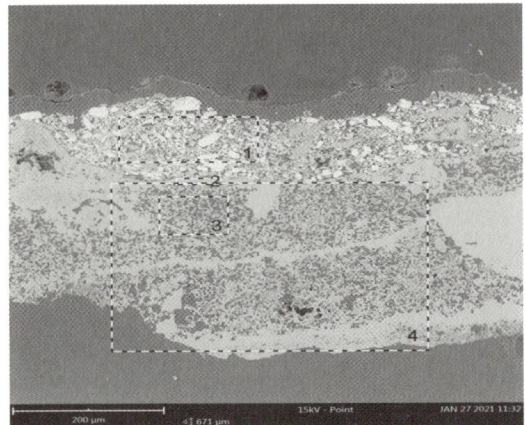

图四　绿色颜料剖面样品显微照片和背散射图像

表二　绿色颜料样品能谱仪分析结果

测试位置	Cu	Ca	N	Si	Mg	Al	Sr	Fe	P
1	43.2	23.4	16.6	7.9	3.1	2.9	1.3	0.8	0.8
2	8.1	88.5	–	1.5	1.3	0.6	–	–	–
3	4.5	91.1	–	1.7	1.5	1.1	–	–	–
4	2.1	95.6	–	2.3	–	–	–	–	–

分析结果表明，绿色颜料层从上至下分别为孔雀石颜料层–白灰层，即孔雀石颜料直接绘制于白灰层上。

（二）白灰层分析结果

利用 XRD 分析壁画白灰层，白灰层主要由方解石和石英组成，此外还存在少量的钙长石、钠长石等矿物。

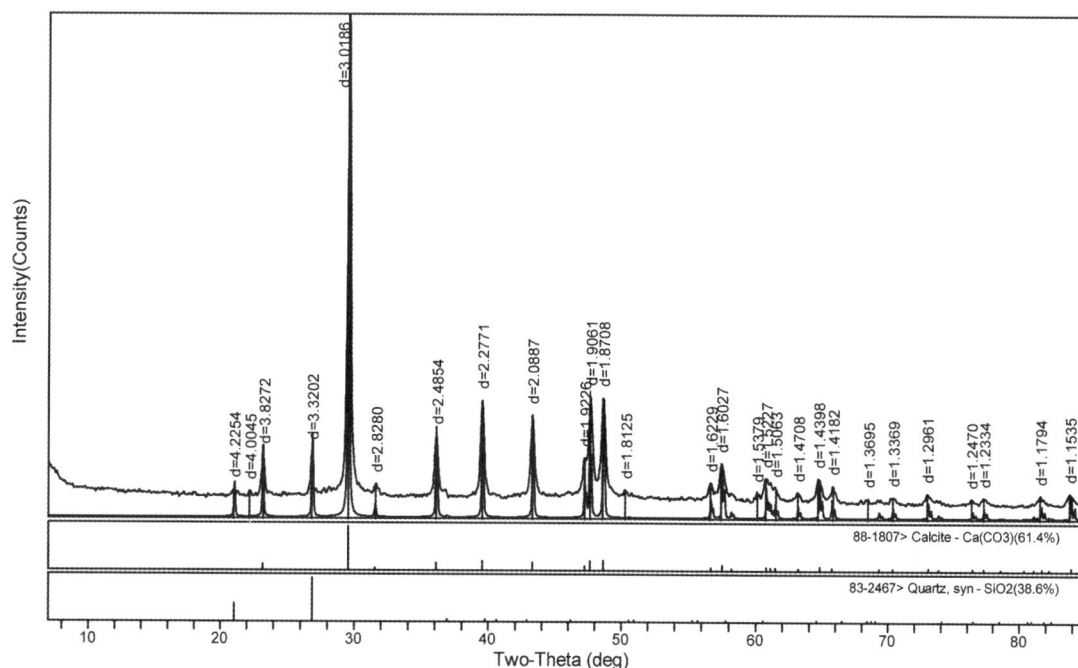

图五　白灰层 X 射线衍射分析结果

（三）胶结材料分析结果

利用热裂解气相色谱质谱分析了壁画颜料所用胶结材料，分析结果见图六和表三。

样品经热辅助甲基化热裂解气相色谱质谱分析检测到一元、二元脂肪酸甲酯等干性油的组分，如壬酸甲酯（4 号峰）、葵酸甲酯（5 号峰）、壬二酸二甲酯（7 号峰）、棕榈酸甲酯（8 号峰）、硬脂酸甲酯（11 号峰）等。发现了干性油的裂解产物壬二酸，判断样品 JM-22J 中所含胶结材料为干性油。同时检测到松香树脂的特征产物脱氢枞酸甲酯（12 号峰）以及 7–甲氧基四氢松香酸甲酯（13 号峰），推测可能含有松香树脂。

分析结果表明，所用胶结材料含有松香树脂和干性油。

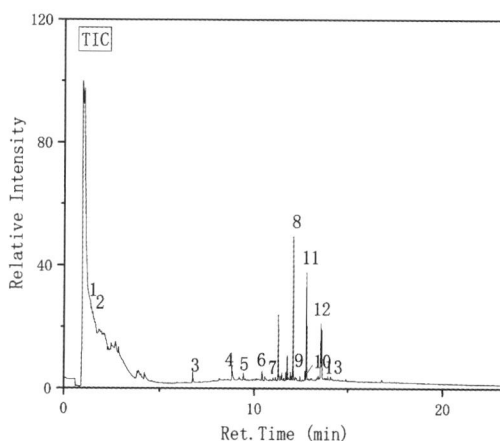

图六　壁画样品的离子色谱图

三、结论

通过对库伦一号辽墓壁画制作材料分析可知：壁画所用颜料以天然矿石颜料为主，橙红色颜

表三　壁画样品 Py-GC/MS 分析结果

序号	保留时间	峰面积	成分
1	1.417	3.27	甲胺，N,N-二甲基-
2	1.492	2.19	甲胺，N,N-二甲基-
3	6.741	0.40	甲基丙烯酸正丁酯
4	8.841	0.72	壬酸甲酯
5	9.441	0.29	葵酸甲酯
6	10.414	0.26	月桂酸甲酯
7	10.571	0.11	壬二酸二甲酯
8	12.052	3.53	棕榈酸甲酯
9	12.418	0.12	14-甲基十六烷酸甲酯
10	12.690	0.28	6-十八碳烯酸
11	12.764	2.75	硬脂酸甲酯
12	13.603	1.34	脱氢枞酸甲酯
13	13.943	0.12	7-甲氧基四氢松香酸甲酯

料为铅丹、红色颜料为朱砂，绿色颜料为孔雀石，黑色颜料为炭黑，白色颜料为碳酸钙。

颜料直接绘于白灰层上，白灰层主要由方解石、石英和少量长石矿物组成。

壁画所用胶结材料含有干性油和松香树脂。

库伦壁画制作工艺是在墓室墙壁抹一层灰泥层，再在上面抹一层白灰层，最后在白灰层上作画。

注释：

①张蔚：《辽墓壁画的发现与研究》，载吉林省博物院编：《耕耘录：吉林省博物院学术文集（2010-2011）》，吉林人民出版社，2012年。

②于光辉：《库伦旗辽墓壁画赏析》，《文物鉴定与鉴赏》2019年第15期，第26-27页。

③葛易航：《辽代墓室人物壁画主题研究》，哈尔滨师范大学博士学位论文，2017年。

④胡钢、刘文兵：《库伦一号辽墓壁画表面失效封护材料分析与清洗》，《文物修复与研究》2014年，第559-565页。

⑤刘文兵、胡钢：《吉林省博物院藏库伦一号辽墓壁画材质与病害相关性分析》，载周天游主编：《色·物象·变与辩——首届曲江壁画论坛论文集》，文物出版社，2014年。

⑥杨飞：《辽代库伦墓室壁画艺术初探》，《美与时代（上）》2011年第12期，第45-47页。

⑦北京市文物研究所编：《北京地区辽金墓葬壁画保护研究》，科学出版社，2008年。

（作者单位：中国文化遗产研究院　山东大学环境与社会考古学国际合作联合实验室）

丹青硕彦 笔墨由心
——论汤涤山水画的艺术特色

◇ 丁为新

内容提要:汤涤是民国时期北京最早成立的画社"宣南画社"的导师,余绍宋、梅兰芳、程砚秋都拜其为师,他对绘画和书法艺术有着独特的见解,细细品味其作品,从中能感受到民国时期的文人情怀。本文结合相关文献,对他的山水作品进行分析,探究其山水画中的形、笔墨、构图、意境等方面所包含的独特绘画精神。
关键词:汤涤 绘画语言 艺术分析

汤涤(1878-1948),原名向,因慕石涛大涤子之名,改名涤,字定之,江苏武进(今江苏常州)人。出身于仕宦之家,幼年失怙,其曾祖是在南京殉节的山水花卉名家汤贻汾(1778-1853)。汤涤年幼时就跟随母亲贾太夫人读书学艺从未间断,稍年长时便对书画有了独特的见解,书法尤善魏碑,夙兴夜寐,很快便在艺坛上独树一帜,庄蕴宽见之大为惊异,曰:"他日传汤家业者,定之表弟也。"早先受邀赴广州任随宦学堂书画老师,每次示范写作落纸云烟,范授有变,一众师生,无不敬慕。先后于苏州、北京执教,蔡元培任北大校长时,聘他为北平艺术学院山水画教授,故宫博物院成立之初,他为之鉴别书画,遂能一窥历代宫廷珍藏,虚极静笃精研古法的同时博采新知,绘画技艺突飞猛进。20年代末,汤涤作品在北京展览,一百多幅画作一经展出便被抢购一空。1933年春,定居上海胶州路,与黄炎培、黄晦闻、陈叔通等名仕往来如常,求画者更是纷纷如织,门庭若市。敌伪时期,南京伪政府傀儡梁鸿志

备重金请画《还都图》,被其严正拒辞并画松以明志,所绘松霜干挺拔,针叶刚劲,端肃和坚贞的秉性跃然于立。

汤涤逝世后,他的绘画虽因诸多因素渐淡出人们的视野,但不代表他的艺术成就与价值低,这样一位不苟且,诗、书、画并绝,"约以致精,博以穷变"者,对其艺术作品中创作的灵魂、意境的表达及内心的思想情感进一步的探索和研究是有必要的。

一、汤涤山水画中形的分析

我国传统的绘画方式是各代名人画家在特定的文化背景下结合个人主观思想而发展起来的,并且随着社会的发展和传承,逐渐形成了具有一定经典的、稳定的绘画形式。以形写神,形神俱备是国画艺术的基本法则,也是绘画这一造型艺术理论与实践的永恒话题和基本追求。东晋著名画家顾恺之主张"以形写神"[1],唐代大诗人白居易提出"形真而圆、神合而全",清代画家松年主张"行全神足",清

代沈宗骞强调"神处于形,形不开则神不现"。汤涤山水画中的形艺术语言是在我国传统哲学与美学之间的共同作用下形成的,在画面情节的表达以及创作思路上与西方绘画截然不同,虽然他对历代都有涉及并受"新安画派"影响深远但又不受传统的法家所囿,自出机杼,从内境的立意出发,注重画面空间以及空白之间的对比,注重个人心境与自然空间之间的融会贯通,在创作的过程中不仅仅是对原物形象表现,更是在个人主观思想下而产生的一种图画效果。

对于造型而言,注重的是外在的神态,并不以具体形象为主,对形象的刻画主要是为了突出形象的本质和其中的精神文化特点,以抓住需要表达的思想情感来"固物赋形",注重"以形写神"[②]。因此,在绘画的过程中需要对绘画的对象进行强调和把握。他的《松涛图》(图一)空亭半桥,若隐若现的曲径被挺拔的苍松分为几段,遥山飞瀑冲击山石,整幅画面形态以静致动,用笔爽辣,气势深邃豪放郁勃,诗意和禅意融为一炉。汤涤在创作的过程中讲究对整体的构思以及对物体外部意境和气韵的把握,在绘画的过程中对主体关系不大的部分进行删减,只对物体的本质进行刻画和描绘,运用熟练的技法,直抒胸怀的手法来进行描绘,并不是站在客观单一的视角上来进行,而是追求一种创作的心境,同时也遵循一定的手法和规律,将眼前的现实以及情感、意境共同放置在一张画作之中,画面的组织和虚实关系把握的恰到好处,利用不同轻重的笔墨和线条来进行画面节奏的控制,不追求形貌的真似却透露着物象的表征,从而很好的将图画面中的境界和情感进行表现。

二、笔墨语言分析

(一)对笔墨的运用

笔墨是汤涤山水作品中的基本构架,它不仅仅是画面的一种艺术样式,更是一种审美语言,用不同的笔墨技法来表现出山川、树木、房屋等各种物体的不同质感。例如《寿山图》(图二),画面中的树木运用湿笔皴法、擦法的技法来展现树木的沧桑感,整体画面以黑白为主,继承了我国绘画的笔墨语言特征,能够体现出更加丰富的

图一 常州博物馆藏《松涛图》

图二 常州博物馆藏《寿山图》

意境特点，更是体现了文人追求的高逸空灵简洁之美。图中高士静坐屋中，静幽之气与阵阵松声风声相呼应，树杆枯而苍劲，树叶郁秀繁润，远山层层叠嶂，笔气烟氲缭绕，气息均匀贯通，不偏、不激、不浮、不躁。在作品中，运用大量的留白和墨色，形成强烈的对比，有时黑白相交，有时将白隐藏在黑之中，将画面整体的力量感、气势感、空间感以及意境进行表现和传达。在山川的画法中，利用皴法和墨法，浓墨和淡墨相互参差点染，给山川赋予透气感，使画面整体变得更加浑厚、自然、生动、灵活。

(二)对传统笔墨的继承

中国画笔墨元素包含笔法、墨法以及笔墨的结合，笔墨作为中国画最基本的元素，不仅代表了中国画的工具和材料，而且代表了中国画最核心的形式语言[③]。中国画的笔墨精致细微，笔呈万象，墨生气韵[④]，笔墨是画家心灵的迹化，是画家性格流露的手段，也是性格外观的表现形式。在我国传统的绘画理论中常常提到作者运用不同的表现形式如"飞皴法""纯用墨笔、不施彩色""勾皴兼用""有笔无墨"等[⑤]，这些不同的笔墨技法都是作者精湛绘画的实践形式，各个时期的画家都对笔墨技法进行了总结，如"墨分五色"——焦、浓、重、淡、清；"墨着缣素，笼统一片，是为死墨，浓淡分明，便是活墨，死墨无彩，活墨有光"；后有国画大家黄宾虹提出"五笔七墨"[⑥]，五笔：一曰平，二曰圆，三曰留，四曰重，五曰变，七墨：浓墨法，淡墨法，破墨法，泼墨法，积(有时用"渍")墨法，焦墨法，宿墨法[⑦]，这些都是历代书画家对笔墨技法运用的总结。汤涤对笔墨技法的运用有着独特的见解，对传统笔墨的继承不只是"模式化"的照搬前人绘画的技巧和方法，而是在借鉴传统绘画技巧之上，结合自己对事物的主观看法以及不同情节的理解，即使在墨色渲染的混沌中也仍能够看出各个物体之间的界限。他的《听涛图》(图三)画面描绘瀑布从山涧穿石而下，汇入山间曲折的水域之中，山石嶙峋，疏林空落，高士面水静坐，温润的气息扑面而来，彰显了文人雅士的闲情逸调，画中山石干笔湿墨，浓淡结合，敷色清淡致和又深沉静穆，整个画面布局充实饱满，平稳。其对于传统笔墨中的浓、淡、干、湿以及对画面的笔墨晕染、留白等表现手段得心应手，尤其是在树木、山川等物体的画法中，利用墨法、皴法等，不仅能够使物体质感进行区分，并能进一步表现出画面的空间感，同时将情感、意境注入其中，注重对画面整体性的把握，不对细节一一表现，而是采用概括的手法，注重笔墨之间的变化，不抢夺画面整体感，寓刚于柔，牵动于静。

图三　常州博物馆藏《听涛图》

虚实关系处理是汤涤绘画中经常用到的技法，用笔墨呈现的部分便是"实"，留白或笔墨未尽的地方则为"虚"，注重对画面"空白"的把握，此处讲到的空白是汤涤绘画中的最具特色的一点，这也是汤涤山水画中创造美的不同寻常之处，同时也是中国绘画艺术中的一个重要表现手法，它不仅是绘画艺术创作的一个题材，还是作者审美思想的表达形式，看似随意的留白实际上是精心安排的，有着独特的妙处。画中的留白手法并不是什么都没有，而包含着丰富的想象空间和思考空间，能够进一步增强作品中的艺术表现力，承载着更多的思想情感。这种创作方式能够让观赏者在欣赏的同时，对画面产生一种精神上的共鸣，并呈现出虚实相生、相辅相成的画面效果，使画面表达更加丰富，画面层次感更强，使绘画与观赏者之间进行紧密的联系，引人入景从而达到心灵之间的共鸣。

三、构图语言分析

汤涤的山水作品构图是中国山水画的经典构图之一"三远法"构图中的平远法构图，"三远法"构图是北宋画家郭熙在《林泉高致》中首先提出来的，元明以来，尤其是董派，此种构图多见，清代著名画家王原祁在继承了董其昌所强调的"要之取势为主"思想的基础上，对之进行了深度的理论阐述，即所谓的《龙脉论》，他认为画中山川的走势或以为是画中的走势，或以为是画的谋篇布局，用现在的话说即是章法结构。京津画派对四王吴恽这些正统画十分重视，大力推荐继承较多，汤涤居京任导师多年，因善相术，更是对平远法推崇备至。《耿济口舟行诗意图》(图四)明显的平远构图，画面整体分为上、中、下三个部分，并在这基础上细化，上部分为远景，层层的山峦伸向远方；中段为中景，描绘的是江边的景象，平静的水面，曲折的河岸，并采用大面积的留白手法，不着点墨，以虚为实；下段部分为近景，描绘了石头上傲然挺立的树木及河岸边的房屋，整幅画面不见人迹、飞鸟和帆影，使人感受到萧条的孤寒之境。此图从大气势着眼，从主次、虚实、开合、体量上布局，构图上的精妙变化，水脉的曲折与山脉的起伏并使，丘壑布置致力于质地肌理的渐变，运用明暗、浑碎、虚实、平奇、刚柔的表现手法来统领全局，使整幅画面气势贯通，如风行水上，自然成文。这种三段式的构图对后世的文人绘画方式产生了极大的影响，促进了文人画重随心尚内敛的发展。

图四 《耿济口舟行诗意图》(个人收藏)

四、汤涤绘画中的意境表达

意境是一种眼观心悟的产物,也是中国画的灵魂,是超越具体的、有限的物象、事件、场景,进入无限的时间和空间,是一种哲理性的感受和感悟⑧。气吞山河、质朴平实、清新雅致等都是表达意境的成语,在绘画作品中也包含着一定的意境,和文学、音乐、舞蹈一样,都是艺术作品以及艺术家不可缺少的传达媒介。意境表达是中国绘画作品中的重要表现方式,在我国传统的绘画中十分注重画面的"韵",所谓的韵就是所描绘出来的绘画作品在创作的同时也要有所改变和突破,但是在这其中又不能脱离客观物体的真实存在,也就是说,要从基础上进行创新,从传统上进行突破,在汤涤的绘画作品中,我们能够看出既有传统的影子,又有创新的演绎,注重对万物神韵的表达,特色鲜明。汤涤不同时期的山水作品中都有着不同的意境表现,或是因为绘画作品形式的不同,或是因为描绘场景的不同,或是因为汤涤不同阶段内心情感的不同,画中意境的形成受到多种多样因素的影响,将画面与自己内心情感相结合,运用笔墨进行表达,将内在美感与形式美感同时纳入画面中,能够打破传统绘画的意象,表达方式变得更加多元化,丰富了山水画的表现形式。

(一)诗、书、画的结合

苏东坡曾评价王维的作品"诗中有画,画中有诗。"早在古时,人们便为后人的绘画做好了铺垫,在诗歌、绘画以及书法上,三者之间相互融合,相互贯通,相互相衬,互为意境。"三绝诗书画"一向是中国传统文人追求的目标,古往今来,作诗、写字、绘画贵在诗书画结合。诗画结合常见,能达到诗书画相结合的寥寥无几⑨。艺术家只有在拥有丰富的诗词造诣,高深的学问,笔醋墨饱的书法功底,精妙绝伦的绘画技艺,再超越理性的束缚和局限,才能真正达到诗中有书画,书中有诗画,画中有诗书的境界,而汤涤就是其中一位。在《耿济口舟行诗意图》(图四)中,诗句:

环回几合似江干,刺眼诗幽尽状难。
沙嘴半平春晚湿,水痕无底照秋宽。
老霜蒲苇交千刃,怕雨凫鸥着一攒。
拟就孤峰寄蓑笠,旧乡渔业久凋残。

诗境与画境完全吻合,反映了诗人性高自好,勿趋荣利,无意官途,心慕隐居。也正暗喻了汤涤不迎合潮流趣味,坚持自己的画风,静心作画,成为曲高和寡的独立画家。从题款上来看,能够看出汤涤在书写的过程中情感的变化,最开始用笔舒缓,后来逐渐加快运笔的节奏,字体间距也逐渐变大,整体诗句一气呵成,将书法与绘画的笔墨结合起来,有着极高的艺术美感,由此可见,汤涤的绘画十分注重画面与书法的结合,两者能够相辅相成,具有相得益彰的效果。

(二)内心思想的表现

我国传统绘画中的意境,根植于中国传统的人文底蕴以及哲学思想,是在此基础上形成的不同的艺术审美品位,例如谢赫的"六法论"便是我国古代评画过程中的重要美学依据,对后世绘画艺术欣赏有着很大的影响。虽然明代以来文人画已有程式化的体现,许多画作并没有明确的寄托之意。但汤涤的山水作品都是源自于自然生活中的风景,通过对自然物体的理解,经过内心思想的改造,最后传达出来的。他寓居上海时,虽然时局动荡,但文人逸情丝毫不减,画中并没有太多海派通俗化(世俗化)的意味,而是依然以雅净、疏意出之,为心中净土的寄托。汤涤在绘画创作过程中,能够将自己的文学修养、人生经历进行融合,对自然生命有着独特的见解和认识,最后将其形成一个意境表达的综合体,将画中的意境流淌在笔墨之间,这一切的画面表现都是经过汤涤内心思想的加工和转化而来的。例如(图四),在这幅作品中,落款"辛园客汤涤"表现出自己身在他乡,虽居闹市却终为异客的内心孤寂,借此抒发自己无论离家多远,故乡总是心灵的归宿、情感的寄托,随着岁月的流逝而愈发浓烈。

(三)色彩美学的展现

绘画作品中对色彩的表现渊源已久,其艺术特点与精神内涵也随着时代的变迁而变化。在唐代以前极力追求色彩绚丽,自唐代水墨兴起后,山水画普遍重视笔墨而轻色彩,以笔墨作为品评画面的主要标准。宋元时期由于社会发展因素,文人逃避现实,追求"致虚极,守静笃"的内心世界,文人画家更注重朴素的画面。随着线条和皴法等表现力的要求越来越高,明代绘画在继承前人传统的基础上获得新的发展,青绿山水也在水墨山水越来越繁密的构图与造型中得以发展苗广。清朝的袁江、袁耀直追明人,更细致工整,不再是单独依靠色彩来表现,而在"四王""四僧"等文人画中也出现了青绿山水,不再讲究物趣和理趣,更多地表现了情境的内在。

在中国古代画论中,中国画色彩元素不仅表现出特定的形式语言,而且蕴含着浓厚的哲学色彩观,与中国古老的五行色彩体系以及儒道玄禅的哲学思维有着深厚而密不可分的渊源⑩。汤涤的绘画作品在色彩的表现中追求文人书卷气息"画道之中

水墨为上",总体上呈现出浑厚、磅礴、华滋、清朗、含蓄的艺术特征⑪。是"以墨代色"的,主要以墨为颜料,以水为主要媒介剂,以墨分五色的方式,辅设以淡赭色为主色的浅彩,并十分讲究传神和超脱物外的精神,所有的风景都追求内在的精气神,注重对意蕴的感受与情感的表达,具有独特的意象美,画面中的色彩、图形、轮廓、流畅度都让人们产生一种洒脱、磅礴而又神韵超然的视觉感受和精神享受。

中国艺术家认为艺术是生命的反映,从主观上要反映出创作者的意,从客观上要表现出物象的神,这便是中国的"传神论"和"写意论"⑫。南齐谢赫的"气韵生动",张彦远的"意存笔尖生,画尽意在",陈师曾"中国人之画,意中之画也,文人画画带有文人的性质,含有文人之趣味,要有人品、学问、才情、思想"。正因为汤涤格调之高耳,才能"目识心记""烂熟于心"然后"一挥而就"达到"以形写神""意过于形",从被动描临到主动组织挥就,从平淡到余音绕梁,使人回味无穷。

在清末民国的画坛,无论是从传统中求新的还是融合中西改良国画的,他们都为中国绘画的发展做出了重要贡献,使得近代画史异彩纷呈,已成为学界研究的重点与热点之一。但我们发现对于这段通史的研究存在着很大的不平衡性。学界将目光多投向个人特色突出、传人多、史料易见的名家身上,而对汤涤这种艺术成就高,当时声名大而逝后逐渐湮没的画家却甚少关注。美术史研究虽有其独特性,但仍属于历史学的大类。而历史学研究的最终目的就是通过厘清历史真相,找到发展规律,总结经验教训,以资于今后有所启迪与指导。汤涤及其书画艺术还需我们更深入的认识与发掘,公正的对待他的成就与价值所在。通过学界不断的研究与积累,相信一个客观真实的晚清民国画坛将逐渐浮现在我们面前。

注释:

①李景、高志红:《浅论中国画中"形"与"神"的笔墨语言》,《名作欣赏》2021年第24期,第180至181页。
②同①。
③程大利:《从"象"到中国画的笔墨形态——在北

京大学外国语学院的讲座》,《书画艺术》2021年第4期,第30至32页。

④吴永强:《怎样欣赏中国画》,《现代艺术》2021年第8期,第107至113页。

⑤席乐:《思辨与融通——〈黄宾虹文集全编〉评介》,《荣宝斋》2019年第12期,第264至265页。

⑥丁以涵:《现代水墨画中肌理技法的艺术风格解析》,《艺术品鉴》2018年第24期,第62至63页。

⑦好运:《六位"小名头"书画家极具市场潜力》,《东方收藏》2010年第8期,第115至118页。

⑧施建华:《营造水彩画意境美》,《美与时代 (下)》2013年第11期,第104-106页。

⑨彭瑞芳:《当代诗书画大家崔国强》,《中国篆刻》2021年第3期,第57-68页。

⑩宋婷婷:《中国画元素在休闲衬衫设计中的应用》,浙江理工大学硕士学位论文,2016年。

⑪同⑦。

⑫高宇琪:《顾恺之和早期传神论》,《甘肃高师学报》2005年第3期,第76-77页。

(作者单位:常州博物馆)

黎锦熙致刘半农信札识读与考略

◇ 刁文伟

内容提要：江阴市博物馆收藏有刘半农信札165通，经整理出其中的141通，皆为民国时期的知识界名人写给刘半农的信件，这批信札所涉及的名家众多，研究价值极高，是珍贵的民国史料。其中黎锦熙致刘半农信札有四通，写信的时间是在1933年的5月至11月之间，识读信的内容并结合史料的研究，能够阐述二人之间不平凡的关系。这批信札的首次公开，为黎锦熙和刘半农的研究，增添了新的史料。
关键词：江阴市博物馆 刘半农 信札 黎锦熙 新史料

　　江阴市博物馆珍藏的刘半农信札，是2003年从中国人民大学移交所得，这得益于刘氏后裔的无私奉献以及人民大学的宽阔胸襟①。据刘半农子刘育伦先生的回忆，这批信札能得以保全，历经诸多坎坷，而今展现在世人面前，确为万幸之万幸。由于这批信札过去从未公开，因此它的展现，为民国时期文化、艺术的研究增添了新的史料。

　　信札共计165通，整理出141通，信的作者涵盖了当时中央教育行政机构、科研院所、北平各高校的领导、教授，以及美术界、文博界、出版界、收藏界的顶尖人物，可谓群英荟萃。这批信札当中包括了黎锦熙致刘半农信札共计四通，写信的时间是在1933年的5月至11月之间，也就是在刘半农去世的前一年。

　　黎锦熙（1890-1978）字劭西，号鹏庵，湖南湘潭人，中国著名语言文字学家、教育家，北京师范大学中文系主任、中国文字改革委员会委员和九三学社中央常委，1955年被聘为中国科学院哲学社会科学部学部委员②（图一）。

图一　黎锦熙

刘半农(1891-1934):江苏江阴人,名复、字半侬,后改为"半农",以字行。法国巴黎大学语音学博士、北京大学研究教授,著名的文学家、语音学家,是五四新文化运动的闯将③(图二)。

图二　刘半农半身照

一、黎锦熙致刘半农四通信札识读

黎锦熙致刘半农信札共计四通(图三-图六),现按写信时间顺序介绍如下:

1.信札的释读

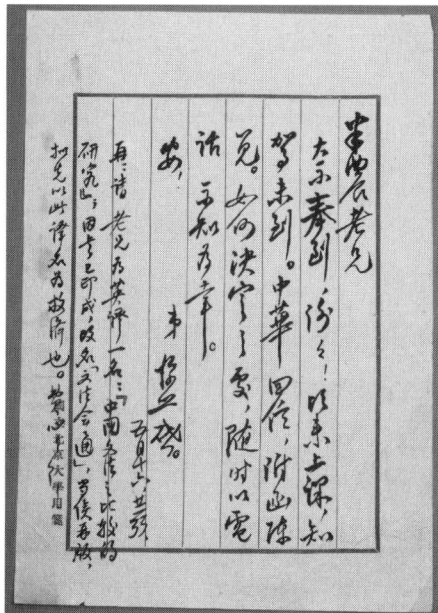

图三　黎锦熙致刘半农信札第一通

半农老兄

大示奉到,谢谢!顷来上课,知驾未到。中华回信,附函陈览。如何决定之处,随时以电话 示知为幸。

安!　　　　　弟 锦熙 启。

五月十八,廿二 33.

再:请老兄为英译一名:《中国文法之比较的研究》;因书已印成,改名"文法会通",当俟再版,拟先以此译名为救济也。费心费心!

注：编号:LXB——030

类型:毛笔行草书 使用标点

用纸:"国立北京大学用笺"框格信笺 1 页

尺寸:27.6×19.5 厘米

日期:署廿二 33,五月十六日(1933 年 5 月 16 日)

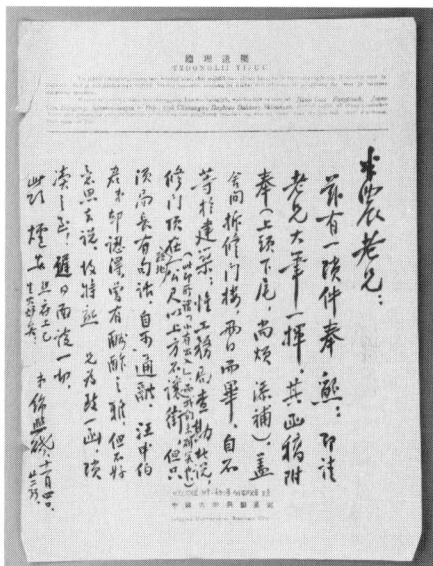

图四　黎锦熙致刘半农信札第二通

半农老兄:

兹有一琐件奉恳:即请

老兄大笔一挥,其函稿附

奉(上头下尾,尚烦添补),盖

舍间拆修门楼,两日而毕。自不

等于建筑;惟工务局查勘者说,

　　(此即所谓"小有出入",而我们未研究也。)

修门顶在距地一公尺以上方不让街,但只

须局长有句话,自可通融。汪申伯

君 弟却认得,曾有酬酢之雅,但不好

意思去说,故特恳 兄为致一函,琐

渎之至！迟日面谈一切。

此颂　烟安想府上已生火炉矣？弟锦熙启。

十一月四日　廿二33。

注：编号：LXB——031

类型：毛笔行书　使用标点

用纸："中国大辞典编纂处"信笺1页

尺寸：26.7×21.2厘米

日期：署廿二33,十一月四日(1933年11月4日)

汪申伯：汪申,北平工务局局长

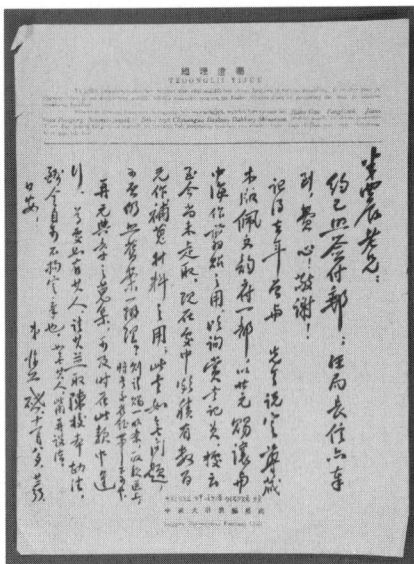

图五　黎锦熙致刘半农信札第三通

半农老兄：

约已照签付邮;汪局长信亦奉

到,费心！敬谢！

记得去年曾与　先生说定尊藏

木版佩文韵府一部,以廿元赐让与

中海作翦贴之用,顷询赏书记员,据云

至今尚未走取。现在处中颇积有数百

元作补苴材料之用;此书如无问题,

可否仍照旧案办理？则请赐一收条,取款送上;

　　　　　将书交雀钰带下可也。

再　元典章之蒐集,可及时在此款中进

行。尊处如有其人,请其并取陈校本勘注,

酬金自可不拘定章也。如无其人,此间再设法。

日安！　　弟锦熙启。十一月八夕,廿二33.

注：编号：LXB——032

类型：毛笔行书　使用标点

用纸："中国大辞典编纂处"信笺1页

尺寸：26.7×21.2厘米

日期：署廿二33,十一月八日(1933年11月8日)

中海：中国大辞典编纂处的别称

赏书记员：赏嘉滨,大辞典编纂员,黎锦熙助手

雀钰：人名

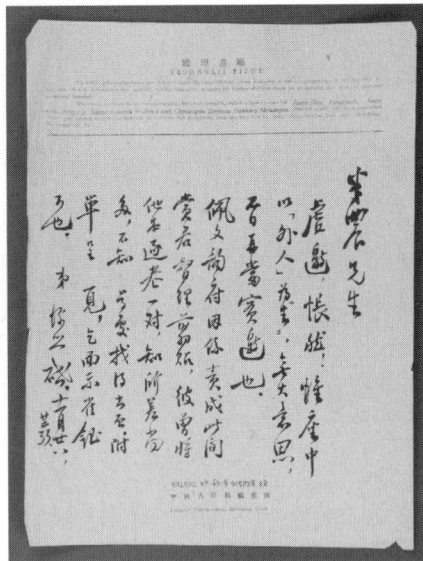

图六　黎锦熙致刘半农信札第四通

半农先生

虚邀,怅然！惟座中

以"外人"为"主",无大意思,

不日再当实邀也。

佩文韵府因系责成此间

赏君督理翦贴,彼曾将

他本逐卷一对,知所差尚

多,不知　尊处找得出否。附

单呈　览,乞面示雀钰

可也。　　弟　锦熙启。十一月廿八,

　　　　　廿二33.

注：编号：LXB——033

类型：毛笔行书　使用标点

用纸："中国大辞典编纂处"信笺1页

尺寸：26.7×21.2厘米

日期：署廿二33,十一月廿八日(1933年11月28日)

2.对黎锦熙致刘半农四通信札的考略

此次整理出的黎锦熙致刘半农信札4通,俱未见有信封,所幸在信中,黎锦熙皆注明了写信的时间,为1933年所写,最早的是5月16日,其余为11月4日、8日和28日所写。

第一通信札所用信纸有别于其它的3通，而这中间也间隔了约半年的时间。主要的内容是转交"中华"的附件信函，并请刘半农为其著作《中国文法之比较的研究》的书名作英文翻译。查阅《世界日报·国语周刊》第87期(1933年5月27日)上刊登有刘半农之《论比较文法名称书》一文，在该文中提到了他于5月13日晚致信予黎锦熙，并附上该文的草稿。因此在这第一通信中。黎首先提到了"大示奉到"，即是指收到的刘半农5月13日的信。《世界日报》的副刊——《国语周刊》是一份专业性极强的报纸，刘半农和黎锦熙经常会在这上面发表文章，探讨国语改革的相关问题，这份周刊为学术争鸣提供了很好的平台。刘半农在论文公开发表之前，先将论文寄给黎锦熙过目，并告知于众，其原因固然是同行间的信任，但也不乏有争辩之意。信中还提到了"中华"的回信，应当是指"中华书局"出版的事，因为是两人合作的项目，因此黎锦熙想听听刘半农的意见。

就"比较文法"之研究，黎、刘二人是当时国内的学术领头人，刘半农在留学欧洲期间，所学的专业中，就包括了比较语言学。回国后，他曾翻译了法国的著名语言学家保尔巴西的《比较语言学概要》等专著(图七)，传播西方语言学知识。而他自己在此领域也不断地深入研究，其著作《中国文法讲话》于1932年出版(图八)，由于刘半农去世的早，还有很多这方面的成果没有来得及整理出版，因此这本书并未将其学术成果完全的体现出来，相当于这只是个上卷部分，对后来的学界，影响不是很大④。黎在信中所提到自己的著作《中国文法之比较的研究》一书，即当年他出版的《比较文法》专著(图九)，书的原名称作《文法会通》。黎锦熙请刘半农为自己著作的书名作翻译，最为适当。可见这两位当时比较语言学界的大佬，在专业上的协作还是很紧密和默契的。需要说明的是，以《新著国语文法》和《比较文法》为理论基础的黎氏语法，曾遭受被彻底否定的命运，然而通过数十年来语言教学的长期实践，很多学者逐渐意识到黎氏语法是有其长处，应该值得充分肯定，并有必要对其进行重新的评价⑤。黎锦熙的《比较文法》一书，一直是被学界当作比较语法的开山之作，而刘半农的《中国文法讲话》虽较之早出版一年，

但由于不够全面、系统，再加上刘去世的早，因此《中国文法讲话》逐渐为人所遗忘了。

图七　刘半农译《比较语音学概要》1929年版本

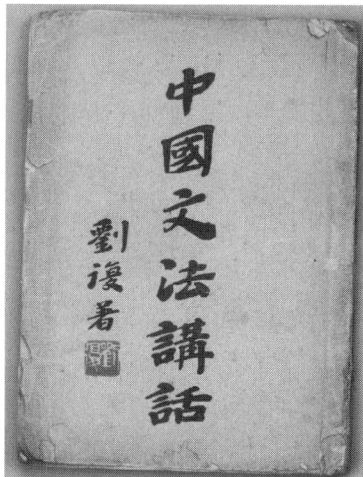

图八　刘半农著《中国文法讲话》1932年初版
(此为1937年的再版本)

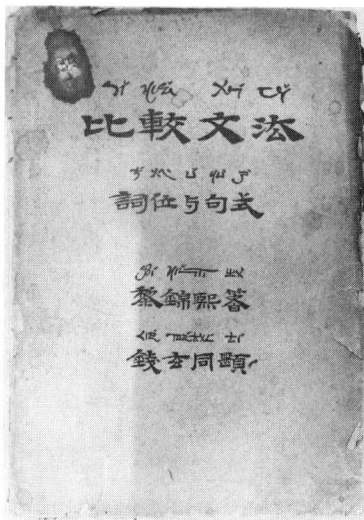

图九　1933年黎锦熙著《比较文法》钱玄同题签

其它的三通信，发信的时间比较紧密，分别为

11月4日、8日和28日，所用信纸也一致。信的内容公私皆具：私事主要是为请托，因为黎家要修门楼，黎锦熙请刘半农向汪申伯(北京工务局局长)打招呼，以提供方便。汪申伯是在法国学建筑专业的硕士生，回国后先于中法大学执教，后来又担任了北京工务局的局长。刘半农起初与他并不熟悉，直至1933年3月15日，刘半农在《世界日报·读者论坛》上发表了一篇杂文，题为《为汪局长脱靴》，其内容是称道这位局长能切实做一点好事。文章只是媒介，真正的因素还在于中法大学的这层关系，拉近了彼此的距离，两人开始成为了朋友。刘半农去世后，墓地是由中法大学捐赠，而设计者正是汪申伯。由此看来，黎锦熙请刘半农出面帮忙，还是找对了人，事实上刘也帮上了这个忙。

公事有二：第一是为刘半农所藏木刻版《佩文韵府》一书出让之事，并请刘半农寻找该书所缺失的部分；第二是为元典章蒐集校对之事。此时的黎锦熙除了担任多所高校的教职以外，还负责着"中国大辞典编纂处"的工作，该编纂处为教育部的内设机构，目标是编制一部统一国语的字典，前文提到的"数人会"，也都是围绕着国语罗马字而开展的。

编纂处按"依史则"的工作原则，组织了庞大的系统：设有五部15组，组下还设股，如搜集部下的词典组，词典组下面包括了韵书股等七股，书报组还有群经正史股等。当时的词典按字为单位剪贴，注明出处即可，因此搜集文献和做剪贴的工作极为繁琐⑥。按信中提到的《佩文韵府》和元典章，分别属于韵书和群经正史，黎锦熙希望刘半农能转让他收藏该书的木刻本，为词典的剪贴之用。

编纂处虽机构庞大，实际上人员并不多，并且经费也很有限，其实从黎锦熙这个主任起，所有专任编纂员都改为了"特约编纂员"，计件发工资，目的就是节省经费，黎锦熙通过刘半农寻找能搜集元典章并作勘注的合适人选，本身也是出于节约经费的考虑。从信中可以体会到，在大辞典编纂工作方面，黎、刘经常保持着沟通，彼此也相互支持和帮助。

从这四通信札的内容可以看出，黎、刘之间无

论于公于私，关系都相处的很好，刘半农对黎的请托竭尽全力，反观之黎对刘的请托也是尽力帮忙，此次整理出的一通齐白石致黎锦熙的信札，就可以看到这点。齐白石和黎锦熙为故交，刘半农想通过黎锦熙出面去请齐白石为他和学生们在为编钟测音时作画，以兹纪念，为此黎锦熙求助于齐白石，而齐白石的回信就在这批信札当中，从信中可以看到，白石老人还是欣然应允了黎的请求。《刘半农日记》1934年5月2日条云："……下午到中央饭店，贺黎劲西嫁妹之喜……"⑦。黎家兄弟八人，世称"黎氏八骏"，另有三女，也皆才华出众，"嫁妹"是指黎锦熙最小的妹妹黎锦文出嫁，邀请刘半农来参加喜宴，可见黎、刘私交很深。

二、对刘半农和黎锦熙之间关系的考略

黎锦熙大刘半农1岁，他俩虽年龄相仿，但求学之路却截然不同。黎锦熙是秀才出身，之后再接受了新式教育，虽未留洋，但倡导白话、主张国语改革之立场坚定。刘半农则主要接受的是新式教育，特别是五年的留洋经历意义非凡，同样他也是白话文的吹鼓手、急先锋，故而在思想观念上，两者是相同的。

1915年，黎锦熙受聘于北京的教育部，任教科书特约编审员及文科主任，此后发起成立了"国语研究会"，宣传国语统一和普及白话文，因此他是我国最早倡导国语运动的语言学家之一⑧。刘半农是在1917年进入北大任教的，同样也身怀改革国语的理想，因此他除担任教员之外，还"在北大文科研究所担任诗、小说、文典编纂法、语典编纂法的教学工作"⑨。

黎锦熙与刘半农都是新文化运动的倡导者，因此在北京，很快他们就走到了一起。1917年12月11日，刘半农所在的北大研究所和黎锦熙的"国语研究会"，联合召开了国语讨论会，当时北大的一批精英都在座，包括有蔡元培、胡适、钱玄同、沈尹默、刘半农等人。黎锦熙和陈颂平等则是"国语研究会"的代表。在会上双方讨论了具体的分工和合作问题⑩。这是黎锦熙和刘半农最早的交往记录，也就是刘半农到北京的第三个月以后，两人开始了最初的合作。

1919年2月，北京大学推举刘半农、胡适、

马裕藻、周作人、钱玄同、朱希祖六人为"国语统一筹备会"会员。至4月，教育部"国语统一筹备会"在北京召开成立大会，会员有35人，刘半农、黎锦熙均位列其中（图十）。本次大会决议通过了由刘半农起草拟定的《国语统一进行方法的议案》及《请颁行新式标点符号议案》两项议案。次年的年初，"国语统一筹备会"举行第二次大会，刘半农被推举为新成立的"国语辞典委员会"委员，黎锦熙也同时当选。

1925年9月初，刘半农留学归国后回到北京，

图十　1919年国语统一筹备会合影（四排左四为刘半农，三排右四为黎锦熙）

暂住在孔德学校的宿舍里。此后他召集大家开会，与会者有黎锦熙、顾颉刚、钱玄同、魏建功、白涤洲、常惠等，目的是想筹备编写一部《中小字典》，拟定的主撰四人包括刘半农、黎锦熙、钱玄同和顾颉刚[11]。9月16日在赵元任家，刘半农又提议发起成立"数人会"，"数人"者，源自于隋朝语言学者陆法言《切韵序》中"我辈数人，定则定矣"之句。"数人"者为研究音韵、切磋学问的组织，起初的成员有赵元任、钱玄同、黎锦熙、刘半农、汪怡共五人，之后仅增加了林语堂，总共才六人，皆为当时在北京研究音韵学的著名学者。"数人会"采取六人轮流做主席并主持会议的方式，每次在会上，拿出一个问题作为主题进行讨论。在一年之中，"数人会"共开会22次，最主要的工作是议定了"国语罗马字"的方式[12]。次年的11月9日，由刘半农、黎锦熙、赵元任、钱玄同等制定的"国语罗马字拼音法式"，以教育部国语统一会筹备会名义正式公布[13]。

通过上述所列举的材料可以看到，由于黎锦熙和刘半农在专业上的类同，以及在思想观念上的一致，造成了在工作上合作的机会逐渐的增多，两人由最初的同事关系逐渐的成为了朋友关系，这些都是基于彼此间的互相支持和帮助，这样积累的友情，善意而真诚。同事加朋友的关系就这样一直持续了九年的时间，应该说学术和专业让他们走到了一起，相互间默契的协作与配合，又加深了彼此的交情，因此用"好友"来形容他俩的关系是再恰当不过的了。

1934年7月，刘半农利用暑期，带领学生在内蒙地区考察记录方言时因公殉职，黎锦熙写了一篇名为《刘半农的合作精神》的纪念文章，刊登于当月

22 日的《国语周刊》第 147 期上,以此来纪念两人之间的情谊,文中他还对刘半农学术追求的思想境界,给予了高度的评价。在追悼会上,黎锦熙作挽联曰:"千里遥征 五日回归成永诀;一声首唱 数人罗马建殊勋",其下联对刘半农在创建"数人会"以及"数人会"业绩上的贡献作出了充分的肯定。

注释:

① 郑正恕:《重归刘半农故里江阴》,《解放日报》2005 年 2 月 21 日。

②《中国语言学家》编写组:《中国现代语言学家》,河北人民出版社,1981 年,第 67-85 页。

③《中国语言学家》编写组:《中国现代语言学家》,河北人民出版社,1981 年,第 86-94 页。

④ 转引自袁本良:《比较与变换——纪念黎锦熙先生<比较文法>出版 70 周年》,《贵州大学学报（社科版)》2003 年第 6 期,第 109 页注①;叶文曦:《简评黎锦熙先生的<比较文法>》,《武陵学刊》2010 年第 5 期,第 126-129 页。

⑤ 袁本良:《比较与变换——纪念黎锦熙先生<比较文法>出版 70 周年》,《贵州大学学报(社科版)》2003 年第 6 期,第 109 页。

⑥ 汪家熔:《我国近代第一个词书专业机构——中国大辞典编纂处》,《出版科学》2008 年第 2 期,第 81 页。

⑦ 刘半农著,刘育敦整理:《刘半农日记(一九三四年一月至六月)》,《新文学史料》1991 年第 1 期,第 35 页。

⑧ 黎泽渝:《黎锦熙先生年谱》,《汉字文化》1995 年第 2 期,第 56 页。

⑨ 徐瑞岳:《刘半农年谱》,中国矿业大学出版社,1989 年,第 43 页。

⑩ 徐瑞岳:《刘半农年谱》,中国矿业大学出版社,1989 年,第 44 页。

⑪ 徐瑞岳:《刘半农年谱》,中国矿业大学出版社,1989 年,第 100 页。

⑫ 徐瑞岳:《刘半农年谱》,中国矿业大学出版社,1989 年,第 101 页.

⑬ 吴奔星:《钱玄同研究》,江苏古籍出版社,1990 年,第 189 页。

(作者单位:江阴市博物馆)

北宋葛宫、葛密之母生卒、姑葛氏出身补考

◇ 武宝民

内容提要：本文对江阴出土的《宋故寿昌县太君吴氏墓志铭》墓主生卒、《宋故渤海高府君夫人葛氏墓志铭》墓主出身进行补考，为研究宋代一个长盛不衰的官僚地主家族，提供一份具有价值的史学资料。

关键词：江阴葛氏家族 葛宫 葛密 《吴氏墓志铭》《葛氏墓志铭》高昺

上世纪 70 年代，江阴夏港出土《宋故寿昌县太君吴氏墓志铭》《宋故渤海高府君夫人葛氏墓志铭》两方墓志铭，均为北宋江阴葛氏家族墓葬。一系葛宫、葛密之母，另一为葛宫、葛密之姑。2008 年，江阴博物馆翁雪花在《南京博物院集刊》第十期，发表《江阴葛氏家族墓志研究》一文，对该两方墓志铭进行了全文著录点校，并考证了墓志的作年、墓主及撰文者的生平履历，但未能作出全面详尽的论述，缺失对《宋故寿昌县太君吴氏墓志铭》墓主生卒、《宋故渤海高府君夫人葛氏墓志铭》墓主出身的考证，同时，对葛氏的丈夫高昺的论述，给出了错误的论断。今加以补考与辨正，以求正于诸同仁。为进一步研究宋代江阴葛氏这 "一个长盛不衰的官僚家族"，提供一份必要的实物佐证。

一、简述北宋江阴葛氏家族

在北宋仁宗时期，江阴葛氏家族已经 "盛名江左"，进入一个新兴的官僚地主阶层。宋葛立方《韵语阳秋》卷十八："余家自曾伯祖侍郎讳宫，以甲科起家，至庆历中曾大父通议，杨寘榜相继及第，尔后世世有人。"①江阴葛氏家族，自第五代葛详开始崇文重教，"延师训子弟"。到第六代葛惟明（蔡襄岳父）时，更是 "一举进士不中，退而积书数百千卷，戒子孙业之"。宋郑戬在《宋故寿昌县太君吴氏墓志铭》中载："葛氏数从同居无亲疏，专以孝厚文雅世其家。"葛氏家族在葛惟明、葛惟甫兄弟等人主持下，带领子弟设馆讲学，"鼓励本族子弟读书应举，获取官职，跻入士大夫的行列，不仅可以享受官府的俸禄，养活全家老少，而且可以封妻荫子，荣宗耀祖，提高本族的社会地位"②。同时，通过经营家族产业进行资本积累，赈济补授，纳贷买官，实行族内互助，宣扬孝悌精神、官僚联姻等一系列措施，来振兴家邦，实现家族的兴盛。至第七、八代时，葛氏家族全盛。到九、十代时达到鼎盛，成为 "一个长盛不衰的官僚家族"。正如《宋史》所评："葛氏自宫以下，簪缨相继，盛哉。"

据上湖草堂《葛氏宗谱》载葛宫、葛密：

葛宫字公雅。宋大中祥符五年登徐奭榜进士（1012），授中正军堂记，累官至秘书监太子宾客，以尚书兵（工）部侍郎致仕。配礼部郎中孙冕女，封嘉兴太君，生子三（一）。习留形炼气之术，赠工部尚

书。生淳化三年壬辰(992),卒熙宁壬子五年(1072),著《青阳集》。礼部侍郎邵元撰墓志铭③。

葛密(宓)字子发,宋庆历二年登杨寘榜进士,官太子右赞善,赐五品服,迁秘书丞,太常博士,年未五十岁致仕,退居青阳上湖,自号草堂逸老,多著述。赠通议大夫,生咸平己亥(999),卒元丰壬戌(1082),配胡氏封安定县君,继配陈氏封颍阳县君,加赠俱太君,追封硕人,子六。青阳屠墅,大理寺评事吕升卿撰墓志铭④。

《宋史·列传》卷三百三十三载葛宫、葛密:

葛宫,字公雅,江阴人。举进士,授忠正军掌书记。善属文,上《太平雅颂》十篇,真宗嘉之,召试学士院,进两階。又献《宝符阁颂》,为杨亿所称。知南充县,东川饥,民艰食,部使者檄守资、昌两州,以惠政闻。知南剑州。土豪彭孙聚党数百,凭依山泽为盗,出害吏民,不可捕,宫遣沙县尉许抗谕降之。并溪山多产铜、银,吏挟奸罔利,课岁不登,宫一变其法,岁羡余六百万。三司使闻于朝,论当赏。宫曰:「天地所产,吾顾盗之,又可为功乎?」卒不言。徙知滁、秀二州,秀介江湖间,吏为关泾渎上,以征往来,间有昏葬,趋期者多不克,宫命悉毁之。积官秘书监、太子宾客。治平中,转工部侍郎。熙宁五年,卒,年八十一。宫性敦厚,恤录宗党,抚孤嫠,赖以存者甚众⑤。

宫弟密,亦以进士为光州推官。豪民李新杀人,嫁其罪于邑民葛华,且用华之子为证。狱具,密得其情,出之。法当赏,密白州使勿言。仕至太常博士。天性恬靖,年五十,忽上章致仕,姻党交止之,笑曰:「俟罪疾、老死不已而休官者,安得有余裕哉。」即退居,号草堂逸老,年八十四乃终。平生为诗慕李商隐,有西昆高致⑥。

二、补考《吴氏墓志》主人生卒

该《宋故寿昌县太君吴氏墓志铭》,材质青石,90 厘米×73 厘米×12 厘米(图一),楷书,计 35 行。由“□……骑都尉、原武县开国男、食邑三百户,赐紫金鱼袋郑戬(992–1053)”撰文,墓主第四子葛宥书丹。因墓葬地处长江之滨,墓志浸蚀严重。石面上部无字可辨,下部文字清晰,书刻精工。端庄雅正,遒劲飘逸。现抄录如下:

□……君吴氏墓志铭并序

□……骑都尉、原武县开国男、食邑三百户,赐紫金鱼袋郑戬撰

□……都尉、赐紫金鱼袋蒋堂篆盖

□……曰:葛氏数从同居无亲疏,专以孝厚文雅世其家

□……义方之训,清德之绍,抑梱则门法,刑内外之助欤

□……信之美,为邦人重,夫人生而闲慧,幼而静约,不

□……君果,以勤俭宜其室,恭柔睦其宗,椒兰日芬,箴

□……以孝闻,夫人婉娩听从,拳劬辅助,故能协承

□……悉调汤剂和饘淖,身履铛釜,尝而后进,逮良已则始

□……寺丞君的母,焦氏之逝也,诸孤尚幼。

□……且夫和宗族则恩为首,训子孙则德为主

□……夫人。门内数百口,其间老幼疾病又几人,寒衣

□……力不能者一失其所,为之不安,以是闺闱,男女

□……均,娣姒则分其下,然未尝啬也。是四者之懿

□……身之累也,孝友者行之表也。居于乡,乡人称

□……汝曹以柔弱胜,不愿有豪侠名,以是子弟衔

□……屯田君虽蚤升甲科,中间官不进,人或以问之。

□……子仕未几,屯田果达。寺丞君捐馆舍、屯田与诸仲

□……曰:孝子以显扬为先,儿曹能荷门户为吾了。婚嫁乃报

□……奉甚薄至,衣无华采,食不重味。事西方教,晚年

□……亦时香火,一心誓愿,得往生净土,以为了缘。乌呼!合

□……寿母之达生者欤,以景祐四年丁丑六

□……十七,即以宝元己卯八月乙酉归,祔于江阴军江阴县

□……四子:长曰宫即屯田君,次曰宬、曰宓(密)举进士,试礼部入策,

□……进士,次适婺州司法参军吕士昌,次适信州判官章

□……有文有政,内外孙二十有七人,惟屯田

□……气和

□……朋友义于乡党,声蔼公路,望高省闼。明道二年

□……。

□……景祐二年任尚书屯田员外郎,用

□……君初弃脂泽也,屯田君气息奄奄。水浆不入口者,累日

图一　宋故寿昌县太君吴氏墓志铭

□……信于后，遣仆重趼抵书取文，予与屯田故人也。至于

□……可让铭曰：

□……门内有法兮，家声以扬。嗣子登朝兮，为龙为光。

□……生之如寄兮，没也其常。惟德与言兮，椒兰竟芳。

□……佳城在此兮，淑灵弗亡。

男 宥 谨书 僧 慧化 刻

由于志文大面积漫漶，难以目睹全部内容，加上郑戬没有留下任何残稿余墨，无法找到墓志全文，只能与宗谱所载内容相印证，探明消息。此志文第24行载："四子：长曰宫即屯田君，次曰寔、曰宓（密）举进士，试礼部入策，□……进士，次适婺州司法参军吕士昌，次适信州判官章□。"从这缺字断文的句子中得知：墓主吴氏生有四子三女，长子宫即为葛宫，二子葛寔，三子即为葛密，四子葛宥。第10行载："□……寺丞君之母，焦氏之逝也。"这说明墓主生前其丈夫已获官阶，婆母为焦氏。以此线索查阅《葛氏宗谱》载：

葛惟甫，字仲山，葛详次子。赠开府仪同三司吏部尚书。生宋开宝辛未，卒天禧辛酉二月二十三日，尚书屯田员外郎张希颜撰墓志铭。配吴氏，生开宝壬申，卒景祐四年六月二十三日。追封陈留郡太君，合葬西社村（今江阴夏港尚书墩），右正言、知制诰郑戬撰墓志铭[⑦]。

据此可知，墓主吴氏、其夫葛惟甫即为葛宫、葛寔、葛密、葛宥的亲生父母。这有力推翻了清缪荃孙《江阴葛氏世表》所考——"葛惟甫有子二：葛宫、葛密"的错误判断。

由于墓志漫漶不清，无法获知吴氏真实生卒。上湖草堂《葛氏宗谱》载吴氏出生时间，为开宝壬申（972），这与志文不相符合。从墓志第22、23行看："□……寿母之达生者，欵以景祐四年丁丑六……十七，即以宝元己卯八月乙酉归，祔于江阴军江阴县。"其中"以景祐四年丁丑六……十七"之间所缺失的部分，按照墓志惯例，应是吴氏卒之时间及享年多少的字样。以宗谱记载吴氏"卒景祐四年六月二十三日"，这与志文记载死亡时间完全吻合。

那么对"十七"数字有如何解释呢？如果以吴氏生于开宝四年辛未（971）算起，到景祐四年丁丑（1037），正好67岁。这样对"十七"数字及前面所缺失的文字，就有了合理的诠释，应该是："月二十三日卒，享年六"九个字。由此可以复原出志文缺失的内容："以景祐四年丁丑六月二十三日卒，享年六十七。"并由此可以纠正上湖草堂《葛氏宗谱》中对吴氏"生开宝壬申"这一舛误，得出确切的吴氏生卒时间和寿年，生于开宝四年辛未，与其丈夫葛惟甫同年出生，卒于景祐四年丁丑六月二十三日，享年67岁。

三、补正《葛氏墓志》主人出身及其丈夫高昺的身份

《宋故渤海高府君夫人葛氏墓志铭》，76厘米×63厘米×13厘米（图二），材质青石，四周刻有边栏界格，隶书题额，志文楷书，端庄清雅，镌刻精妙，计20行。由"侄承务郎守太子右赞善大夫致仕骑都尉密撰"并书。墓志保存基本完好，现全文摘抄如下：

宋故渤海高府君夫人葛氏墓志铭
侄承务郎守太子右赞善大夫致仕骑都尉密撰

有宋善族，徽柔顺妇，葛氏，春秋五十有一，以嘉祐二年十二月戊午寝疾，终于江阴军之里第，其孤曰遵，谋协（督）（祭）用，五年九月丙午葬江阴县化龙乡之北原，祔府君之旧茔，礼也。夫人世居江阴，曾、高遭唐季之乱，遁而用晦。祖讳彭，端拱初，以齿以德，特赐爵于朝。父讳详，以长者称于州里。夫人生，十二岁丧母，哀恭与礼，阴合图史，内外宗姻皆仪之。年十七归于渤海高昺。昺举进士，先殁者二纪，时夫人年犹盛。母党欲回其志，夫人曰："女子所取贵于人者，以其能主继而不亏大节。高氏子孤且幼，使前人阙烝尝之荐，所不忍闻也。"母党咋舌報報，不能夺。此其过人远甚。有子男一人，方昺之卒也，遵始三岁。长女适太庙斋郎乐渭，今尚书郎富国之子。次适天府贡士钱乘，故给事中昆之孙。世伐高华皆良匹也。遵以大事不可不尽其志，余烈不可不见于文，葬既得宜，乃请于夫人之兄之子以铭焉，密尽然不敢让，谨书。铭曰：

辞白日，即幽冥，宁神乎中兮，惟夫人安宅。

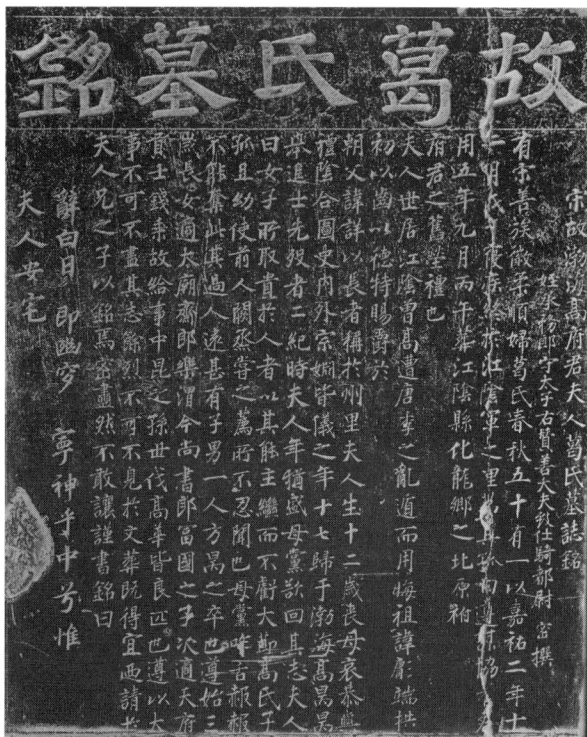

图二　宋故渤海高府君夫人葛氏墓志铭

此志文中载："夫人世居江阴,曾、高遭唐季之乱,遁而用晦。祖讳彪,端拱初,以齿以德,特赐爵于朝。父讳详,以长者称于州里。"以此得知,墓主为葛详之女。依《葛氏宗谱》载:

葛详,字守约,与兄(诱)助教,经理青阳修德里水田,岁入租七千余斛,咸平中购第宅,延师训子弟,为江南望族。生汉乾祐庚戌(950),卒宋天圣乙丑(1025)。配焦氏,生子三,惟明、惟甫、惟球,葬顺化乡夏港西社村前,今名尚书墩,在递铺北。焦氏葬凤戈乡东茅墅东⑧。

从宗谱上看,葛详娶焦氏为妻,所生子三:惟明、惟甫、惟球,却没有表明有女几人。此墓志也没有提及墓主生母的姓氏。难道是当时修谱的后人遗漏?还是葛密有意隐去不提?鉴于此,不妨逐步探明墓主身份,揭开谜底,还原事实真相。志文开端:"葛氏,春秋五十有一,以嘉祐二年十二月戊午寝疾,终于江阴军之里第。"依此墓主得年及卒年时间推算,葛氏应生于景德四年(1007),与其父葛详年龄相差58岁,与其次兄葛惟甫相差37岁,比侄子葛密还小8岁。据此推测,葛详之妻焦氏在墓主葛氏出生之时,年龄定已五十有余,显然生葛氏的可能性不大。再者,葛密在此墓志中又进一步载:"夫人生,十

二岁丧母。"按葛氏12岁(天禧二年)(1018)其母去世算,焦氏也极近古稀。那么,这就与《吴氏墓志铭》中"寺丞君(葛惟甫)的母,焦氏之逝也,诸孤尚幼"之载不相符合。作为撰写吴氏墓志的郑戬,断然不会写错,否则也不会刊刻埋志。同时,在《葛氏宗谱》中也没有发现葛详在其妻焦氏去世后,有继配之室的记载。针对以上所据,可以断言:墓主葛氏生母绝不是焦氏,而应是葛详所纳之妾。因为按照传统惯例,古代男人所娶正妻或继室,所生子女为正宗,视为嫡出。而所纳之妾,及与妾所生之女视为庶出,没有资格进入宗谱。因此,这就印证了葛密为什么在志文中对葛氏生母去世时着重陈述丧葬情况:"夫人生,十二岁丧母,哀恭与礼,阴合图史,内外宗姻皆仪之。"一是告知后人个中缘由,二是表明墓主的出身,三是给葛氏生母的一种待遇。综上所论,可以揭示出墓主葛氏的真正出身,葛氏是葛详与其妾所生,属于庶女。与其长兄惟明、次兄惟甫、三兄惟球为同父异母兄妹关系。

另外,墓志中载:"葛氏,春秋五十有一,以嘉祐二年十二月戊午寝疾,终于江阴军之里第,其孤曰遵,谋协(督)(祭)用,五年九月丙午葬江阴县化龙乡之北原,袝府君之旧茔,礼也",及"年十七归于渤海高昺。昺举进士,先殁者二纪,时夫人年犹盛。"以此获知:葛氏17岁(1023)就嫁给了渤海人高昺,并表明高昺以科为业,或已是通过省试中举的考生,但先于葛氏24年就去世了,并葬于江阴化龙乡之北原,使得葛氏年轻轻的(27岁)就开始守寡,没有获得相应的册封。而翁雪花在考证时,却根据这两段文字内容,给出:"从志文知高昺任渤海郡府君。"错误的论断。笔者认为:墓志中的"府君"是旧时对已故者的敬称,多用于碑版文字。不是汉时对郡相、太守的尊称的沿用。"渤海"一词理解,应指古渤海国属地,北宋时所管辖的一个地区的泛泛代称或俗称,大概是今河北、天津、山东一部分或山东沿海区域。古代文人往往会在自己的名字前加地望自称,以示与他人区别。譬如:宋代名儒贤臣蔡襄,时常署款"莆田蔡襄";近代书画篆刻家吴昌硕,浙江安吉人,也时常在书画篆刻作品中落款"安吉吴昌硕"。"举进士",是指古代对参加科举考试人的一种尊

称,并非是指在进士考试中登第的进士。按古代科举制度,进士一律要经过由皇帝亲自主持的"殿试"一关,复核和决定名次,而不会黜落考生。只有通过殿试后才算是进士及第。笔者在查询上述各地方志及《宋代进士表》中,皆没有找到叫高昺的名字。由此可见,葛氏的丈夫高昺并没有进士及第,何来做渤海郡府一职呢?他只是一个普通的以学为业的举子。

四、结语

《宋故渤海高府君夫人葛氏墓志铭》《宋故寿昌县太君吴氏墓志铭》的出土,厘清了葛宫、葛密与墓主吴氏、墓主葛氏之间的关系(附世系表),为研究北宋江阴葛氏家族成员之间的亲属关系、婚姻关系、崇信佛教、丧葬习俗及家族兴衰等诸多方面,提供了不可或缺的实物佐证。据不完全统计,葛氏家族自葛韶华淳化三年登孙何榜进士开始,至元代元统二年(1334),期间中"千二百人登仕版者,百六十一人登科,三十六人恩科,十一人恩赐,十一人封赠,八人聘恩,三人资补,四人奏荐,八十六人追谥,五人史传"[9]。正如清缪荃孙在《丹阳集》跋中云:"宋代门祚鼎盛,五世登科第,三世掌词命,《宋史》有传三人,附见十人,最为江阴望族。"[10]是什么原因,使一个家族连续九代兴旺发达且长盛不衰,值得今人深入探考与研究。

注释:

①[宋]葛立方:《韵语阳秋》卷十八,盛宣怀、缪荃孙编撰:《常州先贤遗书》,南京大学出版社,2010年,第9页。

②朱瑞熙:《宋代江阴葛氏家族初探》,《江阴文博》2000年第2期,第44页。

③上湖草堂《葛氏宗谱》卷六,2009年刊本,江阴图书馆藏,第5页。

④上湖草堂《葛氏宗谱》卷六,2009年刊本,江阴图书馆藏,第10页。

⑤[元]脱脱等修撰:《宋史》卷三百三十三第九十二,中华书局,1977年,第10704页。

⑥[元]脱脱等修撰:《宋史》卷三百三十三第九十二,中华书局,1977年,第10705页。

⑦上湖草堂《葛氏宗谱》卷六,2009年刊本,江阴图书馆藏,第5页。

⑧上湖草堂《葛氏宗谱》卷五,2009年刊本,江阴图书馆藏,第13页。

⑨上湖草堂《葛氏宗谱》卷一,2009年刊本,江阴图书馆藏,第9页。

⑩[清]:缪荃孙《艺风堂文集》,载《缪荃孙全集》,江苏凤凰出版社,2013年,第216页。

(作者单位:江阴美术馆)

附 葛宫、葛密与墓主吴氏、葛氏世系表

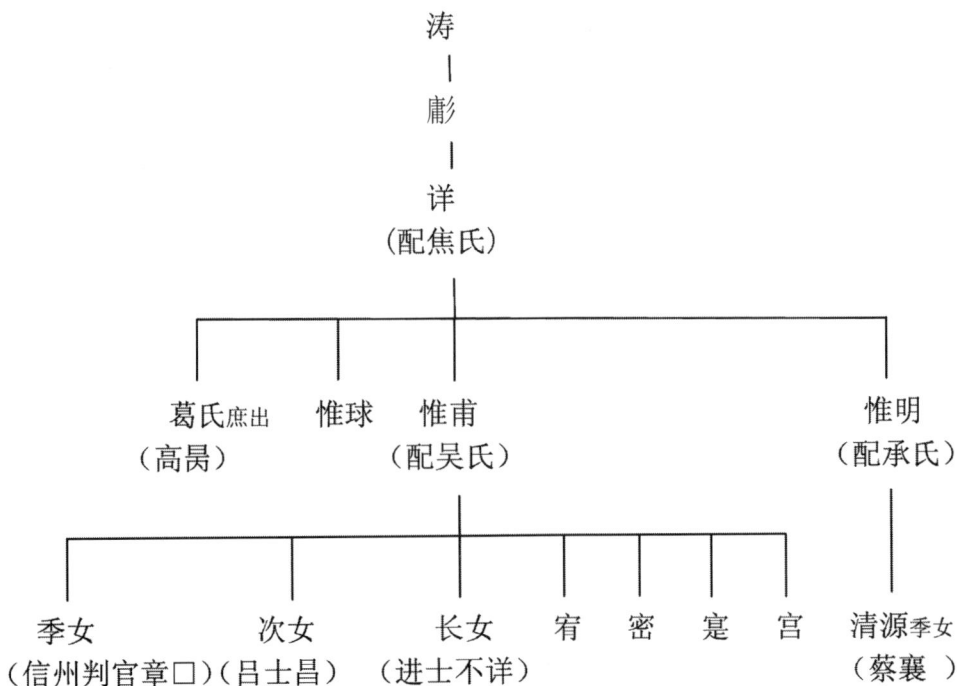

涛
|
彤
|
详
(配焦氏)

葛氏庶出(高昺) — 惟球 — 惟甫(配吴氏) — 惟明(配承氏)

季女(信州判官章□) — 次女(吕士昌) — 长女(进士不详) — 宥 — 密 — 寔 — 宫 — 清源季女(蔡襄)

光绪二年丙子科陕西武乡试题名碑考释*

◇ 葛 天

内容提要：光绪二年丙子科陕西武乡试，大主考为谭锺麟，武举 69 名，汉人 59 名，旗人 10 名，汉人武举中 53 名籍贯可辨认、考证。康熙四十九年前，陕西武科乡试额数 20 名。从康熙四十九年开始，陕西武科乡试额数增至 30 名。雍正四年，陕西武科乡试额数增至 40 名。乾隆元年，陕西武科乡试额数增至 50 名。嘉庆十八年始，陕西汉满一体武科乡试，额数 60 名，其中汉人 50 名，旗人 10 名。咸同间，陕西武科乡试额数增加 9 名，旗人额数不变，共 69 名。

关键词：光绪二年 陕西乡试 题名碑 小雁塔

清代陕西武科乡试结束后，武举常在荐福寺小雁塔下立碑题名，与文科举人在大雁塔下题名相对。西安博物院藏有《光绪二年陕西丙子科乡试武举题名碑》一通(图一)，大部分碑文可辨。

一、简体点校

皇清

头品顶戴兵部侍郎兼都察院右副都御史巡抚陕西等处地方赞理军务兼粮饷□□□

□□	岳振□	□□	董天禄	凤翔	贾绳武
华阴	张腾蛟	高陵	高 鹏	宝鸡	张舒异
□县	刘大鹏	镶红	常 □	榆林	郭龙田
武功	曹化龙	长安	姚振国	渭南	张炳焱
清涧	李鼎新	正蓝	灵 安	靖边	冯三秀
武功	雷荣武	咸宁	李三重	宝鸡	张举鼎
华州	时彦彪	宁陕	刘建基	汉中	张铭绅
正红	霍切本	安康	吴 萊	榆林	尚魁三
咸宁	李荫樾	□□	何文海	渭南	靳日新
镶蓝	诺穆欢	安康	贺世泰	洋县	何大魁
三原	颉鹏飞	同州	史三接	保安	胡 珀
正黄	吉 安	大荔	王兴国	镶黄	和 禄
□□	张金华	安康	刘士魁	□安	刘振祥
宁羌	席□朝	周至	王士英	正蓝	英 禄
榆林	尚益三	韩城	强维清	礼泉	王世龙
商州	屈锺麟	华州	王登云	镶黄	乌 森
宝鸡	郭 笃	同州	白有耀	三原	赵凤鸣
淳化	于定一	武功	张景岳	□□	任登云
□州	闫德耀	安康	马继援	镶黄	塔隆阿
宝鸡	张彦烈	镶黄	伊撒亨	扶风	魏平州
咸宁	陈廷栋	洋县	白玉麟	大荔	王芝寿
□平	宋彦彪	富平	张及第	□□	张在□
南□	王 □	长安	高岳對	咸□	张治国

光绪二年陕西丙子科乡试武举人等陆拾玖名

* 本文是西安市 2021 年度社会科学规划基金项目"明清小雁塔武举题名碑整理与研究"(LS19)的阶段性成果。

二、主考官考释

"头品顶戴兵部侍郎兼都察院右副都御史巡抚陕西等处地方赞理军务兼粮饷□□□。"主考官姓名缺失，据《清史稿·疆臣年表》载，光绪二年陕西巡抚为谭锺麟。"巡抚陕西等处地方提督军务、节制各镇兼理粮饷一人。顺治元年置，驻西安，定为满缺。雍正九年，以兵部尚书史贻直署巡抚，参用汉人自此始。"①《清史稿》所载谭锺麟职官履历如下：同治十一年，"正月癸卯，谭锺麟护陕西巡抚。八月庚申，邵亨豫仍回"②。光绪元年，"邵亨豫二月癸未免。曾国荃陕西巡抚，未任。戊子，谭锺麟代"③。光绪五年，"谭锺麟五月戊子陛见。王思沂护。八月庚午，锺麟迁。冯誉骧陕西巡抚。""梅启照八月庚午召。谭锺麟浙江巡抚。"④

谭锺麟作为陕西巡抚，加衔还有"兵部侍郎兼都察院右副都御史"。"初沿明制，督、抚系右都御史、右副都御史、右佥都御史衔，无定员。顺治十年，谕会推督、抚，不拘品秩，择贤能者具题。康熙元年，停巡抚提督军务加工部衔。不置总督省分，兼辖副将以下等官。十二年复故，并设抚标左、右二营。三十一年，定总督加衔制。由各部左、右侍郎授者，改兵部左、右侍郎；由巡抚授者，升兵部右侍郎兼都察院右副都御史。乾隆十三年，定大学士兼管总督者仍带原衔。明年，改授右都御史衔，其兵部尚书衔由吏部疏请定夺。嘉庆十四年，定以二品顶戴授者兼兵部侍郎衔，俟升品秩再加尚书衔。……雍正元年，定巡抚加衔制。由侍郎授者，改兵部右侍郎兼右副都御史衔；由学士、副都御史及卿员、布政使等官授者，俱为右副都御史；由左佥都御史或四品京堂、按察使等官授者，俱为右佥都御史。乾隆十四年，定巡抚不由侍郎授者，俱兼右副都御史；其兵部侍郎衔，疏请如总督。"⑤

三、题名考

该科陕西武举69名，分布全省各地，汉满均有，涉及清代陕西武科乡试诸多历史信息，可与地方志核校，相互补遗，有较高的文献价值。

1.题名缺字考

民国《续修陕西通志稿·选举表·武举人》光绪丙子科，只有34名武举，且不载旗人，顺序混乱，其中"任登魁，临潼；张金华，定边；张在龙，临潼；刘大鹏，户县"⑥，可知，第七名武举刘大鹏的籍贯为户县；第37名武举张金华的籍贯为定边县；第五十四名武举

图一 《光绪二年陕西丙子科乡试武举题名碑》拓片

任登云被记为"任登魁"，其籍贯为"临潼县"；第六十六名武举的姓名为"张在龙"，籍贯为"临潼县"。光绪《旬阳县志·武举》载，"何文海，光绪二年丙子科"⑦。可知，第十四名武举何文海的籍贯为旬阳。

2.题名籍贯分析

69名武举中，旗人10人：镶红常□、正蓝灵安、正红霍切本、镶蓝诺穆欢、正黄吉安、镶黄和禄、正蓝英禄、镶黄乌森、镶黄塔隆阿、镶黄伊撒亨，旗人最高名次为第六名。

汉人武举59名，可辨认、考证籍贯者53名。其中今西安市10人：姚振国（长安）、高岳峙（长安）、李三重（咸宁）、李荫樾（咸宁）、陈廷栋（咸宁）、刘大鹏（户县）、张在龙（临潼）、任登云（临潼）、高鹏（高陵）、王士英（周至）；咸阳市7人：曹化龙（武功）、雷荣武（武功）、张景岳（武功）、颉鹏飞（三原）、赵凤鸣（三原）、于定一（淳化）、王世龙（礼泉）；宝鸡市6人：张舒昇（宝鸡）、张举鼎（宝鸡）、郭笃（宝鸡）、张彦烈（宝鸡）、贾绳武（凤翔）、魏平州（扶风）；渭南市

12人:张炯焱(渭南)、靳日新(渭南)、强维清(韩城)、岳振兴(蒲城)、史三接(同州)、白有耀(同州)、王兴国(大荔)、王芝寿(大荔)、时彦彪(华县)、王登云(华县)、张腾蛟(华阴)、张及第(富平);铜川市0人;延安市1人:胡珀(保安人);榆林市6人:郭龙田(榆林)、尚魁三(榆林)、张金华(定边)、尚益三(榆林)、李鼎新(清涧)、冯三秀(冯三秀);汉中市4人:张铭绅(汉中)、何大魁(洋县)、白玉麟(洋县)、席□朝(宁羌);安康市6人:吴茱(安康)、贺世泰(安康)、刘士魁(安康)、马继援(安康)、何文海(旬阳)、刘建基(宁陕);商洛市1人:屈锺麟(商州)。

53名可辨认、考证籍贯的陕西汉人武举,数量排序为:渭南市12人,西安市10人,咸阳市7人,宝鸡市6人,安康市6人,榆林市6人,汉中市4人,商洛市1人,延安市1人。

3.题名武职事迹考

光绪《蒲城县新志·武举》丙子科载,"岳振兴,解元,见甲科"[8]。光绪《蒲城县新志·武进士》光绪丁丑科载,"岳振兴,由侍卫官山西□邱路营都司"[9]。光绪《大荔县续志·武举》光绪二年载,"王兴国,新兴寨人;王芝寿,□子,固原提标千总"[10]。

4.汉满同考

西安博物院藏有14通清代武举题名碑,与康熙、雍正、乾隆时期的题名碑相较,《道光十一年陕西武闱题名碑》最大的特点是,西安驻防八旗参加陕西武科乡试,一体考试并题名。满洲、蒙古八旗自嘉庆末、道光初武科考试内容也完全与汉人相同,"嘉庆十八年议令,满洲蒙古旗人与汉人汉军一体应试。满洲蒙古旧例,只试马步射硬弓,遂将舞刀一事一律停止。今思技勇内既向有舞刀一项,满洲蒙古士子自应一体联系,亦不迫以时日,著自道光三年为始,凡满洲蒙古汉军汉人之应童试者,俱仍试以舞刀。至五年乡试六年会试,均已娴熟,一体考试,以复旧规,钦此"[11]。

"满洲应武科始雍正元年,乡试中二十名,会试中四名。十二年,诏停,数十年无复行者。嘉庆十八年,复旧制。满、蒙乡试中十三名,各省驻防就该省应试,率十人中一,多者十名,少或一名。"[12]各省驻防八旗的武举额数,少则1名,多则10名,而陕西驻防八旗武举达到10名之多,足见西安驻防八旗人数之多。顺治

二年(1645),"始设江南江宁左翼四旗,陕西西安右翼四旗,皆置满、蒙兵二千,弓匠二十八,铁匠五十六"。顺治十五年(1658),"增设西安佐领、骁骑校二十八,骁骑一千"。顺治十六年(1659),"增江宁、西安步甲各一千"。康熙十三年(1674),"增西安右翼四旗满、蒙马甲千,弓、铁匠十四,汉军马甲等,江宁马甲千。后又各增兵二千及弓、铁匠等"。康熙二十二年(1683),"又增西安将军,增满洲左右翼副都统各一,汉军左右翼亦如之,八旗满、蒙协领各八,汉协领、佐领、防御、骁骑校不等,满、蒙、汉兵共七千,满、蒙步军七百,暨弓、铁匠等"。乾隆四十九年(1784),"增西安副都统一人"[13]。西安驻防八旗最盛时,达到7000余人。

5.陕西武科乡试名额

清代,陕西武科乡试额数不断增加,从康熙到乾隆,由20名增加到50名。康熙二十六年武科乡试额数:"陕西二十名,甘肃二十名。"[14]康熙四十九年武科乡试额数增加,"陕西、甘肃原取中武举各二十名。今于原额外各增中十名"[15]。雍正二年武科乡试额数增加,"陕西地属雍凉,人材壮健,强勇者多,骑射娴熟,胜于他省,每科乡试取中不过三十名,额少人多,不无屈抑,自雍正四年乡试为始,西安甘肃武举各加中十名"[16]。乾隆元年武科乡试额数增加,"陕甘之人,长于武事,其人材壮健,弓马娴熟,较他省为优。向来武闱乡试中额,每省各四十名,应试之人,每以限于额数,不能多取,其如何量行广额取中之处,著该部议奏,钦此。遵旨议定,陕甘二省,每省原额取中四十名,今酌加十名,各取中五十名"[17]。从乾隆元年开始,陕西、甘肃两省武举额数分别为50名。

"嘉庆十八年,复旧制。满、蒙乡试中十三名,各省驻防就该省应试,率十人中一,多者十名,少或一名。"[18]从嘉庆十八年开始,西安驻防八旗参加陕西武科乡试,旗人10名,加上原有50名,共60名。由道光十一年陕西武科乡试题名碑可证,该科共60名,旗人10名,汉人50名。到了光绪二年,旗人还是10名,但汉人增至59名,总数增加9名,这与太平天国战争有极大关系。当时清廷财政匮乏,鼓励各地捐输,凡捐输军饷的地方,将增加各地生员额数及乡试中额。"陕西自咸同军兴,各府厅州县捐输军饷过万两者所在多有,故咸同以后各属学额多增于旧。"[19]陕

西省兴平县,"咸丰十一年以捐输军饷加永远学额三名"[20]。陕西省三原县,"咸丰五年以捐输军饷加永远学额一名,八年以捐输军饷加永远学额七名,十一年以捐输军饷加永远学额二名,二年一贡"[21]。

咸丰、同治时期,各省捐输额极大,陕西省最终获得永久增加乡试中额9人。"咸、同间,各省输饷辄数百万,增广中额,数至十万两者,加中一名为一次之广额;数至三十万两者,加中一名为永远之广额。捐数虽多,唯定广额不得过大省三十名、中省二十名、小省十名之数。先后永远广中额,四川二十、江苏十八、广东十四、福建、浙江、湖南、湖北、江西、山西、安徽、甘肃、云南、贵州各十、陕西九、河南、广西各八、直隶、山东各二。"[22]武科与文科乡试额数相同,"咸同间输饷广额,有一次者,有永远者,如文闱之例"[23]。从嘉庆十八年开始,陕西汉满一体武科乡试,共60人。咸同间,陕西增加9人,旗人中额不变,共69人。

四、结语

光绪二年丙子科陕西武乡试,大主考为谭锺麟,武举69人,汉人59人,旗人10人。53名可辨认、考证籍贯的陕西汉人武举,分布于今陕西各地市数量排序为:渭南市12人,西安市10人,咸阳市7人,宝鸡市6人,安康市6人,榆林市6人,汉中市4人,商洛市1人,延安市1人。

康熙四十九年前,陕西武科乡试额数20名。从康熙四十九年开始,陕西武科乡试额数增至30名。雍正四年,陕西武科乡试额数增至40名。乾隆元年,陕西武科乡试额数增至50名。嘉庆十八年始,陕西汉满一体武科乡试,额数60名,其中汉人50名,旗人10名。咸同间,陕西武科乡试额数增加9名,旗人额数不变,共69名。

注释:

①赵尔巽等撰:《清史稿》,中华书局,1988年,第3343页。

②赵尔巽等撰:《清史稿》,中华书局,1988年,第7874-7875页。

③赵尔巽等撰:《清史稿》,中华书局,1988年,第7879-7880页。

④赵尔巽等撰:《清史稿》,中华书局,1988年,第7886-7877页。

⑤赵尔巽等撰:《清史稿》,中华书局,1988年,第3336-3337页。

⑥北京图书馆:《地方志人物传记资料丛刊·西北卷》(1册),北京图书馆出版社,1990年,第266-267页。

⑦北京图书馆:《地方志人物传记资料丛刊·西北卷》(11册),北京图书馆出版社,1990年,第525页。

⑧北京图书馆:《地方志人物传记资料丛刊·西北卷》(8册),北京图书馆出版社,1990年,第470页。

⑨北京图书馆:《地方志人物传记资料丛刊·西北卷》(8册),北京图书馆出版社,1990年,第470页。

⑩北京图书馆:《地方志人物传记资料丛刊·西北卷》(10册),北京图书馆出版社,1990年,第90页。

⑪[清]景清等:《钦定武场条例》卷四,北京出版社,2000年影印本,第11页。

⑫赵尔巽等撰:《清史稿》,中华书局,1988年,第3174页。

⑬赵尔巽等撰:《清史稿》,中华书局,1988年,第3868-3871页。

⑭[清]昆冈:《钦定大清会典事例》卷716《兵部》,中华书局,1991年影印本,第8册,第899页。

⑮[清]昆冈:《钦定大清会典事例》卷716《兵部》,中华书局,1991年影印本,第8册,第900页。

⑯[清]昆冈:《钦定大清会典事例》卷716《兵部》,中华书局,1991年影印本,第8册,第901页。

⑰[清]昆冈:《钦定大清会典事例》卷716《兵部》,中华书局,1991年影印本,第8册,第904页。

⑱赵尔巽等撰:《清史稿》,中华书局,1988年,第3174页。

⑲宋伯鲁等撰:《续修陕西省通志稿》卷三十六,民国二十三年,第3页。

⑳宋伯鲁等撰:《续修陕西省通志稿》卷三十七,民国二十三年,第10页。

㉑宋伯鲁等撰:《续修陕西省通志稿》卷三十七,民国二十三年,第16页。

㉒商衍鎏:《清代科举考试述录》,故宫出版社,2014年,第104-105页。

㉓商衍鎏:《清代科举考试述录》,故宫出版社,2014年,第244页。

(作者单位:西安博物院)

鄠县什王村胜光寺铁钟铭文述略

◇ 仝朝晖

内容提要：胜光寺铁钟铸造于明代弘治十一年，有铭文两千余字，铭文内容是记录方圆一带信众为铸钟捐款布施的名单。铭文用字有几类情况：其一，繁体字或异体字；其二，民间用字的省笔或加笔；其三，古今相同的笔画简写。这些铭文作为宝贵的民间实物档案，对于考察明代早中期，汉字在民间社会的演变，以及相关的方志历史问题研究，了解明代西安地区的官职、习俗等方面，具有一定的史料参考价值。

关键词：胜光寺 铭文 字体 村名 姓氏 官职

胜光寺位于今陕西省西安市鄠邑区(户县①)苍游镇什王村北的郿坞岭上。关于胜光寺历史，目前可考的文献稀少。乾隆《鄠县新志 卷一》十六页记，"十王村，有胜光寺，寺内有黄龙洞，康熙二十五年重修。"民间相传东晋年间有黄龙真人在郿坞岭上修筑黄龙洞，后又有高僧胜光禅师，在此扩建寺院，称"胜光寺"。当地流传"南有草堂(草堂寺)，北有胜光(胜光寺)"。1993 年，胜光古寺重建，中华佛教协会会长赵朴初欣然为胜光寺题写了寺名(图一)。

图一 赵朴初题写"胜光寺"

在乡间，人称胜光寺有三宝：一是相传北魏年间从西域迎回的墨玉佛像，二是相传唐代吴道子手笔的《地藏菩萨云游像》碑刻，三是胜光寺铁钟。铁钟铸造于明代弘治十一年(1498)，当时历史背景就是所谓的"弘治中兴"，政治清明，朝野称颂。胜光寺铁钟完好保留至今，很珍贵的是钟面有铭文两千余字，分为上下两部分，共 16 面，每面竖排字九或十一行。铭文内容是记录方圆一带信众为铸钟，布施功德的名单(图二、三)。

本文对这些铭文进行考释，并从文字学和方志研究角度，概述这些铭文的学术价值。

一、铭文的文字内容

下文中除了个别的字体无法输入，以同义字代替，其余的均按照铭文原字抄录，文中句读为笔者所加。△为字迹破损辨识不清。

(上一)

大明国陕西都布二司西安府，鄠縣宜善郷孝義里呈王村勝光寺，住持僧人善月菴発心，释子琮西川、

图二　胜光寺铁钟前侧

遹古風，功德施主弋普昇、李仲良等，同発誠心，鑄造鳴鐘壹口。弟道名徒得洪、性義、得昶、得成、得林、得本，徒孫圓隆、閭僧△連△本△成孚，道安寺圓安。

（上二）

願會興国寺，竟照普門寺。圓奈鄧恭，室人王氏、馮氏，男鄧鎮，任氏，孫鄧均璋、鄧均璜、鄧均瑞；鄧哲，張氏，男鄧経，王氏；鄧幸，張氏；鄧四盛，孫鄧均器。鄧奈，鄧會。鄧虎，張氏，男鄧昇；雒氏，孫鄧九長；鄧志岩。鄧志傑。鄧鉞，焦氏。鄧擇。鄧伯達，張氏；鄧玉。鄧敖。鄧羙。鄧具。鄧諒。鄧秀。鄧完。鄧剣。鄧錦。

（上三）

鄧臣。鄧云。鄧俊。鄧昙。鄧成。鄧友。鄧魁。鄧良。鄧長孫。鄧長児。鄧進児。鄧聚。鄧五児。郝讓。郝奈。郝伯通。劉竟喜，高氏，男劉泰；劉景福，母楊氏，男劉景遹；劉景山。劉奈。劉文才。劉政，張氏；劉海，安氏；劉玉。劉銳，山氏；劉景得，安氏；劉景剣，鄧氏；劉景意。劉欽。劉良。劉俊。劉傑。劉

图三　胜光寺铁钟后侧

薛家。种景山。种信。种朋。种讓。种志通。种福。解玄。

（上四）

小弋十，索氏。弋普昇，顧氏，男弋士欽，張氏；弋士剣，吳氏，孫弋得岩、弋得仁；弋杲，華氏；弋孔倫。弋党家。弋得友。弋銳，閆氏；弋諒，張氏；弋隆。弋端，郭氏；弋俊，賈氏；弋得岩。弋普僧。弋文孚。弋友才。弋讓，郭氏；弋志温，段氏；弋遟。弋聰。弋蔡家。弋五羊。弋五斤。种卷児。郝海。郝志傑，母白氏，男郝志英；薛文進。胡景祥。胡欽。胡景山。胡景賢。

（上五）

秦府儀衛司致仕儀副李鏸，宜人莊氏，男儀副李性，弟李愷；舍人李昙，屈氏，男李鑑，閆氏、解氏；李仲良，鄧氏；李剣，王氏；李得，耿氏；李茂，男李欽，段氏；李鉉，史氏；李鳳，万氏；李瓚。李璋。李璇。李瑾。李璉。李珍。李才。李羊児。李羊三。陶文，母趙氏；陶能。陶明。官舍陶良，蔣氏，男陶祥、陶清。

（上六）

△△△信肖清。刘见。刘文秀。△△施玄。古整。宋福，种氏；古见。霍英，刘氏；霍廣，宋见，鄭氏；宋太。古志清。許礼。李显。古友智。古文。宋剑。宋彪。山厚。古彪。蒲杲。長安縣陶莊里鉄匠張継宗，王氏，男張文達、張文孛；王受村：蘭志李。蘭祥。張仲保。蘭彪。蘭得海。曹和。曹景玉。

（上七）

郭寬。郭賢。郭闇。郭玉。王能。梅庚。鄭仁。鄭永，母王氏，宋氏；腰合村：石臣。段琰。段能。李喜。張景芳。應海，男應俊；趙継宗。趙恭。趙演。石景祥。閆懷。閆愷。閆志通。許得。王友。崔村：鄭普。鄭鐸。王玄。王甫。王和。王錫。王杲。王連。王憲。王志杲。王平。王廷器。霍順。霍名。李秀。夏文宗。夏礼。夏鐸。楊福。楊海。楊得辛。

（上八）

楊紅。楊仁。楊貝。柳名。霍文庚。万意。万連，楊氏；万錫。万順。万魁。鄭茂。万强。万左。万姜。刘云。万△。官人万爵。靳能，刘氏；靳文聚。康王村：百户靳春。靳茂。李秉。靳福。張信。靳英。張宗。靳懷，肖氏；靳聰，史氏；靳剑，李氏；靳茂，張氏；靳安僧。靳杜僧。刘雄。刘喜。張信。刘剛。靳文宗。靳文忠。靳文魁。

（下一）

真受村：旗役李安，張氏；吏部聽選省祭官壹員惠琮，室人劉氏，書生長男惠斯珩；雑達，男雑净；雑寬。雑俊。雑杲，鄧氏；雑哲。雑士連。雑意。雑善。雑文孛。張能。郭孛。刘林。趙士連，母郭氏，男雑得林；雑受。雑玄。雑瓚，鄭氏；趙通。惠春。仝景得。惠海，刘氏；惠恩，姪惠士連；李謙。李祥，鄧氏；李志賢，男李荣。

（下二）

定周村：吳紀。吳文會。李显。吳祥。李謙。李文智。張會。張幹。張思讓。張杲。張亮。張慎。張海。張教。張達。李良。李杲。張茂才。定周村寨：楊秀。張荣。張△。楊全。張整。張春。武秀。王演。魏聰。趙紀。趙泰。趙頂。楊通。張秀。張臻。董英。張宅，趙氏；什村：任孛。任△。長安縣，羅秀。吳村：山清。妙善。羊村：高文。高普能。

（下三）

龍臺坊：郭敬通，王氏；郭敬賢。郭敬全，吳氏；郭祥。郭志剛。馮昶。郭得名。郭智。郭美。馮士連，楊氏；馮経。郭太。王杲。馮寬。馮恭。孫讓。韓海。韓浩。王全。王林。陳庚。宋太。史友智，母姚氏；史奈。陳厚。陳輝。陳左，母張氏，孫保僧。王景山。王書僧。宋村：申友才。申英。申志和。申達。申昙。申景春。孫讓。孫原。刘高。苟長。陳平。郭士孛。趙志企。

（下四）

新付村：張昙。張忠。臧清。張友才。閆景祥。閆懷。張會。張名。張浩。張朋。司見聰。司景名。郭演，李氏；羊村：刘彦得。武會。刘憲。武亨。武景。山牛得。山牛幹。刘銳。刘錫。刘教。刘聚。徐彦名。許通。大王店：高庚。陳氏，男高景山；高慶甫。高進。陳能。楊浩。李錦。涝店：刘威，室人董氏，男刘廷端；刘禄，室人楊氏；刘玉。刘美。

（下五）

姚村：嚴泰。嚴擇。嚴須。嚴斌。嚴蜇。嚴荣。嚴臣。戴朋，男戴文捨；馬營：鄭得威，男鄭喜；許村：藥旺。藥政，万氏，男藥志清；藥貴，翟氏；藥志通，李氏；藥志和。藥志才，种氏；藥文孛，母刘氏；鄧隆，石氏；鄧韓甲。鄧于家。本村：鄧虎，室人高氏、王氏；鄧小九。鄧玉，吳氏；鄧銳。郝志傑，鄧氏；鄧聰。郝志聰。鄧企。鄧行州。

（下六）

南付村：姚整。史擇。姚文孛。姚錦。姚景山。趙伯通。趙賢。趙奉。姚月。趙真。張岳。趙擇。姚擇。中原寺：焦昙。焦仁。焦智。焦禄。焦申。焦會。焦魁。焦礼。北付村：文賢。寇妙祥。焦亨。焦恩。焦宣。郭文玉。郭文達。郭完。郭文成。郭原。郭懷玉。郭教。郭廷瓚。王受村小寨：薛文進。胡景祥。胡欽。胡景山。胡景賢。

（下七）

真受村：刘祥。刘廷孛。雑存孝。雑存美。雑存政。鄧收児。楊敬。坡頭：趙傑。趙茂。華剛，孫氏；宜董村：弋氏，男古聰；張文礼。本村：弋竟會。妙聰。妙能，男弋胎子；三水縣金泉里：王福海，室人王杲，次男王周児；郭原，閆氏；華嚴寺，真浪。文彦。李友，弋氏;<u>道安寺</u>:道云,母杨氏;<u>龙尾坊</u>:郭竟真。郭住,申氏、徐氏。

（下八）

<u>康王村</u>:省祭官李會。李進。高允忠,曹氏,男高欽,邊(氏)李氏;官舍王愷,男王懷,李氏;宋欽。山經,袁氏;劉旺。高名。王清。万景。魯欽。宋鐸。楊敬。雜士連,陳氏;<u>西安前衛軍人杜玉</u>。<u>本村</u>:鄧完,趙氏,男鄧屈家;<u>泾陽縣金火匠</u>:陳隆。陳雄。陳紳。姪陳胡。陳果。弋得玉。弘治十一年四月二十六日造。

二、文字学研究的参考实例

（一）文字辨识

汉字的历史演变是文字学研究的重要内容。汉字书写如何规范？这是一个复杂问题。在古代社会虽然自秦始皇就提出"书同文"，历朝历代也出现有如秦代李斯《仓颉篇》、汉代皇象《急就章》、清代龙启瑞《字学举隅》(图四)此类用字规范,并在社会广泛传播。但在不同朝代、地区和适用场合,随着现实生活的各种需要,人们书写汉字会存在一定自身习惯,使汉字产生变异。

唐代颜元孙撰《干禄字书》即总结提出汉字的"俗、通、正"三种字样。通字常用于碑刻、奏议等载体或文体。所谓"通者",实质上就是承用已久的俗字;俗字一般适用于日常生活的场合,归根结底是汉字异体字的一种;作为国家认同的规范用字视为正体字,而异体字是和正体字相对而言的,即同音同义但写法不同的字。

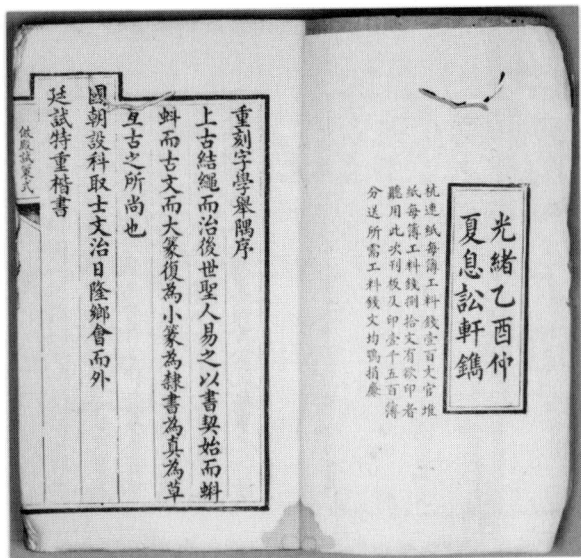

图四　清龙启瑞《字学举隅》

胜光寺铁钟铭文,功能是记录居士信众功德布施,出自民间工匠铸造,因为这样的场合,它较少出现过于难辨识的生僻字。加之为了适应铸造工艺的需要,所以用字出现较多的俗字、异体字,甚至于有意省笔。当然也不排除个别字是书写者或者工匠的字误,或称为"讹字"。如,"茂"字误为"茂","玉"字误为"王"。

概括这些铭文用字有几类情况:

其一,繁体字或异体字。铭文有一些字在今天的汉字规范中,依然作为繁体字(正体)通用。除此之外铭文也出现大量的异体字,这类字在古代碑刻中时有出现。如,會(会)、竟(觉)、圓(圆)、奈(奈)、举(举)、兒(儿)、具(具)、釗(钊)、高(高)、觧(解)、閆(闫)、賢(贤)、鉄(铁)、継(继)、孝(学)、臺(台)、恩(恩)、等。汉字的异体字可谓其来有自,从宋代以后,异体字不仅用于日常生活,还被扩大使用在雕版印刷书中。笔者对比明代成化二十二年刻印的《释氏源流》(图五),文中就出现了和下文"铭文的部分原字附表"同样字形的汉字,如"祭、聪、虎、经、惠、恭、怀、解"等。

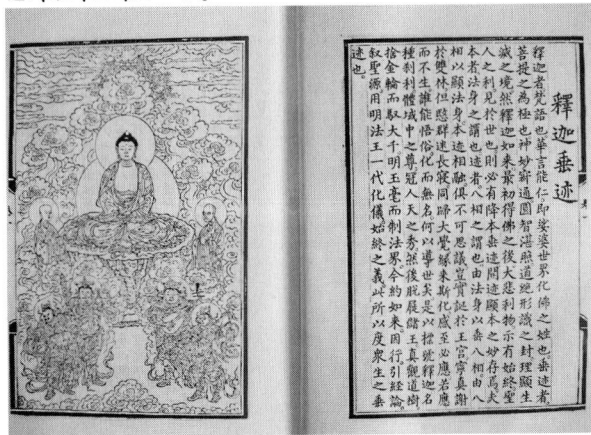

图五　明代刻印《释氏源流》

其二,民间用字的省笔或加笔。有些字书写中常见多一笔,或者少一笔的现象。如,德(德)、達(达)、閏(闰)、寬(宽)、宜(宜)。明代的避讳字主要出现于明末,在弘治年这方面比较宽松,明令"御名庙讳及亲王名讳仍依旧制,二名不偏讳"。所以此处字例当和避讳无关。值得注意,铭文中"吏部聴選省祭官壹員惠琮室人劉氏",这里使用"正字"的"劉""惠",而这两字在铭文其他处却使用"俗字"的简写或者省笔,这表示在当时,使用怎样的字体或许也和人的身份有关。古代自从出现正字、俗字的分别，正字就指定用于皇帝诏令，儒家经典和作家文集之类的典籍中，代表着文化正统的地位。但在明代对汉字的书写要求不甚严格，这点并不像清代，文化观念复古，官方明文规定要使用正字，禁用俗字。如乾隆为《四库全书》钦作《辩证通俗文字》说："俗者，承袭鄙俚……断不可从也。"

其三，古今相同的笔画简写。在中国近代以来，官方曾数次向社会公布汉字简化方案②。而事实上，有部分的"简化字"在古代就已经被民间社会使用了。如，铭文中的："国、刘、党、万、礼、荣、刚、付、湀"。总体来说，民间使用的汉字相比于正规场合使用的汉字，表现得更为庞杂，这些字在敦煌写本中就有大量出现。1978 年潘重规主编《敦煌俗字谱》，1930 年刘复、李家瑞编《宋元以来俗字谱》，收录不少例字。

（二）铭文的部分原字附表

下表为铭文中，在现代汉语字库没有的汉字。（铭文中重复用字，只记首次出现）

表一　胜光寺铁钟铭文的部分原字

国 上1-1行-国	縣 上1-2行-县	発 上1-5行-发	昇 上1-5行-升	徒 上1-5行-徒	隆 上1-7行-隆
照 上2-1-照	會 上2-1行-会	恭 上2-2行-恭	經 上2-4行-经	張 上2-4行-张	虎 上2-6行-虎
雄 上2-6行-雄	見 上3-2行-儿	魁 上3-2行-魁	聚 上3-3行-聚	讓 上3-3行-让	友 上4-3行-友
憁 上4-7行-聪	衛 上5-1行-卫	鑑 上5-3行-鉴	鳳 上5-6行-凤	瑾 上5-7行-瑾	陶 上5-8行-陶
蔣 上5-9行-蒋	彪 上6-6行-彪	莊 上6-6行-庄	叚 上7-3行-段	叚 上7-3行-段1	趙 上7-4行-赵

表二　胜光寺铁钟铭文的部分原字

灰 上7-5行	懷 上7-5行-怀	宪 上7-6行-宪	迁 上7-8行-延	楊 上8-1行-杨	靳 上8-3行-靳
杜 上8-8行-杜	真 下1-1行-真	蔡 下1-2行-祭	聽 下1-2行-听	惠 下1-9行-惠	謙 下1-11行-谦
定 下2-1行-定	魏 下2-6行-魏	董 下2-8行-董	恭 下3-5-恭	庆 下3-6行	宪 下4-4行-宪
亨 下4-5行-亨	名 下4-6行	慶 下4-8行-庆	捨 下5-3行-捨	旺 下5-4行-旺	翟 下5-5行-翟
韓 下5-7行-韩	冠 下6-6行-冠	収 下7-2行-收	允 下8-2行-允	袁 下8-4行-袁	年 下8-10行-年

（注：表二的第 1 行第 1 字、第 3 行第 5 字、第 4 行第 2 字，似为"友、庚、名"，待考。）

三、对方志研究的文献价值

(一)村落地名

从地名学角度,鄠县一带受其地理环境、历史发展的影响,村名尤以"因姓氏为名""因方位为名""因故郡为名""因生计为名"等为主,有"四碉、八坊、九头、十八寨"之说。胜光寺铁钟铭文中的个别村名今已无存,但大多村名及村人姓氏与今天相合,这说明自从明清以来,胜光寺所在的鄠县北乡一带,社会发展相对比较稳定。还有,其中有的村名可能是当时的书写者、工匠,对于地名不熟悉或为了刻字时便捷,取了谐音。如,腰合村(在明崇祯十四年《鄠县志》中误为腰贺村。在清雍正《鄠县重续志》、乾隆《鄠县新志》记坳河村,今亦称此名。坳,低凹的地方;河,指当地的运漆河古河道)就较为可能是取了谐音的常用字(当地方言中"坳""腰"同音),否则该村名的用意讲不通。

1.本县地名:鄠县宜善乡孝义里呈王村(今什王村)、王受村(今王守村)、腰合村(今坳河村)、崔村、康王村、真受村(今真守村)、定周村(今定舟村)、定周村寨、什村、吴村、羊村、龙台坊、宋村、新付村(今富村)、羊村、大王店、涝店、姚村、马营、本村(指呈王村)、南付村、北付村(今富村)、中原寺、王受村小寨、坡头、宜董村、康王村。

2.外县地名:三水县金泉里,三水县即今陕西省旬邑县(北魏时,邠邑县改名三水县,1914年因考虑和广东三水县重名,复名栒邑县。1964年改用同音的常用字为旬邑县);长安县陶庄里(今西安市长安区陶庄附近)。

3.寺庙:兴国寺、普门寺、华严寺、道安寺。

这些寺庙有些不可考,只能作推测。清雍正《陕西通志续通志》记,普门寺在凤翔府东一里,唐建,有王建、吴道子壁画;而一些寺庙名在鄠县境内即有,民国《重修鄠县志·卷二·祠庙》(1933)记有兴国寺("在治城西北隅,为紫阁山宝林寺下院。")(注,治城即县辖域管理机构的治地处所),华严寺(鄠县南石井村)。道安寺是可以肯定的,就在胜光寺东侧的凿齿村处。道安(314—385)东晋、前秦名僧,著名佛教翻译家。据乾隆《鄠县新志·卷一》十六页记,凿齿村"有道安寺,《旧志》道安姓卫氏,常山扶柳

人,资性颖异,襄阳习凿齿,其先籍安高名。符坚伐晋得二人,曰:吾南伐得一人半,盖渭道安一人,习凿齿半人也。后至秦建元二十一年卒,土人相传村西三里有道安墓。"鄠县的这些寺庙多在20世纪中期后损毁,很是可惜,如道安寺就具有重要的文化价值。

(二)古姓氏

琼、暹、种,均为古代姓氏。

(三)铭文释义

1.(上一)

(1)陕西都布二司西安府,鄠县宜善乡孝义里呈王村。明代设置"三司":都司(都指挥使司)、布司(承宣布政使司)、按司(提刑按察使司)。其下则设有府、州、县各级基层政权机构。明代中叶后,提刑按察使司或置或废,不可胜计;宜善乡,当时的鄠县设三乡(宜善乡、萯阳乡、太平乡),下辖二十三里;呈王村,在户县北乡出土的宋代《刘孟坚墓志铭》有记"葬珍藏乡成王里之原"③,据此再结合相关民间传说,推定在宋代当地有成王村;该村在明崇祯十四年《鄠县志》以及清代康熙、乾隆的鄠县县志中记"十王村"。在民国22年《重修鄠县志》记"什王村",今亦作"什王村"名。"十王村"的"十王"之称,来自佛教的"地藏十王"信仰。约在隋唐时期,地藏菩萨信仰逐渐兴起,地藏信仰与地狱信仰、"十王"信仰渐趋融合,形成"地藏十王"的思想系统。该村的胜光寺即供奉"地藏十王",并且存《地藏菩萨云游像》图画碑刻。而之后的"什王村"应为"十王村"衍化。

(2)发心,佛教术语,指直心,深心,大悲心。

(3)释子,僧徒的通称。

2.(上二)

(1)愿会,佛教术语,愿会内容是还四种愿。即众生无边,誓愿渡;烦恼无尽,誓愿断;法门无上,誓愿学;佛道无上,誓愿成。

(2)觉照,佛教术语,即真幾,"真"谓真实,"幾"谓动微。从宇宙论和人生论言:"以为宇宙只是一大生生不息真幾(一者,绝对义。大者,无外义。生生不息真鏚,谓本体之流行)。吾人禀此生生不息真鏚而生,是为吾人之真性。"(《十力语要》卷一)④

(3)圆奈(圆柰),这里疑似某人在家修行所取

的法名。

(4)室人,其有多种意思。如古称丈夫家中的平辈妇女;或者,古时称妻妾;还有,宋代命妇的封号之一,后改为宜人。宋·蔡绦《铁围山丛谈》卷一:"是后,因又改郡县君号为七等:郡君者为淑人、硕人、令人、恭人;县君者、室人、安人、孺人。俄又避太室人之目,因又改曰宜人。其制今犹存。"⑤此处应为妻妾。

3.(上四)

(1)小弋十,这里疑为当时的村落名称。

4.(上五)

(1)秦府仪卫司致仕仪副,"仪卫司"是明代的官署名,掌王府侍卫仪仗;"仪副"是仪卫司下设职位;"致仕"指古代官吏退职养老。秦府即秦王府,明初朱元璋嫡二子朱樉封藩,坐镇西安,秦王府为朱樉以及后继历代秦王的王宫。

(2)宜人,古代命妇的封号之一。

(3)舍人,明代称应袭卫所职位的武官子弟为"舍人"。《喻世明言卷四沈小霞相会出师表》:"小人姓贾,名石,是宣府卫一个舍人。"⑥

(3)官舍,官府的差役。明代叶宪祖《鸾𬓥记觅赠》:"即差官舍二人,与你同送聘礼到他家去。送聘之后,即便接取来京,休得迟误。"⑦

5.(上八)

(1)官人,唐朝称当官的人。宋以后对有一定地位的男子的敬称。

(2)百户,官名。元设百户为"百夫之长",隶属于千户,为世袭军职。明代有"卫所"制度,一府设所,数府设卫,其长官卫称指挥使,所称千户、百户。百户属低级军官。

6.(下一)

(1)旗役,明初的军役身份。当时朝廷因军功遍赏旗役,而与之类似的称谓还有"官、舍、旗、军人"等。如果升授职级到百户,就可成为低阶的武职。

(2)吏部听选省祭官,"听选"是明清对已授职而等候选用者之称;"省祭官"是各地负责督察的小官吏、差吏。

(3)书生,古代的儒生,明清时多指"习举业而未考取功名的读书人。"此处应为未得生员(俗称

秀才)资格的童生。

7.(下八)

(1)西安前卫军人,西安前卫是明代的军署机构,隶属陕西都指挥司。据《太祖实录》记载:洪武六年五月,"置西安前卫";军人,属军署的军役身份。

(2)泾阳县金火匠,明代时,陕西行省本地主要的金火匠人有两支,分别为西安府醴泉县强氏金火匠人、西安府泾阳县陈氏金火匠人。泾阳陈氏金火匠人也是在明代比较活跃的一支工匠团体,组织形式同样是家族产业。例如,明万历二年(1574)铸造的陕西西安小雁塔铁钟,铭文就有"泾阳县金火匠人陈言、陈位,男陈光思"⑧此外,胜光寺铁钟铭文也记录了当时的相关民间行业,长安县陶庄里铁匠。

四、结语

胜光寺铁钟历经数百年,所幸能够完好保存下来。整体来看铭文内容,在捐资铸钟者名单中鲜少出现达官贵人,也说明当时胜光寺的影响力主要还是在民间。从铭文内容看,有不少是以家庭名义布施的,含有为家人祈福的愿望,且这些信众中的女性占相当比例(铭文中她们冠以夫名或者附以子名出现)。该铭文的文字并不是很严谨,有的字体书写比较随意,也不求规范,包括对一些村名的记录也有出入。但是,这些铭文有其学术研究意义。目前可知鄠县于明代早中期的直接历史文献较少,例如现存最早的县志是明代崇祯十四年《鄠县志》,原十一卷,今仅存七卷⑨。所以胜光寺铁钟铭文作为宝贵的民间实物档案,对于考察明代早中期,汉字在民间社会的演变,以及相关的方志历史问题研究,了解明代西安地区的官职、习俗等方面,具有一定的史料参考价值。

注释:

①鄠邑区,原称鄠县、1965年改户县,2016年改为陕西省西安市鄠邑区。

②关于汉字简化,中国的汉字简化早已有之,唐宋以来,简体字逐渐由手写扩大到印刷,到了近代,太平天国开始将简体字应用于行政、文书等。1922年钱玄同在国语统一筹备委员会,提出了《减省现行汉字的笔画案》。1935年,民国政府教育部正式公布了《第一批简体字表》,1936年政府又下令撤回。

中华人民共和国成立以后,1951年公布《第一批简体字表》,1955年提出并公布《汉字简化方案（草案)》,1977年公布了《第二次汉字简化方案（草案)》，该方案1986年废止，重新发表《简化字总表》。参考陈章太:《语言规划研究》，商务印书馆,2005年，第329页。

③刘兆鹤、吴敏霞编著:《户县碑刻》，三秦出版社,2005年，第308页。

④金炳华:《哲学大辞典(分类修订本下)》，上海辞书出版社,2007年，第1185页。

⑤[宋]蔡绦撰:《铁围山丛谈》，中华书局,1983年，第15页。

⑥[明]冯梦龙编著:《喻世明言》，岳麓书社,2019年，第413页。

⑦[明]叶宪祖撰、魏奕祉校点、[清]张大复撰、周巩平校点:《鸾篦记》，中华书局,1996年，第7页。

⑧魏文斌、朱思奇:《陕甘宁地区金至清代铜铁铸造工匠调查与研究——以金火匠人为中心》,《"诗画关山·心仪华亭"关山历史文化研究学术研讨会论文》。https://www.sohu.com/a/431470043_120206280,2021年7月10日。

⑨崇祯十四年《鄠县志》是今存最早的鄠县县志。现在国家图书馆还可以搜索到"万历《鄠县志》刘璞修"的书目,笔者也去阅览了这部书,其实和崇祯《鄠县志》是一个版本。根据《鄠邑文史资料》第二十一辑(2020年)刘志明《明崇祯版<鄠县志>回归记》一文,1982年户县政府派人去北京图书馆复制该馆藏的明代鄠县志,开始他们认为这个版本是万历《鄠县志》,后来确定是崇祯《鄠县志》,这即是2014年三秦出版社出版《明崇祯十四年〈鄠县志〉注释本》的蓝本。

（作者单位:北京建筑大学）

征稿启事

《常州文博论丛》是常州博物馆主办的连续性学术辑刊,本论丛立足常州,兼及周邻地域,是面向国内公开发行的文博类综合性学术刊物,主要征稿范围涵盖文物研究、博物馆学研究、考古学研究、文化遗产研究、历史学及地方史志研究、文化名人研究以及自然研究类论文等。本刊旨在加强业界同仁的交流与争鸣,促进常州文博事业的发展,提升常州文博的科研水平,推动文博行业的繁荣。为了保证刊物的高质量出版,现对论文来稿的要求、格式及规范等统一作如下要求:

一、须严格遵守学术规范,无剽窃、抄袭行为;切勿一稿多投,文责自负。

二、普通论文篇幅以 4000 至 5000 字左右为宜,考古报告、简报类一般不超过 10000 字。

三、来稿须提供文稿的电子文本(word 格式)。

四、论文依次由标题、作者、工作单位、摘要、关键词、正文、尾注或参考文献组成。务请在来稿正文前提供中文摘要(200 字左右)、关键词(3~5 个),摘要应能客观反映论文或报告的主要内容,文博类论文的注释和参考文献一律采用尾注,以序号①、②、③的形式标注;自然科学类论文可以在后文标示出参考文献。

论文注释详尽、准确。著作类包括作者、著作名称、页码、出版社、出版时间,译著可在作者前加国别。古文献类包括作者、文献名称、卷号、本纪或列传等名称、出版社或版本、出版或刊印时间、页码。期刊论文类包括作者、论文名称、期刊号、页码。文集或辑刊论文类包括作者、论文名称、编者、文集或辑刊名称、出版社、出版时间、页码。学位论文类包括作者、论文名、学校名、学位名、时间、页码。

例如,巩启明:《仰韶文化》,文物出版社,2002 年,第 1 至 8 页;司马迁:《史记》卷 11《孝景本纪》,中华书局,1959 年,第 439 至 450 页;宋向光:《博物馆定义与当代博物馆的发展》,《中国博物馆》2003 年第 10 期,第 1 至 6 页;毛昭晰:《关于良渚遗址的发现》,载浙江省文物考古研究所编,《浙江省文物考古研究所学刊》(第八辑),科学出版社,2006 年,第 9 至 13 页;郑奕:《博物馆教育活动研究》,复旦大学博士学位论文,2012 年,第 22 页。

自然博物类论文参考文献格式为:作者、出版时间、论文或著作名称、刊物名称或出版社名称、期卷号和页码。

例如,汪筱林,周忠和,2002。辽西早白垩世九佛堂组一翼手龙类化石及其地层意义。科学通报,20:1521-1527;张弥漫主编,2001。热河生物群。上海:上海科学技术出版社,1-150.

五、论文插图清晰,插图单独打包,与论文一并投递。图片须为 JPG 格式,扫描件 300 像素以上,照片500K 以上,图片命名清楚。

六、本论丛有权依据审稿专家意见对来稿提出修改建议,并会及时告知作者;在最后出版前有权对文字内容进行文辞语法上的适当删改,如不同意,请在来稿前告知。

七、来稿请注明作者信息,包括单位全称、地址、电话和邮编。

八、本刊不收版面费,并实行实付稿酬的用稿制度。

九、本论丛坚持以质论稿、择优录用的原则,并实行匿名审稿制,稿件一经采用,即通知作者本人,征稿截止日期为每年 8 月 30 日,如当年 9 月 30 日前未收到用稿通知,可另投他处。

十、未尽事宜,请咨询《常州文博论丛》编辑部。

地址:江苏省常州市龙城大道 1288 号常州博物馆《常州文博论丛》编辑部　　邮编:213022
电话:(0519)85165080—8020　　联系人:雷倩萍　　投稿邮箱:wbeditor@czmuseum.com